Relações de TRABALHO

Pedagogo e
especialista em RH
José Emídio
Teixeira

Relações de TRABALHO

Nem Freud EXPLICA

ALTA BOOKS
GRUPO EDITORIAL
Rio de Janeiro, 2024

Relações de Trabalho Nem Freud Explica

ISBN: 978-85-508-2198-6

Impresso no Brasil — 1ª Edição, 2024 — Edição revisada conforme o Acordo Ortográfico da Língua Portuguesa de 2009.

Dados Internacionais de Catalogação na Publicação (CIP)
(Câmara Brasileira do Livro, SP, Brasil)

Teixeira, José Emídio
Relações de trabalho nem Freud explica / José Emídio Teixeira. -- 1. ed. -- Rio de Janeiro : Alta Books, 2024.

ISBN 978-85-508-2198-6

1. Administração 2. Ambiente de trabalho 3. Relações de trabalho 4. Trabalho - Aspectos psicológicos 5. Trabalho - Aspectos sociais I. Título.

24-195356 CDD-658.3145

Índices para catálogo sistemático:

1. Relações de trabalho : Administração de empresas 658.3145

Eliane de Freitas Leite - Bibliotecária - CRB 8/8415

Grupo Editorial Alta Books

Produção Editorial: Grupo Editorial Alta Books
Diretor Editorial: Anderson Vieira
Editor da Obra: Rosana Arruda
Vendas Governamentais: Cristiane Mutüs
Gerência Comercial: Claudio Lima
Gerência Marketing: Andréa Guatiello

Assistente Editorial: Ana Clara Tambasco
Revisão: Carolina Oliveira e Maria Carolina Rodrigues
Diagramação: Rita Motta
Capa: Marcelli Ferreira

ALTA BOOKS
GRUPO EDITORIAL

Rua Viúva Cláudio, 291 — Bairro Industrial do Jacaré
CEP: 20.970-031 — Rio de Janeiro (RJ)
Tels.: (21) 3278-8069 / 3278-8419
www.altabooks.com.br — altabooks@altabooks.com.br
Ouvidoria: ouvidoria@altabooks.com.br

Editora **afiliada à:**

Dedico este livro à Isa,
Thiago, Ariane, Eulália e Álvaro.

HOMENAGENS PÓSTUMAS

Aristeu Mastrangeli Amici dos Santos

José Eduardo de Lima

José de Freitas Picardi

Miguel Pellegrini

Roberto Ferraiuolo

AGRADECIMENTOS

À Cristina Vecchio e Loraine Scalza pela colaboração na revisão do conteúdo, à Isa Nunes Umburanas pela realização da revisão final do conteúdo e a Edson Roberto da Silva pela produção final das figuras.

SOBRE O AUTOR

José Emídio Teixeira é atualmente sócio-diretor da Dialogar. Antes de fundar a Dialogar, trabalhou vinte anos na Rhodia, inicialmente como Gerente de Treinamento e em seguida como Gerente de Desenvolvimento Social, depois passou a ser Gerente de Relações Sociais e Educação.

Nas últimas funções, durante dezesseis anos, foi responsável pelas relações com sindicatos e empregados. A partir de 1986, criou uma grande rede de relacionamento envolvendo dirigentes, consultores e especialistas pertencentes a sindicatos, universidades e entidades governamentais, todos ligados às relações de trabalho. É negociador trabalhista patronal nos setores químico e têxtil no Estado de São Paulo desde 1986. Ademais, é membro da ABET (Associação Brasileira de Estudos do Trabalho) e participa ativamente das associações profissionais como ABTD, ABRH e APARH.

Além da Rhodia, trabalhou nas seguintes empresas: Abril Cultural, Ford, SESC, Açominas e Banco Crefisul. Nelas, desenvolveu uma rica carreira em Recursos Humanos. Há mais de quinze anos, José Emídio mantém intensa atuação como conferencista e articulista nessa área. Durante cinco anos teve uma coluna na Revista Melhor.

É também professor de educação para o trabalho, relações trabalhistas e negociações nas seguintes entidades educacionais:

- Fundação Dom Cabral/PUC – MG (Pós-graduação);
- FUNDACE/Faculdade de Economia da USP de Ribeirão Preto (MBA);
- CEFET – MG (Pós-graduação);
- Faculdade de Engenharia – UFOP (Pós-graduação);
- FEI – Faculdade de Administração (Pós-graduação).

Suas publicações são:

- Autor do livro *Gerentes, Vampiros e Ideologia*, da QUALITYMARK (1998);
- Coautor do livro *Manual de Treinamento e Desenvolvimento*, da MAKRON Books (1994);
- Coautor e organizador do livro *Empregabilidade e Educação*, da EDUC/RHODIA (1997);
- Coautor do livro *Gerenciar no Limite – Lições Corporativas*, da QUALITYMARK (2000);
- Coautor e membro do conselho editorial do *Manual de Gestão de Pessoas e Equipes*, da Editora GENTE (2002).

Sumário

Prefácio 1 — 1

Prefácio 2 — 6

Prefácio 3 — 9

Introdução — 11

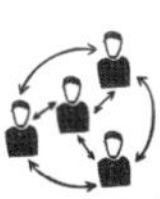

Evolução histórica das relações de trabalho — 15

Conceitos nas relações de trabalho — 30

Estrutura e funcionamento das relações de trabalho — 50

Demografia e relações de trabalho — 83

Comunicação e relações de trabalho — 92

Clima organizacional e relações de trabalho 115

Liderança e relações de trabalho 133

O gerente como porta-voz da empresa 151

O Poder e as Relações de trabalho 174

Negociações nas relações de trabalho 183

Gestão de Conflitos nas Relações de Trabalho 232

O profissional de relações de trabalho 254

Conclusão 277

Anexo 287

Bibliografia 300

Filmografia 303

Índice 304

Prefácio 1

José Emídio Teixeira – o nosso querido Emídio – desfruta de um ponto de observação privilegiado para escrever sobre as relações de trabalho. Além de estudioso do tema, que aborda com visão holística e completa, tem sido um operador das relações trabalhistas por décadas. Combina o entendimento conceitual e teórico com a experiência prática concreta, acumulada na mesa de negociação das datas-base e no convívio diário com gestores, empregados e sindicalistas. O conhecimento acumulado lhe permite abordar o tema tão difícil e complexo muito à vontade, de maneira simples e direta, com temperos e tiradas extraídas de situações verídicas que testemunhou. O texto descreve as relações de trabalho de forma teórica e apresenta sugestões de condutas práticas para sua administração, tanto no nível estratégico como operacional e funcional.

Emídio vai dizendo ao que veio já nos primeiros parágrafos da introdução a este magnífico livro: a relação de trabalho é muito parecida com a relação amorosa. E arremata: nas duas, há pessoas envolvidas. Nada mais verdadeiro do que essa comparação. Mais adiante, lembra-nos que, como as relações humanas envolvem pessoas e pessoas fazem escolhas, as escolhas determinam a qualidade da relação. Assim, completa com esta pérola: "... se o capital é chique, o sindicato é chique; se é brega, o sindicato é brega". Somente alguém tão confortável com o tema consegue descer das alturas teóricas para o piso onde as coisas acontecem com tanta desenvoltura e bom humor.

O ponto de apoio de todo o texto é um conceito-chave para entender e praticar as boas relações de trabalho: a relação entre o empregado e a empresa tem dimensões conflituosas, que emergem de divergência de interesses. O empregado gostaria de ter um salário maior e a empresa gostaria de minimizar o custo do trabalho. Esse desacordo, para Emídio, não é um inibidor ou uma restrição. Pelo contrário. Ao se explicitar e expressar, o conflito revela um problema, e, ao mesmo tempo, cria uma oportunidade para a administração das divergências. Essa ideia é a base para a ação e a gestão das relações de trabalho. Evidentemente, há opções teóricas distintas, que Emídio não adota.

Uma delas nega a existência de conflito entre trabalho e capital. É a concepção que inspirou o sistema fascista adotado no Brasil desde os anos 1930. Nossas instituições trabalhistas foram construídas de tal forma que sufocam a manifestação de divergências no local de trabalho e as direcionam para fora, para o litígio na Justiça do Trabalho. O resultado, todos conhecemos: primarismo na gestão das relações de trabalho e hiperdesenvolvimento das atividades litigiosas. A tal ponto que o caminho da justiça parece ser a via natural de lidar com o tema.

Uma outra concepção faz o contrário: exagera no reconhecimento do conflito de tal forma que o define como "luta de classes". Ao contrário da concepção fascista, não pretende escondê-lo. Considera-o a mãe de todos os conflitos. Exacerba-o na esperança de transformá-lo no instrumento para "superar" as mazelas do capitalismo. Claro, Emídio rejeita essa abordagem também.

Emídio, como estudioso do tema, sabe que a melhor maneira de conhecermos e entendermos nosso sistema é conhecer os processos de outros países. A comparação de semelhanças e diferenças permite avaliar o que temos de bom e o que nos falta e o que precisa ser aperfeiçoado. Por essa razão uma boa parte do livro descreve o sistema brasileiro de relações de trabalho e sua evolução e apresenta as principais características de sistemas de outros países.

Nosso autor contempla as relações de trabalho por meio de uma visão sistêmica, que reconhece inicialmente a existência de três personagens principais (as empresas, os trabalhadores e o governo), acompanhados de um conjunto de personagens secundários, mas importantes, os stakeholders – a sociedade e suas instituições. Sugere que o objetivo dos personagens deve ser a administração dos conflitos e, para tanto, devem interagir de forma frequente e permanente. Uma parte relevante na interação é a negociação sindical, que requer planejamento e adoção de conduta respeitosa e apropriada.

Como a interação dos três personagens principais não ocorre no vácuo, Emídio descreve os fatores que a influenciam e que compõem o contexto: a cena política, o poder e o governo, a ideologia dos atores, a tecnologia adotada na produção, a demografia e o perfil dos trabalhadores, e, muito relevante, a conformação e os qualificativos da representação dos trabalhadores – os sindicatos e suas filiações políticas e institucionais.

Para atuar no sistema, Emídio sugere às empresas como devem se conduzir tanto no plano estratégico como na dimensão operacional, destacando as situações de rotina e, em especial, as situações mais críticas, quando ocorrem conflitos explícitos, tais como a greve e outras manifestações.

O autor argumenta corretamente que a gestão das relações de trabalho deve considerar todos os stakeholders e não apenas os empregados e a empresa. Além de dar atenção ao sindicato e à sociedade, a empresa deve assumir o papel de indutora da evolução e do amadurecimento dos stakeholders. E mais: em decorrência do reconhecimento do conflito de interesses, a empresa não pode abandonar a busca incessante da convergência. Essa é uma sugestão de conduta muito atual neste momento de emergência e consolidação da ideia de (ESG) *environmental, social and governance*, que em português pode ser traduzida como *ambiental, social e governança* (ASG). O autor sugere também condutas e estratégias ideais e as contrasta com a realidade, criticando tanto o despreparo das empresas brasileiras quanto a qualidade pobre dos nossos sindicatos de trabalhadores. Ambas as deficiências podem ser consideradas consequências da obsolescência e do autoritarismo da CLT.

O texto aborda um tema crítico ao lembrar que os gerentes são "seres híbridos", porque são, ao mesmo tempo, empregados e representantes dos patrões ou acionistas. O drama dos gerentes é muito mais trágico no Brasil, porque nossa CLT não distingue a categoria dos gerentes. O mesmo sindicato representa o empregado e seu chefe. O gerente tem seu salário defendido pelo sindicato, mas precisa negociar em nome do acionista. Os países desenvolvidos distinguem e separam o tratamento dos dois grupos. Os Estados Unidos, por exemplo, têm um critério radical. Lá, os empregados que exercem cargos de confiança (a partir dos chefes de turma, supervisores e outros assemelhados) não podem se sindicalizar. No Brasil, apenas recentemente, com a Reforma Trabalhista de 2017, abriu-se a possibilidade de oferecer aos gerentes um tratamento diferenciado, mais compatível com a sua condição de representantes dos interesses empresariais.

O livro lembra que a empresa deve criar estruturas e instrumentos para administrar as relações de trabalho, tanto para atuar nos eventos periódicos (a data-base) como no diálogo permanente e contínuo do dia a dia e também nas ocasiões mais críticas. Emídio enfatiza, de um lado, a importância da informação, e, de outro, da comunicação e lembra que são canais relevantes, cuja operação é "não delegável", dada sua natureza estratégica.

O texto é quase uma "cartilha" operacional para a empresa quando detalha pontos essenciais, como a necessidade de informar o trabalhador dos seus direitos e dos seus deveres, do que a empresa espera dele e de como se tornar uma fonte e referência confiável para o empregado quando este necessitar de informações. Emídio enfatiza a comunicação, lembrando que a empresa deve incansavelmente ouvir os empregados e falar aos empregados; deve cuidar da comunicação com o sindicato e sempre dar atenção ao timing; à linguagem e nunca deixar de explorar as oportunidades. Esse assunto constitui o capítulo mais longo, refletindo a importância estratégica dos instrumentos que a empresa precisa criar e explorar.

O autor cuida também do clima organizacional, rememorando a importância da qualidade do relacionamento, da necessidade de propor desafios, da criação de oportunidades, do reconhecimento dos empregados, do cuidado com o tratamento equânime e justo e da qualidade da liderança. Atenta-se também ao tema de poder na organização, orientando que os seus detentores, nos diversos níveis, devem exercê-lo sem autoritarismo, auxiliando sempre a preservação e o bom funcionamento de espaços e mecanismos para a participação.

Com a publicação do seu livro, José Emídio Teixeira pratica um ato de muita grandeza, pois compartilha o conhecimento que adquiriu e relata o testemunho sobre um tema pobremente documentado no Brasil. Lê-lo foi, para mim, uma experiência enriquecedora e muito agradável, pela qual sou muito grato.

Hélio Zylberstajn
Professor na Faculdade de Economia, Administração e Contabilidade da Universidade de São Paulo

Prefácio 2

TERTÚLIA, MINEIRICE E RELAÇÕES DE TRABALHO

Uma pergunta: mineiro é um sujeito que é mais desconfiado ou mais curioso? Enquanto você pensa na resposta, vamos a um "causo".

O mineirinho acorda e, como a vida só começa depois de um bom café, procura uma lanchonete. "Um cafezin, pufavô!" A atendente coloca no balcão o pires, a xícara, a colherinha e um açucareiro. Conforme ela pega o bule com o café, o mineirinho despeja muito açúcar na xícara. Indignada, ela pergunta: "Por que o senhor encheu até em cima?". O mineirinho sorri e responde: "É que gosto do cafezin meio amargozin!".

Não sei se o mineiro que escreveu este livro gosta de café "amargozin", mas sei que gosta de "causos" e que transformou a desconfiança e a curiosidade mineiras em qualidades essenciais do ótimo negociador que é.

Um negociador é antes de tudo um desconfiado. Mas, um bom negociador, transforma a desconfiança em uma atitude de prudência permanente e de atenção absoluta. Dessa maneira, observa o outro e, a cada passo, sente o ambiente e o solo em que pisa. Avança com segurança e cuidado.

Um negociador é antes de tudo um curioso. Um bom negociador transforma a curiosidade em uma capacidade de olhar e ver a totalidade, de desvendar interesses ocultos, de imaginar espaços de acordo e de testar as hipóteses de métricas. Desenvolve a paciência para a descoberta e para o encontro.

Depois de tomar muitas xícaras de café ao longo das mais variadas mesas de negociação, de fazer inúmeras conversas bilaterais, de sonhar demandas, construir propostas, de identificar incontáveis espaços para acordos e de celebrá-los, Emídio nos brinda agora com os "causos" que nos conta. Conta histórias que viveu, torna presente momentos pretéritos, registra movimentos de investimentos e pontua sua experiência na condução das relações laborais e sindicais.

Com o extenso conteúdo vívido em sua memória, com suas mãos lança o ingrediente, bate e amassa, e o resultado fermenta de maneira generosa em sistematizações, proposições de conceitos, indicações de diretrizes para a ação, apontamentos de princípios para atitudes e condutas. Quem caminha nesse trilho e tem sede, encontrará uma vertente com água fresca e de boa qualidade. Seu jeito de contar histórias ou sistematizar a reflexão encantará aqueles que investem para dar qualidade ao sistema de relações de trabalho e que percorrem o difícil e contraditório caminho de sua promoção.

As palavras, ao passo que são escolhidas e reunidas, têm o dom de mobilizar significados que, mediados pelos olhos dos leitores, têm o mérito de se transformar em sementes que germinarão sentidos, talvez inéditos ou diversos, no solo fértil das práticas de quem atua para mediar reações sociais de produção. Se pintar um clima, os caminhos que percorre Emídio podem levar a encantamentos que conduzem a um estado de reflexão e você poderá "garrá a pensá".

Por isso, este livro não é para qualquer um. Destina-se a certos cultivadores, agricultores de relações laborais, pessoas que se dedicam a semear entendimento, a cultivar a compreensão, a animar o diálogo, a fortalecer a negociação e, pela qualidade do seu trabalho, contribuem para que se colham acordos e contratos.

Se você considera que interesses e visões divergentes permeiam todo o sistema produtivo, que há abordagens distintas sobre como tratar as condições de trabalho, ou percebe que há um amplo leque de possibilidades, de meios e de montantes para distribuir o que foi produzido pelo trabalho de todos, vai encontrar aqui conteúdo para pensar em cada uma dessas dimensões.

As divergências têm causa e se reproduzem, dia após dia, nas condições e nas relações que promovem as diversas formas de desigualdades, através de decisões e medidas injustas e propagadas pelo ardil da cegueira que a ganância ensaia. Humanas, tais divergências tomam as mais variadas formas de conflito, dimensão constitutiva das relações sociais de produção e que, em muito contextos e situações, evoluem para o confronto e o enfrentamento. A história se move quando o conflito eclode e/ou quando somos capazes de dar tratamento adequado às suas causas.

Ao percorrer as próximas páginas, você se defrontará com leituras sobre as causas principais e secundárias dos conflitos, encontrará possibilidades de novos caminhos, sinalização de mudança de rumo, marcas para refazer a trilha, achará atalhos e desvios. Sim, há também história, conceitos, uma proposta de estrutura do sistema de relações de trabalho, uma visão do seu funcionamento e sugestões para práticas inovadoras de profissionais ousados.

Emídio nos presenteia. Ganham as empresas, os trabalhadores e seus sindicatos o conteúdo que ele sistematizou, porque aposta na construção do sujeito coletivo e na solução que é fruto do diálogo social. Cada tijolo assentado com esse fundamento nas relações laborais contribui para uma construção maior, para o exercício e o aprendizado de uma cultura democrática que regula o bem-estar de todos.

Mineiro, desconfiado e curioso, fez-se ótimo negociador. Mineiro contador de "causos", brinda-nos com histórias que na tertúlia fazem pensar e rir.

Clemente Ganz Lúcio

Sociólogo, consultor, assessor das Centrais Sindicais
e ex-diretor técnico do DIEESE

Prefácio 3

Há 33 anos, eu era Gerente de Manutenção de uma grande empresa do setor químico. José Emídio era Gerente de Relações Sociais Corporativo. Até que ele resolveu fazer um treinamento com os principais gerentes que exerciam comando de grandes equipes operacionais.

Fomos para um hotel na cidade de Santos, São Paulo, sem saber detalhes do que seria esse treinamento. Na primeira noite, lá pelas 3h da manhã, soou o alarme de incêndio do hotel. Todos assuntados, seguimos os procedimentos e descemos pelas escadas até o saguão de entrada.

Ao chegarmos à entrada, deparamo-nos com algo inusitado. Sindicalistas (reais!) estavam exigindo uma negociação, sendo que coincidentemente estávamos exatamente no período de negociações. Agressivos e intransigentes... queriam iniciar as negociações naquele momento. Sem sabermos, tudo estava sendo registrado e filmado. Estávamos crentes de que era tudo real. Foi uma experiência única. Sem planejamento... caos instalado. Sindicalistas preparados e nós não. Relações conflituosas e agressivas. Divergências totais entre o que queríamos e o que o sindicato queria. Orientações equivocadas vindas da direção geral da empresa. Cansaço após oito horas de negociações... Enfim, deu tudo errado!

Depois soubemos que era somente um treinamento. Aprendemos muito e assistir às filmagens foi humilhante. E aí começou a nossa capacitação conceitual, que José Emídio aborda de forma brilhante neste livro. Vocês podem me perguntar "O que mudou?" Conceitualmente, nada, mas evoluímos. Hoje, é viver *e* trabalhar e não trabalhar *para* viver.

Só José Emídio para escrever um livro com assuntos complexos, em que de leigos a especialistas, todos irão usufruir de uma brilhante exposição. Não é um livro para simplesmente ler. É para ler várias vezes, fazer anotações; um guia de boas práticas nas relações sindicais.

Ótima leitura a todos! Estou orgulhoso de ter recebido esse convite deste amigo que admiro como pessoa e profissional excelente que é.

Antônio de Pádua Santos Teixeira
Presidente da PKT Desenvolvimento Empresarial

Introdução

Na canção *São demais os perigos desta vida*, o poeta Vinicius de Morais descreve as dificuldades para obter sucesso no amor. A vida amorosa é cheia de ciladas, de infortúnios, de desencontros. Quem tem de lidar com as relações de trabalho não encontra vida mais fácil. Pelo contrário, as dificuldades são maiores e as ameaças são inúmeras. O que faz a coisa difícil é que elas se assentam, basicamente, na relação entre pessoas, como no caso do amor.

Existem muitos atores interpretando as relações de trabalho, os mais importantes são: os patrões, os trabalhadores, os gerentes, os sindicalistas, os dirigentes patronais e o Estado, representado pelos Três Poderes. Eles passam boa parte do tempo se desentendendo uns com os outros e dentro do seu subgrupo.

Isso se deve a dois aspectos mais relevantes nas relações de trabalho: o dinheiro e a ideologia. De um lado, entra o custo do trabalho que afeta o preço dos produtos e serviços, além de influenciar na margem de lucro das empresas. Do outro, pululam as ideologias num espectro que vai da extrema esquerda à extrema direita. Patrões e empregados tentam construir e manter vínculos no meio de uma saraivada de ações, canções, textos e slogans a proclamar que uma convicção é melhor do que a outra, que só ela salvará o mundo da tragédia, da desgraça. Todos querem se meter no meio dessa relação que, por si só, já não é muito fácil. De cara é bom admitir que dinheiro e ideologia jamais serão bons companheiros na jornada destinada a buscar harmonia nas relações de trabalho.

Ao longo dos séculos, era de se esperar que os atores sociais já tivessem aprendido que todos eles, de alguma forma, dependem uns dos outros e, principalmente, necessitam da existência e da sobrevivência das empresas para garantir o seu sustento. Porém, isso, infelizmente, ainda não ocorreu e eles, de desentendimento em desentendimento, às vezes, chegam ao entendimento. Depois de algumas décadas atuando nessa área, já cheguei a pensar que eles chegam a acordos apenas por falta de opção.

Já vivi muitas experiências e vi coisas inacreditáveis serem feitas por patrões, trabalhadores, sindicalistas, dirigentes patronais e pelo Estado. Quando esperava bom senso, apareceu a intolerância. Quando esperava o consenso, veio o confronto. Quando esperava a negociação, apareceu a retaliação. Quando buscava a paz, explodiu a guerra. Foi tanta coisa inacreditável que um dia concluí: relações de trabalho, nem Freud explica. Então, para quem escrevi este livro?

Como aborda um tema técnico, muitos poderiam pensar que escrevi este livro para os especialistas. Certamente será útil para eles, mas quando decidi escrevê-lo não foi neles que pensei. Meu alvo era outro e bem mais amplo. Eu o fiz, como sempre dediquei meu trabalho, para atender aos gerentes que olham para esta área muitas vezes com um olhar de paisagem, com curiosidade e receio, mas, principalmente, desconhecendo muito o que ela representa e significa.

Para começar a minha abordagem introdutória, mais uma vez recorro a um poeta. Dessa vez, William Shakespeare, para lembrá-los de que "Há mais coisas entre o céu e a terra do que pode imaginar nossa vã filosofia". Com a devida licença, pretendo pegar os meus leitores pela mão, para conduzi-los pelas estradas, avenidas, ruas e becos que levam às relações de trabalho. Algumas vezes, tomaremos desvios e atalhos, mas sempre sem perder o rumo. Assim, peço-lhes que sejam pacientes e não escutem o canto da sereia que, ao longo do caminho, tentará seduzi-los e afastá-los do meu objetivo que é a compreensão do significado, do valor, da utilidade e da importância da gestão das relações de trabalho.

Para facilitar nossa jornada, tive de deixar de lado a linguagem técnica, além de utilizar uma abordagem destinada a deixar tudo que tenho a dizer mais claro. Trata-se de histórias reais inseridas nos capítulos sob o título de "Retratos da Realidade", que fazem a conexão do tema abordado com o dia a dia do mundo corporativo. Tomei o cuidado de não expor pessoas ou empresas, pois muitas histórias relatam erros, gafes ou comportamentos inadequados. Assim, algumas foram descaracterizadas para impedir a identificação dos envolvidos.

Caros leitores, por favor, não desanimem. Vamos começar pela "Evolução histórica das relações de trabalho", na qual verão como elas caminharam no decorrer dos séculos até ganhar a configuração atual. Em seguida, há uma abordagem sobre os "Conceitos nas relações de trabalho", em que estão contidas as filosofias, os conhecimentos e as teorias sobre os quais se assentam. Completando a parte do embasamento da matéria, o capítulo "Estrutura e funcionamento das relações de trabalho" mostra os aspectos organizacionais, legais e funcionais do tema.

O passo seguinte, em "Demografia e relações de trabalho" retrata quem são as pessoas, os trabalhadores abrangidos e como suas características sociais estão em flagrante processo de mudança. Os capítulos seguintes são dedicados aos temas que se constituem na base da ação dos gerentes para ter sucesso nesse domínio. São eles: "Comunicação e relações de trabalho"; "Clima organizacional e relações de trabalho"; "Liderança e relações de trabalho" e "O gerente como porta-voz da empresa".

Os próximos capítulos demonstram as questões relacionadas à construção do domínio e do poder sobre as pessoas no ambiente de trabalho, a saber: "Poder e relações de trabalho"; "Negociações nas relações de trabalho"; e "Gestão de conflitos e confrontos nas relações de trabalho". O último capítulo é dedicado a mostrar quem são as pessoas responsáveis por gerenciar, nas empresas, as relações com empregados, sindicatos e comunidade, ou seja, os especialistas e os gerentes, sendo abordado em "O profissional das relações de trabalho".

Fechando o livro, a "Conclusão" retrata um resumo da situação atual nessa área, as mudanças que estão por vir e o que se pode esperar do futuro. Tenham certeza de que depois da leitura vocês terão conhecido tudo que muitas pessoas gostariam de saber sobre as relações de trabalho, mas nunca tiveram coragem de perguntar.

Uma última observação. O leitor que chegou até aqui percebeu que houve uma abordagem heterodoxa no que se refere ao "Prefácio". No lugar de um, ele deparou-se com três prefácios, cada um escrito por um profissional que representa um diferente posicionamento nas relações de trabalho. Desse modo, trouxe um representante dos trabalhadores, um da universidade e um dos empresários. Foi quase um recurso de metalinguagem, significando que o livro procurou situar-se numa posição analítica, respeitando, acima de tudo, os dois mais importantes atores das relações de trabalho: patrões e trabalhadores. Nesse sentido, busquei me colocar próximo da universidade, a quem cabe estudar e explicar a sociedade.

Agradeço ao Clemente, ao Hélio e ao Pádua por aceitarem a responsabilidade de compartilhar o espaço para apresentar o livro aos leitores.

O AUTOR

Evolução histórica das relações de trabalho

Para melhor compreender o atual estágio das relações de trabalho, é importante revisitar a história, saber como se deu a sua evolução ao longo do tempo. As relações de trabalho não começaram do jeito que estão hoje. Elas não são fruto de um projeto teórico, mas sim resultado das ações desenvolvidas pelos diferentes atores sociais.

EVOLUÇÃO DAS RELAÇÕES DE TRABALHO NO MUNDO

As relações de trabalho nasceram com a Revolução Industrial. Só com o surgimento da indústria, entre 1760 e 1810, apareceram os atores e as relações entre eles. No início eram só dois: patrões e trabalhadores. Logo, apareceu o terceiro: o sindicato.

Como eram esses atores naquele momento em que todos estavam ensaiando quais seriam seus papéis no decorrer dos próximos séculos? Os patrões eram capitalistas e mercantilistas, controlavam os bens e a produção, contavam com uma grande oferta de mão de obra e tinham uma visão social medieval. Os trabalhadores eram de origem rural, estavam acostumados ao trabalho duro, não tinham bens, eram desamparados, miseráveis e também tinham uma visão social medieval. Já os sindicatos surgiram como associações para autodefesa. Tinham como objetivo inicial a melhoria das condições de trabalho. Seus membros possuíam o mesmo perfil dos trabalhadores, acrescido de um sentimento entre o inconformismo e a revolta. Em pouco tempo, dividiram-se em dois grupos: os reformistas e os revolucionários.

No início, as relações entre patrões e trabalhadores eram completamente desiguais. Uns tinham tudo, outros não tinham nada. Uns detinham o poder, aos outros só restava obedecer. Uns viviam, outros sobreviviam. Eram duas classes distintas, uma subjugando a outra. Restou aos sindicatos pregar a luta dessas classes.

Antes que as coisas mudassem, surgiram líderes que pregavam e praticavam ações radicais, como Nelson Ludd e seus 'ludistas' (1810/1811) que quebravam as máquinas das fábricas na Inglaterra. Na França, havia trabalhadores que colocavam tamancos (*sabot* em francês) nas engrenagens. Desse comportamento, surge a palavra 'sabotagem'.

Desse momento em diante houve progresso em ambos os lados. Surgiram leis de proteção aos trabalhadores, muitas patrocinadas por empresários como a Robert Owen (lei que limitou o trabalho de mulheres e crianças na Inglaterra), em 1819. Em outros países, tais leis sucederam-se nos anos seguintes. Organizações sindicais se estruturaram e ocorreram divisões ideológicas entre elas.

Em 1848, Marx e Engels lançaram o livro Manifesto Comunista, que serviu de base conceitual para os defensores do socialismo. Já em 1864, foi realizada a Primeira Internacional Socialista, que reuniu representantes de vários países. Esse congresso se repetiu mais três vezes, cada uma delas liderada por um ou mais expoentes nesse campo ideológico.

Fatos relevantes da evolução dos sindicatos no século XIX

AÇÕES DO ESTADO	AÇÕES DOS TRABALHADORES
1848 – O direito à greve é reconhecido na França como um dos direitos fundamentais do indivíduo.	**1829** – Foi criada a Grande União dos Fiadores e Tecelões da Grã-Bretanha e a Associação Nacional para a Proteção do Trabalho: 150 sindicatos com mais de 100.000 membros.
1867 – A Bélgica se coloca na frente da Europa em matéria social. São criados numerosos direitos. Dentre eles, o direito à greve.	**1867** – Foi criado na Inglaterra o primeiro fundo de greve.
1875 – Na legislação inglesa, os termos "amo e servo" passam a denominar-se "patrão e trabalhador".	**1872** – Durante o V Congresso da Associação Internacional dos Trabalhadores, com a cisão entre marxistas e bakuninistas, ocorre a primeira grande divisão entre os representantes dos trabalhadores.
1884 – Reconhecem-se os sindicatos na França.	**1886** – Em Lyon, cria-se a Federação Nacional de Sindicatos e grupos cooperativos (FNS), precursora da CGT francesa

Ordem	1ª Internacional	2ª Internacional	3ª Internacional	4ª Internacional
Realização	1864	1889	1919	1938
Referência	Marx	Lenin	Lenin Rosa Luxemburgo	Trotsky

Figura 1 – Coordenadores da internacional socialista.

Ainda em 1864, no dia 1º maio, houve 5.000 greves nos Estados Unidos. Nesse período, quatro sindicalistas foram condenados à morte. Por essa razão é que o Dia do Trabalho é comemorado em todos os países em 1º de maio. Menos nos Estados Unidos, onde é comemorado em 2 de setembro.

Em 1891, o Papa Leão XIII, preocupado com o rumo que tomava o convívio entre patrões e trabalhadores, publicou a Encíclica Rerum Novarum, fazendo uma proposta para organizar as relações de trabalho. Trata-se do primeiro "livro" que aborda o tema. A Encíclica dedicava "capítulos" especiais para cada um dos atores sociais, fazendo recomendações de comportamento. Ela serviu de base para a criação da Democracia Cristã.

Em outubro de 1917, os comunistas, liderados por Lenin, tomaram o poder na Rússia. Esse fato criou um mecanismo de pressão sobre outras nações. Para evitar o comunismo, os diversos países fizeram concessões aos trabalhadores. Essa situação perdurou até o fim da Guerra Fria.

Já em 1927, atendendo à sugestão de Leão XIII, Mussolini decretou a Carta del Lavoro, regulamentando as relações de trabalho na Itália.

No pacote do New Deal, em 1935, foi aprovada a Lei Wagner, que regimentou as relações de trabalho nos EUA. A lei foi oriunda de um projeto do Senador Robert Wagner, daí o seu nome.

Em 1939, começou a Segunda Guerra Mundial, que interrompeu a vida normal e os avanços das relações de trabalho nos países mais relevantes.

Quando os homens voltaram às fábricas nos EUA, em 1945, encontraram empresas com melhores relações de trabalho. Durante a Segunda Guerra Mundial, o trabalho nas fábricas foi realizado por mulheres e anciões. Em função disso, foi desenvolvido um processo de humanização do trabalho.

Em 1947, na Bélgica, o acordo entre patronato e sindicatos instituiu "La Concertation Sociale". Esse acordo serviu de modelo para vários países da Europa.

Em 1967, nos Estados Unidos, ocorreu um grande número de greves. Acordos entre empresas e sindicatos foram rejeitados pelas bases em "ações selvagens". Na prática, os trabalhadores se rebelaram contra as organizações sindicais, recusando-se a aprovar o que foi acordado com as empresas. Nos anos seguintes, o mesmo aconteceu na Europa. Em 1972, a General Motors financiou uma paralisação de trabalho contra si própria, para acabar com greves selvagens.

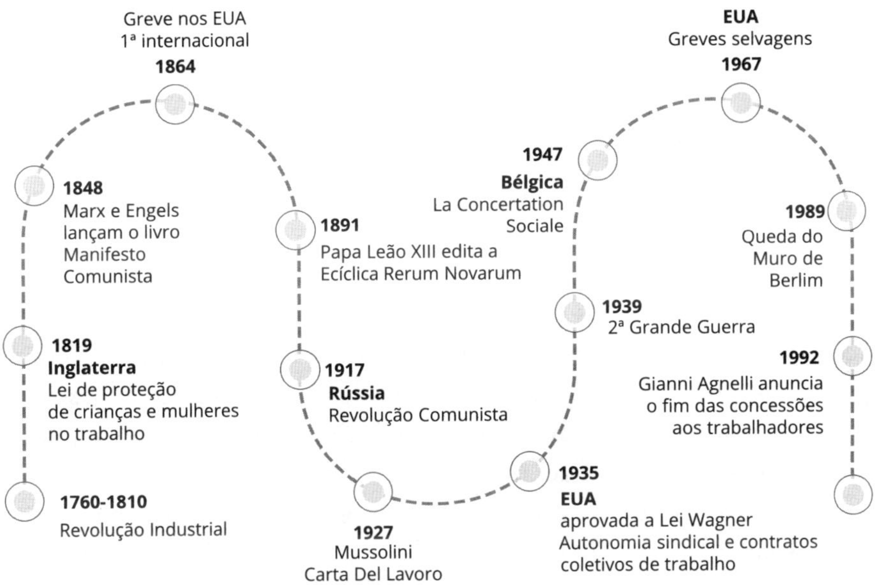

Figura 2 – Evolução das relações de trabalho no mundo.

Em 1989, na União Soviética, a Glasnost de Gorbachev (reforma no modelo comunista) acelerou o fim do socialismo real. A queda do Muro de Berlim selou o seu destino.

Em 1992, o dono da Fiat, Gianni Agnelli, em entrevista ao Le Monde, disse que tinha chegado a hora de acabarem as concessões. Logo depois, em conversa com um sindicalista italiano em Turim, ele me confirmou que isso já estava sendo posto em prática na FIAT. Revelou que há algum tempo só era chamado para negociar a redução dos direitos trabalhistas.

Os quadros a seguir apontam os atores, fatos e fatores responsáveis pela evolução das relações de trabalho no mundo.

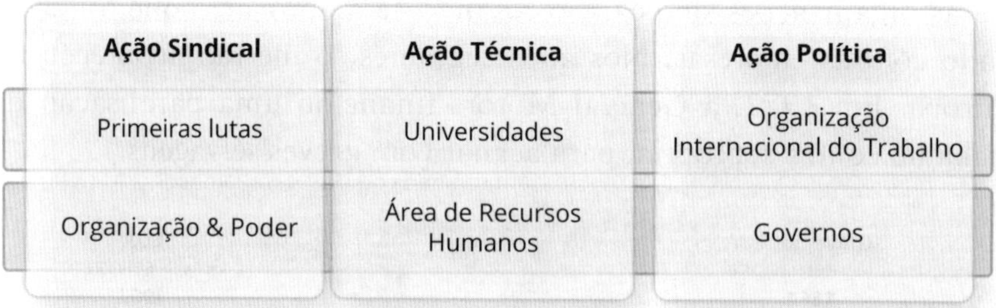

Figura 3 – Vertentes da evolução dos direitos dos trabalhadores.

As ações sindicais e as negociações, no decurso dos séculos, foram gerando novos direitos para os trabalhadores, que se traduziam em melhores salários, mais benefícios e melhorias nas condições de trabalho. As universidades desenvolveram estudos para comprovar a necessidade de tratar melhor os trabalhadores. Também desenvolveram processos e metodologias para serem utilizadas na gestão de pessoas, o que contribuiu para a evolução das relações de trabalho. As equipes de recursos humanos fizeram o mesmo trabalho dentro das empresas, promovendo, da mesma forma, melhorias significativas na gestão de pessoas.

Países criaram diversos tipos de legislação para regulamentar estas relações, contribuindo, assim, para sua evolução. A Organização Internacional do Trabalho (OIT) criou uma legislação supranacional com os mesmos objetivos.

2ª Guerra + Plano Marshall

O impacto da guerra trouxe um desejo de se buscar uma solução pacífica para os conflitos: o diálogo. O Plano Marshall deu apoio à construção do Modelo Europeu de Relações de Trabalho.

Ação da gerência

Os gerentes, quando assumiram suas posições nas empresas, passaram a tratar das Relações de Trabalho com um outro olhar, seja por sua formação, seja porque muitos eram oriundos da classe trabalhadora.

Guerra Fria

O receio de que mais países se tornassem comunistas fez com que as concessões aos trabalhadores aumentassem.

Classe média

O surgimento da classe média e o ingresso dos operários nela, nos países desenvolvidos, contribuiu para reforçar o diálogo.

Informação

O crescimento da informação aumentou a consciência dos trabalhadores na luta pelos seus direitos.

Crescimento econômico

Os surtos de crescimento econômico estimularam os trabalhadores a reivindicar mais direitos - e os patrões a concedê-los.

Figura 4 – Fatores que aceleraram a evolução das relações de trabalho

Principais personagens:

- **Karl Marx** (1818–1883) foi um filósofo e revolucionário socialista alemão. Criou as bases da doutrina comunista, onde criticou o capitalismo. Sua filosofia exerceu influência em várias áreas do conhecimento, tais como Sociologia, Política, Direito e Economia.
- **Friedrich Engels** (1820–1895) foi um filósofo social e político alemão. Teve papel de destaque no desenvolvimento do marxismo.

Colaborador e amigo de Karl Marx, ele completou os volumes II e III da obra O *Capital*, que o autor não pôde concluir.

- **Robert Owen** (1771–1858) foi um empresário na Inglaterra na época da Revolução Industrial. Ele pode ser visto como um dos mais atuantes pensadores do socialismo utópico. Na condição de administrador, teve a oportunidade de observar claramente as penosas condições às quais os trabalhadores eram submetidos. A partir dessa experiência, resolveu dedicar-se à criação de cooperativas que negassem o individualismo e a lógica egoísta das empresas capitalistas.
- **Jean Joseph Charles Louis Blanc** (1811–1882), político francês, era natural de Madrid e formado em Paris. Foi o precursor do movimento socialista moderno, ou do socialismo estatal. Karl Marx foi um dos autores que veio a adotar os princípios enunciados por Louis Blanc. As suas posições foram expostas na sua obra *Organisation du Travail*, de 1839, onde ele propõe a criação de "Oficinas Sociais", dirigidas pelos sindicatos operários, com o apoio da entidade estatal.
- **Mikhail Bakunin** (1814–1876) foi um filósofo, sociólogo e revolucionário russo do século XIX. É considerado um dos pais do anarquismo (junto com Proudhon e Kropotkin).
- **Pierre-Joseph Proudhon** (1809–1865), filósofo, político e economista francês, foi membro do Parlamento Francês e primeiro grande ideólogo anarquista da história para o anarquismo do século XIX.
- **Papa Leão XIII** (1810–1903) foi papa da Igreja Católica entre os anos de 1878 e 1903. Seu pontificado foi marcado pela diplomacia e conciliação. Lançou as bases da doutrina social da Igreja.
- **Vladimir Ilyich Ulianov** — Lenin ou Lenine (1870–1924) foi um revolucionário comunista, político e teórico político russo que serviu como chefe de governo da Rússia Soviética de 1917 a 1924 e da União Soviética de 1922 até sua morte.

- **Rosa Luxemburgo** (1871–1919) foi uma revolucionária e teórica marxista polonesa, naturalizada alemã. Tornou-se uma destacada dirigente do movimento comunista internacional.
- **Benito Mussolini** (1883–1945) foi um político italiano. Foi o líder do Partido Fascista, fundado em 1919, no final da Primeira Guerra Mundial. Foi professor e jornalista, escrevia para jornais de esquerda. Alistou-se no exército, chegando a patente de sargento. Em 1922, organizou a "Marcha sobre Roma", e com o apoio do rei Vítor Emanuel III passou a organizar o gabinete governamental, no cargo de primeiro-ministro da Itália.
- **Robert Ferdinand Wagner I** (1877–1953) foi um político americano do estado de Nova York filiado ao Partido Democrata. Foi senador entre 1926 e 1949.
- **Mikhail Gorbachev** (1931–2022) foi um advogado e político russo que ocupou a Secretaria-Geral do Partido Comunista da União Soviética, de 1985 a 1991. Com sua política moderada, foi o responsável pela abertura social, política e econômica do seu país e, indiretamente, pelo fim da Guerra Fria.
- **Giovanni "Gianni" Agnelli** (1921–2003) foi um empresário italiano e principal acionista da Fiat.

EVOLUÇÃO DAS RELAÇÕES DE TRABALHO NO BRASIL

Não se pode perder de vista que, quando começaram a ser aprovadas as primeiras leis de proteção ao trabalhador na Europa, no Brasil estava vigente a escravidão. Passaram-se quase setenta anos para que ela fosse revogada pela Princesa Isabel. Essa defasagem provocou efeitos nas relações de trabalho no Brasil até hoje. Um dado curioso é que, em 1853, ainda na vigência da escravidão, foi criado o primeiro sindicato de trabalhadores brasileiro. Foi o Sindicato dos Gráficos. Esses profissionais eram bem avançados, sabiam ler e escrever numa época em que muita gente importante era analfabeta. As relações de trabalho só se iniciaram aqui, de fato, em 1890, quando chegaram ao país os imigrantes italianos e espanhóis.

Em um período de quase vinte anos surgiram os sindicatos, que cresceram divididos entre socialistas e anarquistas. Assim, aconteceram as primeiras lutas e conquistas dos trabalhadores. Esse período da história é magnificamente retratado por Zélia Gattai no livro *Anarquistas, graças a Deus*, publicado em 1979.

Em 1906, foi realizado o Primeiro Congresso Operário Brasileiro, que lançou as bases para a fundação da Confederação Operária Brasileira – COB.

Em 1907, no Governo Afonso Pena, foi publicado o decreto 1641 que iniciou a contínua intervenção do Estado nas relações de trabalho, durante boa parte do século XX (essa intervenção ocorria cada vez que os sindicatos de trabalhadores ganhavam força e, consequentemente, mais poder). O decreto determinava que todos os sindicalistas estrangeiros estavam expulsos do Brasil. Os sindicatos sentiram o baque e só retomaram seu crescimento a partir de 1913. Em um período que vai até 1921, o movimento sindical experimentou forte evolução estimulado pelo crescimento da indústria que vende quase tudo o que produz para os países envolvidos na Primeira Guerra Mundial.

No ano de 1917 ocorreu a greve geral em São Paulo, iniciada numa fábrica de tecidos. A greve recebeu a solidariedade e adesão inicial de todo o setor têxtil que foi seguido pelas demais categorias. Todas as reivindicações foram atendidas.

Já em 1921, o governo ensaiou outra intervenção, dessa vez jurídica. Trata-se da criação do Conselho Nacional do Trabalho, destinado a controlar as ações dos sindicatos.

Em 1922, foi fundado o Partido Comunista Brasileiro por um grupo de militantes liderado por Astrogildo Pereira. Desse ano até 1978, portanto por 56 anos, o Partido Comunista liderou as entidades e ações sindicais no Brasil. Aquele ano foi início de uma das fases de maior crescimento do sindicalismo no Brasil, que durou até 1935. Esse período é descrito em detalhes na trilogia *Subterrâneos da Liberdade*, de Jorge Amado. Vale destacar que a liderança do mundo sindical foi feita, a maior parte do tempo, de forma clandestina, pois o partido viveu pouco tempo legalizado.

Entre 1922 e 1927 aconteceu uma série de fatos relevantes ligados ao chamado "Tenentismo". Os tenentes tentaram mudar a República por meio da luta armada. Os dois fatos mais relevantes são "Os 18 do Forte" e a "Coluna Prestes". No primeiro fato, os tenentes colocaram o forte de Copacabana em pé de guerra para iniciar um movimento dentro das forças armadas, mas foram derrotados. No segundo, Luiz Carlos Prestes liderou um grupo armado que chegou a ter 1500 pessoas que percorreram mais de 25.000 km lutando e fazendo proselitismo contra o governo nas cidades por onde passavam. Sem conseguir êxito, exilaram-se na Bolívia e no Paraguai.

Em 1931, o presidente Getúlio Vargas lançou uma legislação trabalhista que se constituiu nas bases da sua política de relações de trabalho. Lindolfo Collor, Ministro do Trabalho e grande impulsionador daquela legislação, disse no seu discurso que "O governo espera que patrões e trabalhadores se entendam sob a vigilância permanente do Estado".

No período de 1935 houve uma tentativa de revolução comunista. O Partido Comunista, que tinha algumas peculiaridades no Brasil, tinha preparado a tomada de poder desde 1922. Ele contava com grande adesão de militares, incluindo alguns generais e coronéis. As lideranças imaginaram que não seria difícil vencer a revolução. Estavam enganados: a aventura durou apenas três dias. Os militares fiéis ao presidente passaram um rolo compressor sobre os revoltosos. Fortalecido pela vitória, Getúlio Vargas decretou a Lei de Segurança Nacional, dando início a um período de dez anos como ditador no qual reprimiu a esquerda e a direita, a última representada pelo Partido Integralista comandado por Plínio Salgado.

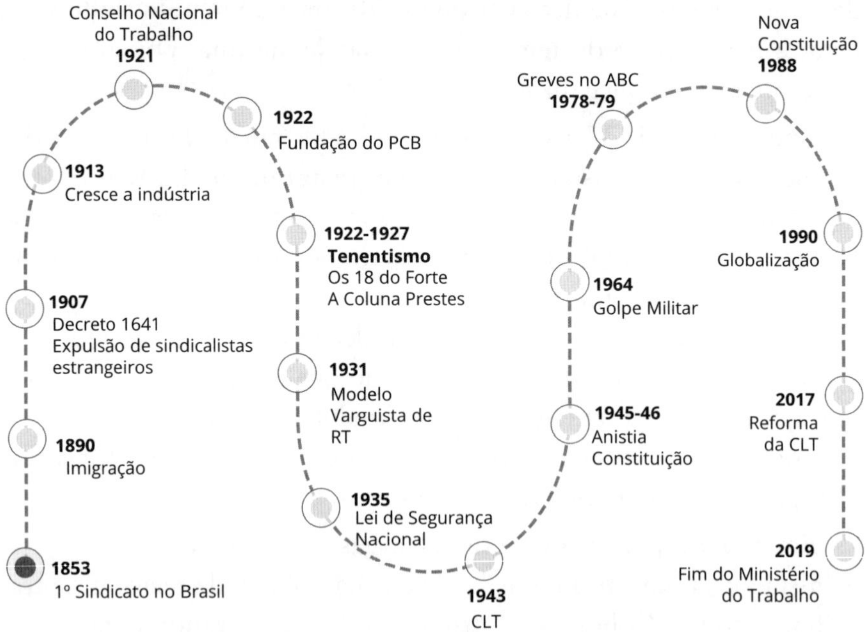

Figura 5 – Evolução das relações de trabalho no Brasil.

Em 1941, Getúlio Vargas criou a Justiça do Trabalho. Assim, em 1943, a CLT foi criada pelo Decreto-Lei nº 5.452, de 1º de maio de 1943, e sancionada pelo presidente Getúlio Vargas, durante o período do Estado Novo. A Consolidação foi assinada pelo então presidente no Estádio de São Januário (Clube de Regatas Vasco da Gama), que estava lotado para comemorar o feito.

Em 1945, aconteceu a anistia e Getúlio Vargas foi afastado do poder. No ano seguinte foi votada uma nova constituição. O Brasil perdeu a oportunidade de fazer uma reforma das relações de trabalho que alinharia o país com o que estava sendo feito nos países de primeiro mundo. Naquele momento os interesses dos conservadores com os do Partido Comunista se cruzaram e não havia disposição para estimular o diálogo. Esse fato somente contribuiria para diminuir as chances de uma tomada de poder pela via revolucionária. Logo após, começou mais um período de desenvolvimento das entidades sindicais.

Em 1964, aconteceu o Golpe Militar e iniciou-se um tempo muito difícil para os sindicatos.

As greves de Osasco e Contagem, em 1968, foram interrompidas pelos tanques enviados pelo Ministro do Trabalho, Coronel Jarbas Passarinho.

Nos anos de 1978 e 1979, aconteceram grandes greves no ABC, lideradas por Lula. O Partido Comunista perdeu influência no movimento sindical.

Em 1988, foi promulgada a nova Constituição, chamada por Ulisses Guimarães de "Constituição Cidadã". Nela foram incorporadas muitas conquistas obtidas pelos trabalhadores desde 1978. Em 1990, a abertura econômica promovida pelo presidente Collor, ao liberar as importações, trouxe fortes impactos para as relações de trabalho.

Em 1994, o presidente Itamar Franco editou uma Medida Provisória para regulamentar a participação dos empregados nos lucros e resultados das empresas – que estava prevista na constituição desde 1946. Essa medida, reeditada continuamente pelo presidente Fernando Henrique foi transformada em lei no ano 2000.

Em 2017, foi aprovada a Reforma Trabalhista pelo Congresso Nacional que, apesar de trazer importantes e relevantes mudanças, voltou a colocar o Estado no papel de interventor nas relações de trabalho. E em 2019, o presidente Jair Bolsonaro extinguiu o Ministério do Trabalho.

Principais personagens:

- **Afonso Augusto Moreira Pena** (1847–1909) foi um advogado e político brasileiro. Foi o sexto presidente da República, de 1906 até sua morte.
- **Luís Carlos Prestes** (1898–1990) foi um militar e político comunista brasileiro, uma das personalidades políticas mais influentes no país durante o século XX. Prestes ganhou fama nacional ao liderar a Coluna Prestes na década de 1920. Durante a Ditadura Militar brasileira exilou-se na União Soviética após ter os seus direitos políticos cassados, retornando ao Brasil depois da promulgação da Lei da Anistia em 1979. Foi secretário-geral

do Partido Comunista Brasileiro de 1943 a 1980, defendendo a revolução comunista até o final da vida.

- **Getúlio Dornelles Vargas** (1882–1954) foi um advogado, militar e político brasileiro, líder da Revolução de 1930, que pôs fim à República Velha, depondo seu 13º e último presidente, Washington Luís, e impedindo a posse do presidente eleito, em 1º de março de 1930, Júlio Prestes.

  Foi presidente do Brasil em dois períodos. O primeiro foi de quinze anos ininterruptos, de 1930 até 1945, e dividiu-se em 3 fases: de 1930 a 1934, como chefe do "Governo Provisório"; de 1934 até 1937, como presidente da República do Governo Constitucional, tendo sido eleito pela Assembleia Nacional Constituinte de 1934; e de 1937 a 1945, como ditador durante o Estado Novo, implantado após um golpe de Estado.

  No segundo período, em que foi eleito por voto direto, Getúlio governou o Brasil como presidente da República por três anos e meio: de 31 de janeiro de 1951 até 24 de agosto de 1954, quando se suicidou. Getúlio era chamado por seus simpatizantes de "pai dos pobres", por conta da legislação trabalhista e das políticas sociais adotadas sob seus governos. A sua doutrina e seu estilo político foram denominados de "getulismo" ou "varguismo". Os seus seguidores, até hoje existentes, são denominados "getulistas". As pessoas próximas o tratavam por "Doutor Getúlio", e as pessoas do povo se referiam a ele como "Getúlio".

- **Lindolfo Leopoldo Boeckel Collor** (1890–1942) foi um jornalista e político brasileiro. Foi Ministro do Trabalho no Governo Getúlio Vargas.
- **Plínio Salgado** (1895–1975) foi um escritor, jornalista, teólogo e político conservador brasileiro que fundou e liderou a Ação Integralista Brasileira (AIB), partido nacionalista católico de extrema-direita inspirado nos princípios do movimento fascista italiano. Inicialmente um adepto da ditadura de Getúlio Vargas, foi mais tarde preso e obrigado a se exilar em Portugal, acusado de promover levantes contra o governo.

- **Astrojildo Pereira Duarte Silva** (1890–1965) foi um ex-anarquista, escritor, jornalista, crítico literário e político brasileiro, além de fundador do Partido Comunista Brasileiro (PCB), em 1922.
- **Jarbas Gonçalves Passarinho** (1920–2016) foi um militar e político brasileiro. Foi governador do Pará, ministro do trabalho, da educação, da previdência social e da justiça, além de presidente do Senado Federal.
- **Luiz Inácio Lula da Silva** (1945–atualmente) é um político, ex-sindicalista e ex-metalúrgico brasileiro, principal fundador do Partido dos Trabalhadores (PT). Foi o 35º presidente do Brasil, tendo exercido dois mandatos de 1º de janeiro de 2003 a 1º de janeiro de 2011 e 39º presidente desde 1º de janeiro de 2023.
- **Ulysses Silveira Guimarães** (1916–1992) foi um político e advogado brasileiro, um dos principais opositores à Ditadura Militar. Foi o presidente da Assembleia Nacional Constituinte de 1987 a 1988, a qual inaugurou a nova ordem democrática, após 21 anos sob o Regime Militar.
- **Itamar Augusto Cautiero Franco** (1930–2011) foi um engenheiro, militar e político brasileiro. Foi o 21º vice-presidente do Brasil durante o governo de Fernando Collor e, após o titular ter sido afastado da presidência por um processo de impeachment, assumiu como o 33º presidente do Brasil, tendo governado entre 1992 e 1995.

Conceitos nas relações de trabalho

QUESTÕES DE FUNDO NAS RELAÇÕES DE TRABALHO

Para entender as relações de trabalho, antes de tudo, é necessário analisar algumas questões de fundo que interferem de forma direta na filosofia, nas ações nos e resultados no âmbito do mundo do trabalho. Essa etapa é fundamental para abordar o tema, colocando-o numa perspectiva histórica, analítica e despojada dos preconceitos inevitáveis num meio em que está presente de forma abundante a luta por ideias, poder e dinheiro. Conflitos ideológicos e pessoais, ambiguidade e vaidade são outros elementos que ajudam a compor o cenário no qual se desenrolam as relações de trabalho. As questões de fundo pertinentes e analisadas são as portas de entrada para a compreensão do tema.

CAPITALISMO E SINDICALISMO

Capitalismo e sindicalismo são irmãos siameses. Eles não vivem separados e obedecem às mesmas regras. A mais importante delas é a lei da oferta e da procura. Quando há muitos produtos disponíveis, o preço cai; quando há poucos, o preço sobe. Da mesma forma, nos momentos em que a procura por empregados é grande e as empresas estão produzindo a plena carga, os trabalhadores se fortalecem e os sindicatos podem participar das negociações através de uma posição de força.

Quando ocorre o contrário, os trabalhadores se enfraquecem e as negociações favorecem as empresas. A força dos sindicatos depende de sua capacidade e estrutura, mas isso não tem nenhum valor sem o engajamento dos trabalhadores. O poder dos sindicatos, de um lado, tem relação direta com a economia e com o mercado. Do outro, depende da educação, organização e mobilização dos trabalhadores.

O sindicalismo surge em decorrência do nascimento do capitalismo e encontra sua razão de ser, e seu fermento de crescimento, nas condições de trabalho presentes nas primeiras unidades estruturadas de produção. As condições das fábricas e minas, a remuneração e o regime de horas de trabalho foram decisivos para a criação de organizações dos trabalhadores. Elas tinham como objetivo mudar a situação vigente, o que não era possível por ações individuais. As organizações lutavam para acabar com a "incapacidade" dos patrões de perceberem as necessidades dos trabalhadores e, vencida essa etapa, conseguir que os capitalistas atendessem, pelo menos em parte, suas demandas econômicas e sociais.

Ao longo dos anos foi construído um modelo de relacionamento baseado na lógica do conflito entre as partes e na convicção de que para um lado ganhar, o outro teria de perder. No começo, a luta de classes foi o formato utilizado pelos dirigentes sindicais para mobilizar e coordenar as ações dos trabalhadores para alcançar seus objetivos. As diferenças nas condições de vida dos patrões e empregados era combustível suficiente para manter essa postura. A melhoria das condições de vida dos trabalhadores diminuiu a eficácia dessa abordagem, mas não a eliminou de vez. Sempre que há a percepção de um grande desequilíbrio entre as condições de vida dos dois atores sociais, a bandeira pode ser retomada e usada com relativo sucesso.

Uma coisa é certa, enquanto houver capitalismo haverá sindicalismo. Além disso, há de se esperar que exista um tipo de capitalismo que corresponda a um paradigma equivalente de sindicalismo. Assim, se o capitalismo é chique, o sindicalismo é chique. Se o capitalismo é brega, o sindicalismo é brega. Certa vez, ouvi do presidente de uma grande organização empresarial europeia que empresas e sindicatos se merecem.

CONFLITO E CONVERGÊNCIA

Nas relações entre pessoas estão presentes duas variáveis: conflito e convergência. É impossível conseguir que as pessoas estejam de acordo a respeito de tudo, durante todo o tempo. Isso vale para qualquer tipo de relação, inclusive aquelas onde estão presentes amor e amizade. Logo, é natural que também existam conflitos entre patrões e empregados.

Nesse caso, o conflito básico está relacionado ao custo ou preço do trabalho. Todos os patrões têm a expectativa de que a despesa do trabalho seja o menor possível, enquanto os trabalhadores desejam exatamente o oposto, ou seja, vender seu trabalho pelo máximo possível. Em suma, uns querem muito trabalho com pouco salário, e outros desejam muito salário com pouco trabalho. Certamente existem terceiros motivos de desacordo entre patrões e empregados, mas esse, sem dúvida, é o maior. Além disso, ele gera conflitos secundários ou subsidiários.

Quando o conflito surge em qualquer relação não deve ser entendido como algo negativo, mas sim como uma oportunidade de crescimento. Para que isso ocorra, é necessário que as pessoas ou instituições envolvidas acreditem que é possível aprender e alcançar resultados administrando o conflito.

Para que a administração dos conflitos seja considerada boa, é preciso que duas condições sejam atendidas. A primeira é que existam processos e mecanismos para expressar os conflitos. Divergências não expressas contribuem para fragilizar as relações entre as pessoas, os grupos e as instituições. O formato dos mecanismos de expressão dos conflitos pode ser simples ou sofisticado. Isso depende do gosto, da cultura e da complexidade das relações. O que importa é que exista um canal para que as pessoas digam o que estão pensando, o que elas desejam, ou o que as incomoda. É vital que as portas estejam sempre abertas para os interlocutores. A segunda condição é que, uma vez expostos, os conflitos sejam administrados. Há várias formas de administrá-los, mas, sem dúvida, a melhor maneira é a negociação. Se os conflitos são apresentados, mas não administrados, há também o comprometimento das relações. A pior consequência de se ignorar os conflitos é caminhar para uma situação de confronto, em que os interlocutores passam a atuar em situação de fragilidade e desequilíbrio.

No Brasil, essa questão é fortemente influenciada pela característica da nossa cultura de evitar desentendimentos, ignorando-os ou adiando seu tratamento ou solução. Essa condição exige que as empresas estejam atentas na formação dos seus gerentes e executivos, bem como no acompanhamento do desempenho deles nesse campo.

GERENTES E PATRÕES

Gerentes são diferentes de patrões. Eles podem ser definidos como substitutos ou representantes dos patrões. Essa denominação ajuda a compreender as distinções entre eles. Todo patrão prefere tomar conta pessoalmente dos seus negócios. Mesmo quando eles transferem parte das responsabilidades para parentes, acompanham de perto o desempenho daqueles que recebem a missão de substituí-los.

As grandes empresas convivem com a presença em extensa escala de gerentes no seu quadro de dirigentes. Hoje, muitas delas sobrevivem sem a presença de um patrão no seu comando. Desse modo, os gerentes, tanto como representantes dos patrões quanto dos acionistas, são também empregados das empresas. Eles são, portanto, seres híbridos: meio patrão, meio empregado. Comportam-se como patrões quando se relacionam com os subordinados e como empregados na relação mantida com seus superiores na hierarquia.

Por mais que eles queiram ou se esforcem, jamais terão na íntegra a ideologia dos patrões, agindo sempre movidos por essa dupla natureza. O grau de adoção da ideologia dos patrões ou acionistas pelos gerentes depende diretamente da forma como as empresas facilitam a atuação deles. Elas devem definir filosofias e políticas claras que norteiem as ações e posicionamentos dos gerentes. Mais que isso, precisam exigir que o comportamento deles seja de acordo com elas.

IDEOLOGIA E TECNOLOGIA

As ideologias são as marcas que distinguem as empresas. Elas expressam os valores e as crenças que as empresas têm a respeito das relações de trabalho, abrangendo a visão sobre os empregados, os sindicatos, as negociações, os conflitos, enfim, todos os aspectos que cercam as relações entre as empresas e seus trabalhadores.

Nas empresas familiares, geralmente, a ideologia decorre da visão do dono. Nas organizações, com o controle disperso entre inúmeros acionistas, a ideologia é fruto da história ou da intervenção de dirigentes carismáticos. A ideologia não pode ser comprada, mas é passível de imitação ou cópia. Em nenhum desses casos é boa, pois a qualidade dela depende da fé daqueles que devem segui-la, difundi-la e defendê-la. As ideologias só têm valor quando são seguidas à risca pela hierarquia e isso só pode ser medido de fato quando a empresa passa por uma crise no campo social. Na maioria das empresas, as ideologias referentes às relações de trabalho não são expressas de forma clara, mas existem e se legitimam de forma tácita.

As tecnologias, incluindo as de gestão de recursos humanos, são bens que se compram no mercado. No mundo de hoje, elas existem em quantidade, com preços e qualidades diferentes, sendo acessíveis a todos que tenham dinheiro para comprá-las. As empresas podem utilizar as tecnologias dos recursos humanos, independentemente das convicções que professam. Assim, é possível que uma empresa que tenha uma visão conservadora das relações de trabalho adote o modelo de liderança situacional. Ele, ao mesmo tempo, pode estar sendo utilizado por uma organização com política de vanguarda nas relações com empregados e sindicatos.

Não se pode confundir habilitação para selecionar, liderar e alcançar resultados com a adesão a uma filosofia, crença ou visão na qual deve ser baseada a gestão de pessoas. Uma questão são as competências e habilidades, outra, completamente diferente, são as crenças e as virtudes. Portanto, o que define o que é a empresa não são as tecnologias que ela adquire e usa, mas a ideologia e a cultura que ela possui.

AS RELAÇÕES DE TRABALHO

A abordagem das relações de trabalho pressupõe três tipos de interação que as empresas mantêm com os diferentes atores nesse campo. Elas se relacionam com os empregados, com os sindicatos e com a comunidade. Assim, toda empresa que deseja manter um padrão de relacionamento social adequado tem de procurar qualidade nas relações com os diversos atores sociais.

As empresas devem ter uma ordem de prioridade ao estabelecer as primazias no tratamento dos seus interlocutores sociais que é a seguinte: empregados, sindicatos e comunidade. Essa ordem natural pode ser alterada diante de fatos que coloquem em xeque a empresa. Nesses casos a empresa pode optar por privilegiar qualquer um dos atores. Sendo assim, é importante destacar que os tipos de relacionamento são interdependentes, ou seja, interferem uns nos outros.

O quadro seguinte apresenta os aspectos que devem ser considerados para se obter uma boa qualidade nas relações sociais, abrangendo os seus três componentes.

Figura 6 – Composição das relações de trabalho.

Nas relações com os empregados é necessário:

- Respeitar todas as pessoas, independentemente da sua condição social, raça e qualificação. Isso significa que eles terão ideias, posturas e comportamentos inerentes a sua condição como pessoas entendidas, aceitas e protegidas, mesmo que não representem um conjunto com especial valor. Isso passa pela equidade, que deve ser mantida para todos.
- Criar um ambiente de confiança, em que os trabalhadores saibam que aquilo que as lideranças dizem ou prometem será cumprido e que elas sempre adotem tal postura mesmo quando não atenderem às reivindicações dos empregados, não temendo contrariar expectativas ou desejos que a empresa não tem condições de responder.
- É importante saber que criar um ambiente de confiança nas relações leva muito tempo e custa caro, enquanto para acabar com ele basta um simples gesto ou palavra, muitas vezes para nunca mais recuperá-lo.
- Tratar todos com justiça, premiando e retribuindo os acertos e corrigindo ou punindo os erros, quando isso for necessário. Esse é um ponto crítico, pois os trabalhadores têm muita sensibilidade para perceber a presença da injustiça nas ações e decisões das lideranças.

- Manter a consistência, que significa ter justiça, respeito e confiança em todas as relações que a empresa mantém com os empregados, de todas as unidades, por meio das lideranças. Isso é extremamente difícil de conseguir e dá mais trabalho quando as organizações são maiores e complexas. O sucesso da empresa requer que ela dê clara orientação a respeito dos seus valores, princípios e disciplina das lideranças em acolher e seguir a filosofia estabelecida na gestão de pessoas.

Nas relações com sindicatos é necessário:

- Fazer uma distinção inicial: ela não trata das relações com os dirigentes sindicais, mas da relação com uma instituição que representa os trabalhadores. Se a empresa possui empregados que são sindicalistas, deve se relacionar com eles seguindo os mesmos princípios que adota para todos os outros e que foram acima sugeridos.
- Frisar que há limites na qualidade e na profundidade das relações. Elas dependerão essencialmente da história, da ideologia do sindicato, do quanto ele e a empresa já negociaram. Quando uma empresa tem de lidar com mais de um sindicato pode perfeitamente ter uma abordagem situacional, fruto das diferenças de contexto das relações que preservam com cada um deles.
- Na questão da transparência, que é uma das mais críticas nas relações com os sindicatos, a empresa pode franquear mais informações para alguns sindicatos, com os quais possui uma relação de confiança, do que para outros, que vive em permanente atrito. O que faz a diferença é certamente o quanto os dois atores conseguiram buscar soluções para os seus conflitos por meio da negociação.
- Respeitar os sindicatos. Em primeiro lugar, porque eles representam os empregados. Em segundo, porque se deseja ser respeitada, deve tomar a iniciativa para mostrar como quer jogar o jogo. Essa é uma situação difícil porque o sindicato sempre coloca a empresa em xeque, seja do ponto de vista econômico, seja do

social. De qualquer forma, a empresa tem de se colocar com uma interlocutora que resolve seus conflitos de forma civilizada.

- Manter a consistência. A empresa não pode se posicionar diante do sindicato de forma ciclotímica, exibindo comportamentos variados de acordo com a ideologia ou estado de espírito dos executivos que a representam. Não é nenhuma vantagem para a empresa manter o sindicato na expectativa de quem virá para a negociação: o "médico" ou o "monstro".

Nas relações com a comunidade é necessário:

- Levar em conta que elas ganharam nos últimos anos um status excepcional. As empresas relatam suas façanhas nessa área para a mídia, certas de que isso faz bem aos negócios. Além disso, as organizações do terceiro setor ganharam visibilidade e poder incomparáveis e pressionam as empresas pela sedução, ou ameaça. Muitas empresas deixaram de lado sua posição de benemerência para adotar uma postura de cidadania, que tem como foco a sustentabilidade.
- Quando se olha tal questão no campo das relações sociais, o primeiro passo é respeitar a comunidade onde a empresa está instalada. Isso vale para o país, estado ou cidade. Ao mesmo tempo, abrange a imprensa e a sociedade civil. A empresa não pode se posicionar de forma arrogante ou autoritária, pois depende da comunidade para garantir a sua sustentabilidade.
- Adotar uma postura cidadã, pois se a comunidade a percebe dessa forma, certamente retribuirá olhando a empresa com simpatia e buscando compreender as posições e expectativas da organização. Isso funciona da mesma forma que uma família que mora em um bairro. A forma como a vizinhança trata a família corresponde a forma como a família se relaciona, incluindo o respeito às normas sociais.
- A introdução do conceito de ecologia social. Trata-se de olhar para os empregados da mesma forma que as empresas fazem com os recursos da natureza. Se uma empresa recolhe água de

um rio para utilizar nas suas instalações industriais, ela tem a obrigação de devolvê-la à natureza com a mesma qualidade original. As empresas buscam os seus empregados nas comunidades. Logo, da mesma forma que a água, elas devem "devolver" as pessoas para os seus lares todos os dias com qualidade igual ou superior àquela que elas tinham quando foram contratadas. Isso vale também para o momento da aposentadoria. Cada vez mais as comunidades olham para as empresas com visão crítica a respeito desse tema. O comportamento da empresa fará a diferença na hora de recrutar, obtendo os melhores trabalhadores.

AS IDEOLOGIAS NAS RELAÇÕES DE TRABALHO

As empresas precisam definir as suas ideologias nas relações de trabalho para que os gerentes tenham um guia de posturas e comportamentos a serem adotados nas relações com empregados, sindicatos e comunidade.

O quadro mostra com amplitude o horizonte no qual as empresas podem fazer suas opções a respeito da sua definição ideológica.

Iniciando pelas relações com os empregados, o quadro mostra um caminho evolutivo da percepção e da visão ideológica que começa considerando o empregado como "meio de produção", até o ponto no qual ele é tratado como "cidadão" ou stakeholder.

Figura 7 – Visão ideológica das empresas a respeito do empregado.

O empregado era visto como um meio de produção no início da Revolução Industrial, ao passo que os patrões o enxergavam como uma extensão da máquina. Mais tarde, essa visão é consolidada no Taylorismo e no Fordismo, que preconizavam a organização racional do trabalho.

O patamar seguinte coloca o trabalhador como "fornecedor". Passa a equipará-lo com os que vendem equipamentos, matéria-prima, serviços, dentre outras demandas das empresas. Aqui fica mais caracterizado que ele vende seu trabalho e recebe o pagamento na forma de salários e benefícios. Fica claro que a empresa vai ao mercado buscá-lo e pode trocá-lo por outro sempre que o bem entregue não for satisfatório. A maioria das empresas trata os empregados nesse nicho.

O passo seguinte é qualificar o trabalhador como "parceiro", o que significa que ele merece tratamento mais especializado. A empresa estabelece que existem interesses em comum entre ela e o trabalhador, que ambos devem atuar juntos para alcançar objetivos que os favoreçam. O conceito, em sua forma mais sofisticada, define uma espécie de duplo engajamento em que cada um cuida do outro. O número de empresas que adotam essa visão é menor, mas muitas já estão na fronteira entre a segunda e a terceira etapa.

No último estágio, o trabalhador é visto como "cidadão" ou stakeholder. Nesse ponto, as empresas se dispõem a envolver os empregados nas decisões do negócio, compartilhando com eles informações estratégicas. O primeiro exemplo a ser olhado é o processo de cogestão existente na Alemanha, mas ele já foi superado com a adição de intrincados sistemas de diálogo social. Ainda que sejam são poucas as empresas que já chegaram a tal fase, o modelo tem está em crescimento no norte da Europa.

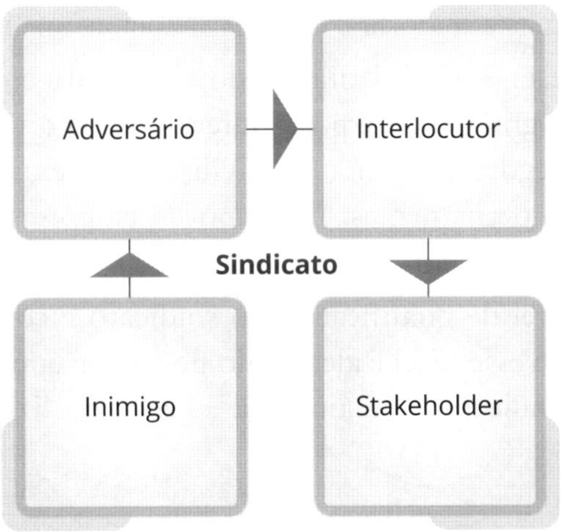

Figura 8 – Visão ideológica das empresas a respeito do sindicato.

Quando se trata da definição de ideologias no âmbito das relações com os sindicatos, a situação é mais complexa e difícil. Isso se deve ao conflito presente de forma mais nítida nesse tipo de vinculação, o que facilita sempre um certo acirramento de ânimos. É bom que se diga que o acirramento é de mão dupla, ou seja, é compartilhado por empresas e sindicatos. A qualificação ideológica coloca, assim, o sindicato entre inimigo e stakeholder. Como se pode ver, é um leque de opções difícil de ser percorrido.

Quando uma empresa olha para o sindicato como inimigo, isso pressupõe que ela deseja a sua eliminação, pois na guerra o inimigo deve ser morto. Aqui não há muito espaço para diálogo. Empresas e sindicatos se fustigam. Quase sempre, ficam nos limites definidos pelas leis. Fora disso é pau puro. Greves e piquetes são permanentes por parte dos sindicatos. As empresas respondem com afastamentos de sindicalistas e demissões de empregados, que acabam sempre "pagando o pato".

O segundo nível ideológico é do sindicato qualificado como "adversário". O acirramento diminui um pouco, porém, de qualquer forma, o conflito permanece forte com ações agressivas das duas partes. Quando se trata de adversário, o que se espera é que ele seja derrotado. O número de empresas que olha para o sindicato como inimigo ainda é considerável, mas a maioria o considera apenas um adversário.

O terceiro estágio é a definição do sindicato como interlocutor. Temos agora um grande salto, pois a interlocução presume a existência do diálogo, de negociações em nível civilizado e a existência de canais de comunicação permanentes. O grupo de empresas nesse patamar ocupa o terceiro lugar em número.

O quarto nível de qualificação do sindicato é como stakeholder. Pode-se dizer que esse nível é alcançado por um grupo muito reduzido de empresas e sindicatos, a maioria delas está localizada no norte da Europa.

Retratos da Realidade

Em 1994, participei do Congresso Mundial de Recursos Humanos realizado em São Francisco, na Califórnia. Pedi a um amigo que era o representante da Central Sindical Americana (AFL-CIO) no Brasil que organizasse uma programação de visitas no campo das relações de trabalho em empresas e entidades educacionais.

Dentro da programação havia uma visita à montadora NUMMI, em Oakland. Essa montadora se notabilizava por ter um estilo de gestão bastante inovador. Era um consórcio entre a GM e a Toyota. A visita foi organizada pelo distrito local do UAW (United Automobile, Aerospace e Agricultural Implement Workers of America) e fui recebido pelo presidente que nos conduziu até a empresa.

Chegando lá, ele se comportou como se fosse um diretor da empresa. Ele me mostrou todas as instalações e nas suas falas dizia "aqui nós fazemos isto, ali são nossas instalações dedicadas à pesquisa".

Em dado momento, disse que iria me apresentar a um colega de Recursos Humanos. Logo depois, me conduziu a uma área onde havia uma grande obra, afirmando que "aqui estamos fazendo a expansão da nossa área industrial, quando tudo ficar pronto, nossa produção vai aumentar 30%".

Na minha opinião, toda a visita foi muito importante, mas teve algo que me surpreendeu. Entramos em um grande salão. Nele havia duas mesas de trabalho grandes uma ao lado da outra. Na frente de cada uma delas havia duas fileiras de mesas de trabalho um pouco menores. Ele me disse que as duas mesas grandes eram ocupadas respectivamente pelo Gerente de Relações Trabalhistas da NUMMI e pelo diretor local do UAW. Explicou que todos os conflitos entre a empresa e o sindicato eram resolvidos naquele salão.

Era como se eu estivesse em uma empresa no norte da Europa.

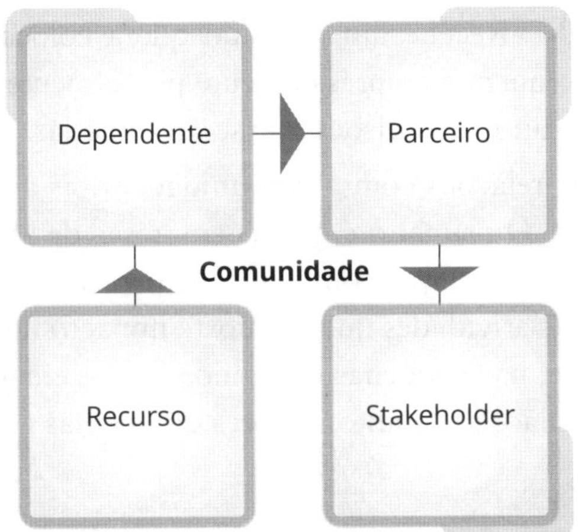

Figura 9 – Visão ideológica das empresas a respeito da comunidade.

No caso das relações com a comunidade também é necessário que a empresa estabeleça a sua posição ideológica, pois hoje cada vez mais as comunidades interferem nas relações das empresas com os empregados.

O leque disponível de opções para as empresas fazerem a sua escolha é relativamente grande. Vai desde a comunidade ser considerada um "recurso" até ser tratada como um stakeholder. Sendo assim, lidar com a comunidade como um mero mecanismo reflete a mais primitiva visão que as empresas podem ter a respeito dos países, estados ou municípios onde estão instaladas. Nesse caso, elas atribuem à comunidade pouco valor e significado. É como se ela se instalasse ao local sem sequer pedir licença.

No segundo estágio, a comunidade é tida como dependente, ou seja, é vista como uma coitadinha, que depende da caridade da empresa para sobreviver. Para que isso ocorra, é necessário que as autoridades políticas aceitem esse papel de subordinação.

O terceiro estágio reserva para a comunidade uma posição mais digna, que é a de ser tratada como parceira. Aqui a empresa se dispõe a se colocar lado a lado com a comunidade para trabalharem juntas, em benefício do bem comum.

Por último, no quarto nível, a comunidade passa a ser considerada como stakeholder. Recebe um respaldo que a coloca como parceira estratégica, com quem a empresa discute previamente todos os rumos que pretende seguir e as decisões que serão tomadas.

No caso das relações com a comunidade, dois aspectos precisam ser considerados. O primeiro é que as empresas de alguns setores são mais exigentes nesse campo, como as de mineração e as hidroelétricas, pela natureza das atividades que têm forte impacto no meio ambiente. O segundo é que, nas pequenas comunidades, os efeitos das empresas na vida dos cidadãos são muito maiores do que nas grandes cidades.

AS RELAÇÕES DE TRABALHO: CONFLITO E CONVERGÊNCIA

Como já foi dito, nas relações de trabalho estão presentes posições de conflito e convergência. A seguir, será feita uma análise mais profunda de como isso acontece, considerando três atores fundamentais:

sindicalistas, gerentes e empregados. O equilíbrio das relações entre esses atores afeta diretamente a vida da empresa. Dele dependerão se os pontos de convergência superarão os de conflito e se a situação econômica e social da empresa se tornará mais sustentável.

Conflito

Existem situações em que os gerentes e os sindicalistas se posicionam na defesa de suas posições. Trata-se de um momento em que existe uma disputa, uma batalha no campo da comunicação, para se conseguir a adesão dos trabalhadores. O que pode determinar essa disputa?

Existem duas hipóteses. A primeira é uma decisão da empresa que contraria os operários, por exemplo, aumentar a participação deles nos custos do plano médico. A outra é a ocorrência de um fato que incomoda os trabalhadores, como um grande acidente, ou uma decisão governamental que afete a renda. Supondo que no início os operários estão dando cinquenta por cento de crédito a cada um dos lados, eles se mobilizam para conseguir a adesão.

É importante dizer que a escolha da denominação "operários" no lugar de "empregados" foi feita porque são eles que lutam pelos seus direitos, correndo riscos como o de entrar em greve. As pessoas que trabalham nos escritórios utilizam outras armas para se contrapor às decisões e políticas da empresa: o tráfico de influência, a intriga ou o alinhamento a grupos na disputa de poder. Contudo, a mais poderosa, sem dúvida, é a fofoca.

Dependendo da argumentação de cada lado, os operários podem aceitar e adotar a posição do grupo mais convincente. Que fatores influenciam nessa rivalidade pela adesão dos trabalhadores? O primeiro deles é o domínio das informações. Cada um dos partidos precisa delas para fazer uma comunicação persuasiva.

Normalmente, os sindicalistas dispõem de boas informações e têm uma abordagem rápida e simples para passar as suas mensagens. Resta saber se a empresa consegue manter os seus gerentes com a informação na mão, na qualidade e tempo necessários. Uma das maiores dificuldades é que, nas grandes organizações, o tamanho e a complexidade das relações entre os diversos níveis criam obstáculos para o sucesso da ação dos gerentes. Um bom recurso para eliminar esse problema é planejar de forma adequada a comunicação e dar suporte aos gerentes para realizá-la. Nesse caso, é preciso considerar o número de níveis hierárquicos que a empresa tem e de qual deles parte a comunicação. Na questão dos sindicatos quase não existem níveis hierárquicos e a comunicação entre os sindicalistas, independentemente de terem maior ou menor poder, é praticamente horizontal. É importante que a empresa garanta que os supervisores que estão na linha na interface direta com os operários disponham da informação necessária para exercer a defesa da empresa. Além disso, eles têm de estar convictos e seguros, pois não podem titubear.

O segundo diz respeito ao poder/status. Os sindicalistas gozam de respeito pelo fato de terem estabilidade no emprego, posição de autonomia frente aos gerentes. Nas chefias, a questão do status e poder varia muito nos diversos níveis da hierarquia. O aspecto mais crítico se concentra nos escalões inferiores da pirâmide. É crucial que a empresa deixe bem claro que ela respeita esses gerentes e que a palavra deles expresse as posições da empresa. Nunca é demais conferir a eles alguns símbolos de poder, por exemplo, ônibus ou estacionamento privativo, uniformes diferenciados e dispensa do ponto quando houver. Um pecado mortal muitas vezes cometido pelas empresas é deixar que a hierarquia superior atropele a inferior no processo de comunicação.

O último fator é a ideologia. No caso dos sindicalistas, a questão ideológica é natural. Quando um trabalhador opta pela carreira sindical, ele o faz movido pela convicção de que seu papel é defender a classe. Assim, ao atuar nos momentos de conflito, ele automaticamente incorpora essa visão e age de forma integrada.

Como já foi dito, quando se olha para a hierarquia, tal ponto não é tão evidente. Há uma distinção entre ser patrão e ser gerente. Adicionado a isso, muitas vezes, os gerentes não concordam com a decisão da empresa, seja porque ela os afeta diretamente, seja porque eles consideram seu custo social elevado. Estamos diante de uma grande dificuldade, que a empresa só supera com muita disciplina e com a adesão definitiva dos gerentes. Para isso, deve se convencer de que se quer ter o comprometimento dos gerentes, necessita tratá-los bem na condição de empregados. Além disso, os gerentes têm de saber que não podem ter o bônus sem o encargo de defender a empresa nos momentos de crise e conflito.

Outro ponto fundamental é deixar claro que os gerentes têm dois papéis nesse momento: comunicadores, quando se trata das decisões tomadas pelos níveis superiores, e negociadores, quando se trata de decisões por eles tomadas. Nenhum gerente tem o poder de alterar uma decisão tomada por um superior. Ele, no máximo, tem a obrigação de mostrar para seu chefe as dificuldades da aplicação ou fazer o registro das reações negativas ouvidas dos empregados. Se os gerentes forem colocados como negociadores de uma decisão da hierarquia superior, terão obrigatoriamente que se manter dentro dos limites autorizados.

Retratos da Realidade

No governo Sarney houve um momento em que começaram a pipocar greves no funcionalismo público. O Ministro da Fazenda, Maílson da Nóbrega, aconselhou o presidente a não ceder, pois o aumento dos custos da folha de pagamento das empresas afetaria as contas públicas. Os outros ministros queriam ceder, mas Maílson se manteve firme na sua posição.

A greve finalmente chegou ao território da Fazenda. Começou uma paralisação no Banco Central. O ministro resolveu mostrar que sua posição era para valer contrariando a decisão do presidente do Banco Central que pretendia fazer algumas concessões, uma vez que a greve já tinha a adesão das chefias mais próximas dos funcionários. A ação sindical já estava atingindo a pirâmide das chefias.

O ministro determinou ao presidente do BACEN que não cedesse nem um milímetro. Os gerentes de nível mais alto aderiram à greve. Restaram trabalhando somente o presidente e os diretores, que insistiram em fazer concessões.

Como elas não foram feitas, os diretores, que eram funcionários de carreira, entregaram seus cargos e aderiram à greve. Logo, restou, contrapondo-se à greve, um solitário presidente.

Convergência

Outro aspecto das relações entre os atores sociais é a convergência. Ela é vital, pois é responsável pela sustentabilidade dos negócios e das relações sociais. Quando se observa o quadro acima, nota-se que existe uma área comum de convergência entre os atores. Gerentes, sindicalistas e empregados têm crenças comuns a respeito da empresa e a mais forte é a importância da existência dela para que as suas funções sobrevivam. A empresa deve investir pesado na ampliação da convergência e na diminuição do conflito. No entanto, o seu poder para fazê-lo é limitado. As pessoas só se movem em direção a uma maior centralização quando podem construir juntas, de forma espontânea, visões compartilhadas. Isso se dá por meio da vivência conjunta de experiências.

É bom destacar duas situações que não são alcançadas. A primeira é a convergência total. Mesmo em países como o Japão, onde os pontos de convergência são maiores por razões culturais, isso não ocorre. O único momento em que todos os atores estão praticamente em união total é logo após o anúncio do fechamento de uma empresa ou unidade. Por outro lado, não é possível ocorrer a total falta de um mínimo posicionamento comum, pois nesse caso reinaria o mais completo caos na empresa. Outro ponto a destacar são as convergências existentes entre os atores, considerando a relação a cada dois deles. Vamos iniciar pela convergência entre empregados e sindicalistas. Os mais apressados poderiam pensar que, já que o papel do sindicato é defender os trabalhadores, ela teria de ser total. Isso não ocorre porque os sindicalistas dedicam parte da sua energia para cuidar da instituição que dirigem.

Em contrapartida, quando se trata da relação dos gerentes e sindicalistas, é mais fácil pensar que eles não têm nenhuma convergência, já que passam maior parte do tempo se contrapondo na tentativa de obter a adesão dos empregados. Isso, entretanto, não ocorre, dado que sindicalistas e gerentes têm na responsabilidade mútua pela solução dos conflitos seu maior ponto de convergência.

Por último, empregados e gerentes convivem em variadas circunstâncias, o que faz com que a convergência oscile bastante ao longo do tempo. O que dá o tom da relação são os momentos em que os gerentes contrariam os empregados e aqueles em que as demandas da equipe são atendidas por eles. Outra circunstância é quando os gerentes saem em defesa dos empregados.

Para mostrar como a convergência oscila diante dos diversos momentos vividos nas relações de trabalho, foram separados alguns casos para análise. O primeiro retrata a situação vivida quando uma greve está preste a iniciar. Nesse caso, a convergência entre sindicalistas e empregados é maior. Ambos estão em conflito com a empresa, cujas posições são defendidas pelos gerentes, o que determina um afastamento entre os empregados e os representantes dos patrões. O segundo caso mostra a situação decorrente de uma greve que teve sucesso. Nesse momento, os empregados também se aproximam dos sindicalistas, que sinalizam que mais vitórias serão obtidas se todos permanecerem unidos. Os gerentes são deixados de lado.

Já a terceira situação é quando a greve foi um fracasso, acarretando perdas para os trabalhadores que, além de não obterem as conquistas sonhadas, terão de pagar os dias parados. Assim, os empregados estão distantes dos sindicalistas e dos gerentes. A culpa por tudo o que ocorreu é distribuída, em porções iguais, entre os representantes dos empregados e dos patrões. E o último exemplo mostra uma situação em que o clima organizacional na empresa está muito bom, facilitando uma maior aproximação entre empregados e gerentes e tendendo a afastar os sindicalistas. A quantidade e a qualidade desse afastamento ficam na dependência da filosofia do sindicato, se mais agressiva ou conciliadora.

Estrutura e funcionamento das relações de trabalho

As empresas têm de administrar as relações de trabalho de acordo com o contexto brasileiro, com particularidades que enquadram as ações da empresa em certos parâmetros culturais. Tais parâmetros decorrem de fatores históricos, legais e sociais. É importante caracterizar a realidade dessas relações no Brasil para que as empresas saibam, com melhor precisão, as margens de manobra que terão que fazer quando definirem suas políticas e práticas na área.

Aqui, as relações de trabalho no Brasil têm significativa influência da Europa, presente no modelo legal e na cultura. Foram os imigrantes europeus que, no início do século XX, iniciaram a construção dos modelos empresarial e sindical do país. Mais do que isso. O modelo varguista de relações trabalhistas, ainda em pleno vigor, foi construído sobre as bases da Carta del Lavoro, editada por Mussolini em 1927, para regular o tema na Itália de acordo com a ideologia fascista. Quando os sindicatos ressurgiram, no fim da ditadura militar, buscaram apoio político, técnico e financeiro na Europa. Os sindicatos americanos, a despeito dos esforços feitos para influenciar os brasileiros, nunca tiveram sucesso. Eram vistos como pelegos[1] pela forma de relacionamento com as empresas e o governo americano.

Outro aspecto histórico importante é que ao longo do século XX as relações trabalhistas sempre viveram sob o controle do Estado, que nunca poupou esforços legais ou marciais para fazer valer suas vontades. Isso acabou impedindo que houvesse uma evolução das relações de trabalho baseada na livre negociação, em que os atores fossem de fato sujeitos dessa relação, criando modelos de acordo com suas possibilidades. Cada vez que havia um crescimento dos sindicatos, o Estado promovia uma intervenção legal ou militar para colocá-los dentro dos limites considerados aceitáveis.

Após 1978, o Estado foi se afastando gradativamente da condição de interventor. A liberdade sindical foi sacramentada na Constituição de 1988, mas ainda persistiu um forte ressentimento cultural que induziu os atores a buscar apoio ou, no mínimo, permissão do Estado por meio da regulação das relações de trabalho. Parece orquestrado: em caso de dúvida, todos correm para Brasília. Com isso, através da reforma trabalhista promovida em 2017, o Estado, aparentemente, retomou o processo de intervenção nesse campo, apesar dos políticos afirmarem o contrário.

Outra característica dessas associações no Brasil é que elas são fortemente reguladas por lei, o que também desestimula as negociações. Estas, em sua maioria, são feitas anualmente, como manda a lei, entre os sindicatos patronais e os dos trabalhadores (convenções coletivas), mantendo boa parte das empresas a uma razoável distância. Poucas empresas têm o hábito de negociar frequentemente com os sindicatos (acordos coletivos).

---

1 Pelego é nome que se dá, no Rio Grande do Sul, para a manta colocada entre o arreio e o lombo do cavalo para evitar que ele fique machucado. A expressão passou a ser usada para designar sindicalistas que evitam enfrentar os patrões enquanto defendem os liderados.

As convenções e acordos têm sobre as relações de trabalho o mesmo efeito da Constituição e da CLT, possuindo valor legal. Além disso, também são reguladoras das decisões normativas da Justiça do Trabalho[2] e o contrato individual de trabalho. É muita legislação e pouca negociação. Até recentemente essa condição não permitia um ajuste das normas trabalhistas aos diversos segmentos econômicos, nem às condições específicas das diferentes empresas. A reforma trabalhista promoveu mudanças para tornar isso possível, mas, até agora, pouco se fez.

Regulamentação

- Constituição
- Consolidação das Leis do trabalho - CLT
- Convenção Coletiva de Trabalho
- Acordo Coletivo de Trabalho
- Decisão normativa da Justiça do Trabalho
- Contrato individual de Trabalho

Figura 10 – Regulamentação das relações de trabalho no Brasil.

Como não há muita negociação, o sistema de solução de conflitos fica praticamente restrito à ação do Estado. A única possibilidade é oferecida pelas Comissões de Conciliação Prévia, que, em sua grande maioria, estão esvaziadas. Isso ocorre porque algumas delas, atuando de forma desvirtuada, tiram direitos básicos dos trabalhadores ao arrepio da lei, o que é erroneamente interpretado como algo generalizado.

Em função disso, todas as comissões foram estigmatizadas. O espírito corporativista, induzido por mais de sete décadas da herança do presidente Getúlio Vargas, garantiu o poder de intervenção do Estado nesse campo. Contribuiu também para a alegria de muitos dirigentes patronais e sindicalistas que preferiram transferir as decisões para a

---

[2] Decisão normativa da Justiça do Trabalho é o poder que ela tem de gerar novos direitos para os trabalhadores, por meio dos seus julgamentos que geram jurisprudência. A reforma trabalhista cerceou esse poder, mas não acabou com ele.

Justiça do Trabalho, ou para as mesas redondas das Superintendências Regionais do Trabalho.

Solução de conflitos

- Comissões de Conciliação Prévia
- Superintendências Regionais do Trabalho
- Varas do Trabalho
- TRT - Tribunal Regional do Trabalho
- TST - Tribunal Superior do Trabalho
- STF - Supremo Tribunal Federal

Figura 11 – Solução de conflitos nas relações de trabalho no Brasil.

OS ATORES DAS RELAÇÕES DE TRABALHO

No cenário brasileiro das relações de trabalho estão presentes cinco atores: empresas, trabalhadores, sindicatos laborais, sindicatos patronais e Estado. Os interessados nesse campo são precisamente as empresas e os trabalhadores. No entanto, ambos devem decidir como se relacionam com a interferência direta ou indireta dos outros atores e, por razões já explicadas, a influência deles não é pequena.

A seguir uma análise de cada um desses atores:

Estado

- Representa/atende cidadãos com visões e interesses diversos
- Tem poder
- Cria, aplica e respeita as leis

Sindicato patronal

- Representa empresas com tamanhos, poder e interesses diversos
- Sindicalizadas ou não
- Política institucional

Sindicato laboral

- Representa pessoas com educação, nível e interesses diversos
- Sindicalizados ou não
- Política institucional

Trabalhador

- Tem expectativas e valores diversos
- Idade, educação, nível, região e tempo de casa mudam suas posições
- Têm autonomia e acesso à informação

Empresa

- Complexidade, tamanho, poder e setor econômico diferentes
- Políticas de RH diferentes
- Experiências diferentes nas Relações de Trabalho
- Experiências diferentes nas negociações trabalhistas
- Ideologia e cultura diferentes

Figura 12 – Atores nas relações de trabalho.

O Estado tem poder significativo nas relações de trabalho definindo os parâmetros, estipulando os limites de atuação dos agentes, mediando ou julgando os conflitos. Há 77 anos detém grande poder na área trabalhista. A Constituição diminuiu tal poder, mas o peso da história e da cultura brasileira nesse campo ainda dá margem para interferência. Os outros atores ainda se colocam numa posição de dependência, aguardando que ele defina o que pode ser feito. Para complicar, quando o Estado assume o seu papel de empregador, tem um comportamento incoerente com as práticas do mercado. Muitas vezes é contraditório com seu desempenho na área institucional, o que não contribui para a evolução das relações de trabalho.

Os sindicatos patronais representam empresas com características e interesses muito diferentes e têm forte apego às tradições, sejam elas sindicalizadas ou não. Gastam muito tempo e energia na defesa dos seus próprios interesses institucionais. A maioria não é muito representativa do seu setor, em que não foi reformulada sua visão, objetivos e práticas, apesar da quantidade e da qualidade das mudanças sociais e econômicas. Poucos conseguem atender às demandas dos seus associados. Muitos sobreviviam sustentados pelo imposto sindical, que passou a ser facultativo pela reforma trabalhista. Dentre os papéis que se dispõe a cumprir está o de fazer as negociações anuais. Nesse campo, a atuação é muito conservadora, o que de certa forma atende à maioria das empresas que desejam ceder o mínimo possível — e ficar o mais distante dos sindicatos que representam seus trabalhadores.

Ao contrário dos "bons anos" da inflação, quando era fácil ceder e depois incorporar nos custos, atualmente há muito conflito nas assembleias patronais em decorrência da diversidade dos interesses políticos e, principalmente, econômicos das empresas. Quando a negociação abrange vários sindicatos patronais, a situação é ainda mais crítica, o que tem levado muitos deles a sair do condomínio e buscar uma vida independente. As grandes empresas nacionais e multinacionais são as que mais reclamam, pois sua capacidade de influir nas negociações fica muito abaixo do seu poder em outras esferas. É bem verdade que a grande parte prefere manter-se a uma distância razoável das entidades que, em tese, as representam.

Os sindicatos de trabalhadores têm muitos pontos em comum com os patronais. Eles representam trabalhadores com educação, nível e interesses diferentes, sindicalizados ou não. Como os patronais, investem muito tempo e recursos para defender seus próprios interesses institucionais. Sofreram fortemente o baque das mudanças econômicas e sociais e custaram a descobrir uma saída para recuperar seu poder. Uma pequena parte deles começou a trilhar um novo caminho.

Trata-se da adoção de métodos de gestão empresarial e da busca de uma nova estratégia de ação. Esse tema será retomado com mais profundidade, mas o percentual de sindicatos que se enquadra nesse novo perfil não passa de 15% do total existente no Brasil. Eles estão nos setores econômicos mais dinâmicos e, na sua maioria, nas regiões Sul e Sudeste. Mesmo esse grupo tem conseguido evoluir pouco nas negociações, em grande parte porque os sindicatos patronais têm oferecido pouco espaço para inovações nos últimos anos, apoiados na nova realidade do mundo dos negócios. Disso, destoam apenas as conquistas nas cláusulas econômicas, baseadas nos bons resultados das empresas. Com a reforma trabalhista, os sindicatos sofreram um choque ainda maior e tentam sobreviver sem o dinheiro do imposto sindical.

Os trabalhadores não são nem um pouco parecidos com aqueles existentes entre os anos de 1960 e 1990. A diferença começa pelas expectativas da empresa a respeito dos mesmos: muita educação, uso elevado das competências, independência, autonomia e participação.

Diante de tantas expectativas, os trabalhadores mudaram. Hoje, eles são mais profissionais, independentes, críticos e exigentes. Essa mudança ainda não foi percebida em sua totalidade, em função da situação vivida no mundo dos negócios nos últimos anos, que favorece amplamente as empresas. Os trabalhadores ganharam o poder e a autonomia para realizar suas tarefas, mas não o espaço para usar seu crescimento na conquista de melhores salários e benefícios, ou exigir melhor tratamento por parte das chefias. Outra razão para a dificuldade de percepção da evolução dos trabalhadores é que não existe uniformidade. Assim, em cada empresa existem trabalhadores com diferentes níveis, idades, educação e tempo de casa. Isso influencia as expectativas e valores.

A maioria das empresas dá pouca importância ao tema. Nos últimos quinze anos, essa questão foi ficando progressivamente fora do foco estratégico delas. Existe um grupo bastante restrito que manteve sua estrutura, recursos e pessoas para gerenciar as relações de trabalho, o qual acompanhou de perto as mudanças dos sindicatos. Desse modo, estão em fase de definição de uma nova forma de se relacionar com os trabalhadores e com as entidades que os representam.

Na atualidade, existem poucos diretores de RH com experiência em relações trabalhistas. Isso deixa uma lacuna importante nas empresas que certamente fará falta quando forem exigidas pelos trabalhadores e sindicatos. É bom lembrar que a formação nesse campo não é rápida. Além disso, na maioria das empresas, não existe uma área de relações de trabalho na estrutura de Recursos Humanos. Se nem na área de RH há pessoas preparadas para cuidar dessas relações, é fácil concluir que em grande parte das empresas poucos diretores e gerentes têm experiência ou foram treinados para atuar nessa área.

Feitas essas observações iniciais, é necessário acrescentar que há enormes diferenças entre as empresas nesse campo. O estágio em que estão afeta as organizações na hora de tomar decisões a respeito do tema, nas eventuais negociações e no relacionamento cotidiano com os empregados e sindicalistas. A diversidade implica demandas muito diferentes para os sindicatos patronais que, em caso de dúvida, optam por manter o *status quo*.

ESTRUTURA SINDICAL NO BRASIL

A estrutura sindical brasileira, criada e lançada por Getúlio Vargas, é composta por sindicatos (municipais ou regionais), federações (estaduais) e confederações (nacionais). Essas entidades se subordinam, das primeiras até as terceiras, e são exclusivas por local e categoria. Não é possível haver mais de um sindicato, federação ou confederação para a mesma classe profissional. A organização patronal é simétrica e segue as mesmas regras. Toda a estrutura recebia muitos recursos oriundos do imposto sindical que trabalhadores e empresas, independentemente de serem ou não filiados, eram obrigados a pagar todos os anos. Os trabalhadores pagavam para os sindicatos de trabalhadores. As empresas pagavam para os sindicatos patronais. O imposto sindical recolhido em 2016, por exemplo, chegou a 1 bilhão de reais, o qual foi distribuído proporcionalmente pelas entidades sindicais. O governo ficou com 10%, alocado para o Ministério do Trabalho e Emprego.

As centrais sindicais são entidades horizontais que englobam todas as categorias. Elas sempre foram consideradas ilegais. Na década de 1960, existiu o CGT (Comando Geral dos Trabalhadores), que era semelhante a uma central, só que com o objetivo específico de coordenar as greves e outros mecanismos de lutas. Com o Golpe Militar de 1964, o CGT foi extinto.

Após a retomada do sindicalismo, em 1978, os sindicatos começaram a discutir a criação de uma central sindical e a 1ª CONCLAT (Conferência Nacional das Classes Trabalhadoras), foi realizada de 21 a 23 de agosto de 1981, na cidade de Praia Grande, e reuniu 5.030 delegados. Foi a primeira grande reunião intersindical desde 1964, com a ideia de criar uma única central sindical. As divisões entre os sindicatos levaram à criação da CUT em 1983. Os outros sindicatos continuaram reunidos sob o nome de CONCLAT.

Em 1986, eles recriaram a CGT, agora Central Geral dos Trabalhadores. Nesse mesmo ano, o ministro do trabalho Almir Pazzianotto Pinto assinou uma portaria autorizando o funcionamento das centrais, mas isso não as legalizou. Elas ganharam poder no cenário nacional sem, no entanto, poderem atuar diretamente nas negociações. Até que em 1998 foi aprovada uma lei que as tornou oficiais e as incluiu entre as entidades que recebiam recursos do imposto sindical.

AS CENTRAIS SINDICAIS

Existem, até então em 2022, sete centrais sindicais que têm alguma expressão e peso político. Elas brigam pela adesão dos sindicatos dos trabalhadores em todo o país. Ter mais sindicatos afiliados garantia, até 2017, o recebimento de maior porcentagem do imposto sindical. Significa também mais prestígio junto ao governo e força nas negociações com as empresas. Do ponto de vista ideológico, estão distribuídas entre a extrema esquerda e a centro-direita.

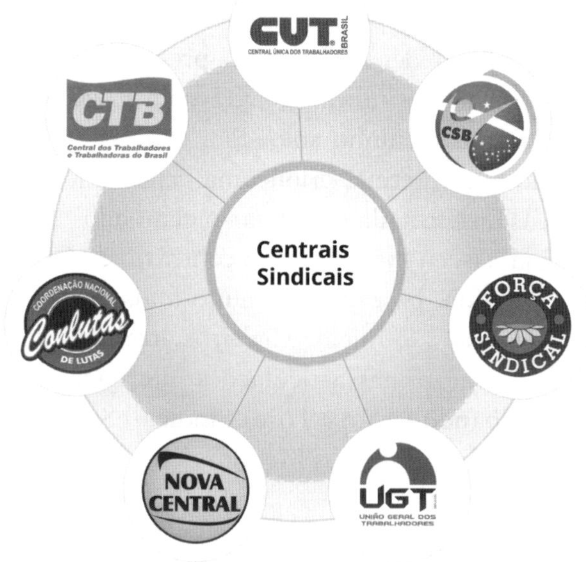

Figura 13 – Centrais sindicais no Brasil.

1. CUT – Central Única dos Trabalhadores

A CUT tem a forte estrutura em comparação com outras, com excelentes quadros e sólidas relações no exterior, onde é reconhecida como um dos mais fortes players mundiais do sindicalismo. Foi fundada em 1983, apoiada na forte estrutura dos metalúrgicos do ABC que ainda exercem forte influência sobre a central. Dos cinco presidentes da CUT, três comandaram, também, os metalúrgicos. Seu atual presidente é Paulo Nobre, ex-presidente do Sindicato dos Metalúrgicos de São Bernardo do Campo.

2. CSB – Central dos Sindicatos Brasileiros

A CSB representa trabalhadores profissionais liberais, autônomos e diferenciados e os trabalhadores em geral, públicos ou privados, urbanos e rurais, ativos, inativos ou aposentados. A CSB foi fundada em 2008. O presidente Antônio Fernandes dos Santos Neto é também presidente do Sindicato dos Trabalhadores em Tecnologia da Informação de São Paulo.

3. Força Sindical

A Força Sindical é o que se pode chamar de uma central sindical planejada. Luiz Antônio Medeiros, na época presidente do Sindicato dos Metalúrgicos, dividia a liderança da CGT com Rogério Magri quando decidiu trilhar um caminho solo. Ele, com apoio de assessorias de administração e marketing, criou uma central que se apresentou como rival da CUT, destinada a praticar o chamado "sindicalismo de resultados". Ela já nasceu forte, mas, ao contrário da CUT, nunca teve uma ideologia definida, baseando-se muito mais no personalismo de seus dirigentes de peso. No início, Medeiros atraiu muitos dissidentes da CUT, que o ajudaram nas articulações internacionais. Muitos se decepcionaram e abandonaram a Força Sindical. Seu atual presidente é Miguel Torres, do Sindicato dos Metalúrgicos de São Paulo.

4. UGT – União Geral dos Trabalhadores

A UGT é resultado da fusão, em 2007, de três centrais (Central Geral dos Trabalhadores, Social Democracia Sindical e Central Autônoma dos Trabalhadores), reforçada com sindicatos dissidentes da Força Sindical. Já nasceu grande e tende a ocupar um espaço semelhante ao da Força, com algumas distinções. Ela tende a atuar com mais flexibilidade e agrega mais sindicatos. Seu presidente é Ricardo Patah, do Sindicato dos Comerciários de São Paulo.

5. NCST – Nova Central dos Trabalhadores do Brasil

A NCST foi criada em 2005 e reúne sindicatos alinhados com o Sistema Confederativo. Quando os dirigentes do Sistema perceberam que o Governo Lula bancaria a legalização das centrais e eles perderiam espaço político, trataram de criar uma central à sua imagem e semelhança. Apostaram na capacidade de atrair a grande maioria dos presidentes de sindicatos independentes, que gostam de ter as benesses vindas das entidades maiores, mas não querem, de jeito nenhum, subordinar-se a ideologias e estratégias centralizadoras. As suas grandes metas são defender o sistema confederativo e a unicidade sindical. O presidente da NCST é Oswaldo Augusto de Barros.

6. CNP-CONLUTAS – Central Sindical e Popular CONLUTAS

A CNP-CONLUTAS é uma dissidência da CUT, criada em 2004, oriunda das tendências mais à esquerda daquela entidade. A sigla CONLUTAS vem de Coordenação Nacional de Lutas. Nasceu e tem permanecido como um movimento que abrange mais do que os sindicatos que a integram, incluindo movimentos estudantis e sociais. Ela não tem uma direção, mas sim uma coordenação que não aparece sequer no seu site. José Maria de Almeida é uma das principais lideranças da coordenação nacional da CONLUTAS.

Retratos da Realidade

Um momento que ajuda entender a CONLUTAS

A CNP-CONLUTAS realizou o seu primeiro congresso em Betim-MG no ano de 2008. A reprodução da descrição do encerramento do congresso, tirada do blog oficial, mostra o que é o grupo: a Internacional Socialista foi tocada ao som da sanfona, em seguida foi apresentado um vídeo com a história da luta dos trabalhadores brasileiros e da CONLUTAS, o que emocionou o plenário. Todos saíram cantando "Eu sou CONLUTAS, sou radical, não sou capacho do Governo Federal". Papel picado, abraços emocionados, bandeiras tremulando, malas, mochilas, cansaço se confundindo com satisfação e com disposição para novas lutas.

7. CTB – Central dos Trabalhadores e Trabalhadoras do Brasil

A CTB, criada em 2007, é uma dissidência da CUT integrada pelos membros da Corrente Sindical Classista ligada ao PCdoB. Ela surge em decorrência de uma crise difícil de acomodar, vivida na maior central sindical do país, oferecendo aos trabalhadores mais uma opção de esquerda. Apesar disso, os dirigentes da CUT não perderam a esperança de ter de volta a CTB. Ainda é cedo para se avaliar a sua atuação, mas, de qualquer forma, ninguém espera uma abordagem tão messiânica e anarquista como a da CONLUTAS. Sua origem comunista deve dar o tom. Centralização e ortodoxia ideológica certamente estarão presentes. Em comum com a CONLUTAS, há a vontade de se mostrar diferente da CUT, o que deve fazê-la uma negociadora mais dura. Seu presidente é Adilson Araújo, do Sindicato dos Bancários da Bahia.

O funcionamento dos sindicatos é bem mais complexo do que se imagina. Muitos têm um sistema administrativo maior do que muitas empresas, com atuação apoiada em recursos técnicos e políticos.

Um sindicato padrão é comandado por uma diretoria ou um colegiado. Algumas decisões, notadamente as políticas, são tomadas por assembleias de associados e/ou representados, uma vez que no Brasil o sindicato representa todos os trabalhadores da sua base – e não somente os sócios. No campo técnico, os sindicatos daqui mantêm várias assessorias para apoiar as diversas ações nas quais se envolvem.

Figura 14 – Funcionamento dos sindicatos.

Os sindicatos dão grande valor à educação e têm vários programas de treinamento destinados a atender os diretores e trabalhadores. O primeiro é o básico, que visa fornecer a formação inicial para transformar um trabalhador em um sindicalista. Depois, existem vários programas de especialização destinados a preparar os sindicalistas para uma atuação mais elaborada nas diversas interações com empresas e sindicatos patronais. Em alguns casos, essa aprendizagem pode ser feita por meio de estágios no Brasil e no exterior. É possível fazê-la também no formato "on the job training". É bastante comum os sindicalistas serem enviados para treinamentos no exterior. Por último, quando se percebe que o sindicalista tem grande potencial, ele passa a ter um plano de carreira.

Além da estrutura interna, os sindicatos recebem suporte de várias fontes. Algumas entidades são sustentadas pelo próprio sistema sindical como: DIEESE, assessoria econômica e social; DIESAT, assessoria em segurança do trabalho; DIAP, assessoria política e Lobby no Congresso Nacional. Em alguns momentos, os sindicatos contratam consultorias especializadas como fazem as empresas. Eles também recebem suporte da Rede UNITRABALHO, que foi criada por um grupo de grandes universidades brasileiras para atuar na área de estudos e pesquisas sobre relações de trabalho. Já no campo internacional, contam com o apoio de especialistas da Organização Internacional do Trabalho e das grandes centrais internacionais.

A atuação dos sindicatos dentro das empresas é bem mais forte do que se pensa. Vamos começar com a militância, que é integrada por empregados próximos dos sindicatos que executam tarefas como: entregar boletins, conseguir associados, monitorar as ações da empresa e levantar fatos graves, para serem colocados nos jornais sindicais. É na militância que os sindicatos vão buscar seus candidatos para a CIPA. Existem programas especiais para formação de militantes e cipeiros. Guardadas as proporções, os militantes são os estagiários e os cipeiros são os trainees. Depois de terem sucesso nessas funções, os trabalhadores são indicados para as diretorias dos sindicatos.

Ainda na atuação específica dentro das empresas, os sindicatos mantêm um processo permanente de sindicalização, além de programas de educação e politização. O Sindicato dos Químicos do ABC teve durante anos, com a ajuda de um antigo gerente de T&D em empresas multinacionais, um programa nessa área, em sua colônia de férias.

Para encerrar, os grandes sindicatos dão suporte para as Comissões de Fábrica e Comissões de Participação nos Lucros e Resultados.

MODELO DE RELAÇÕES SINDICAIS – COMPARAÇÃO COM PAÍSES SELECIONADOS

A seguir, será feita uma análise das relações sindicais no Brasil em comparação com alguns países selecionados. Serão destacados pontos em comum e os aspectos distintos.

Em primeiro lugar, faremos uma avaliação do sindicalismo em países de diversos continentes, em comparação com alguns países da América Latina. Inicialmente consideremos os países relacionados com a Inglaterra: Estados Unidos, Canadá, Austrália e África do Sul. Neles, os sindicatos são por empresa e a legislação sobre as relações de trabalho é muito enxuta. As práticas são construídas a partir da vivência e tudo se baseia em muita negociação. O Canadá e os EUA podem ser considerados os mais evoluídos nesse campo, entretanto, independentemente da ação dos sindicatos que olham muito para o lado prático das coisas, as empresas mantêm políticas avançadas na gestão de pessoas. Inglaterra, Austrália e África do Sul não são muito diferentes. Tudo se resolve nas próprias empresas. As centrais sindicais apenas estabelecem regras a partir da visão do que é praticado na vida cotidiana das fábricas.

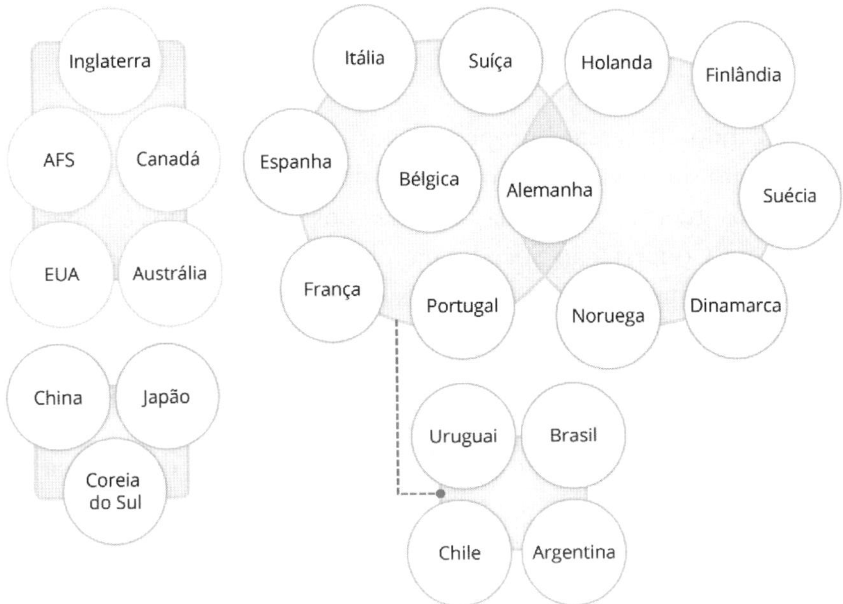

Figura 15 – Sindicatos pelo mundo.

O segundo bloco a ser analisado é o dos países com as maiores economias da Ásia: China, Japão e Coreia do Sul. Em todos eles o modelo de sindicato por empresa prevalece. Os modelos japonês e coreano são bastante semelhantes, mas se encontram em estágios de evolução diferentes.

Enquanto o modelo coreano ainda vive uma fase muito aguerrida e pontuada por confrontos, o japonês alcançou um patamar em que as negociações e as manifestações simbólicas são dominantes. Além disso, os sindicatos dispõem de poder que permite que críticas à administração da empresa sejam feitas formalmente e até que solicitem a demissão da diretoria e sejam atendidos. Na cultura japonesa, na qual a dignidade é fundamental, os empregados trabalharem com uma faixa de protesto no braço tem um enorme peso. Na Coreia do Sul, ainda há confrontos violentos quando a polícia tenta reprimir greves e manifestações.

Na China, a situação é bem diferente. Os sindicatos atuam mais como uma linha auxiliar na gestão das empresas. Lá, existe no governo um Ministério dos Sindicatos para garantir que haja harmonia em benefício da produtividade. Greves e manifestações acontecem, mas são muito raras.

Chegando ao Oeste Europeu, temos dois modelos distintos, mas ambos fruto da modernização da área de relações de trabalho, ocorrida no pós-guerra. A essência filosófica dos dois modelos é a mesma. Trata-se da Concertação Social, cujo objetivo fundamental é garantir o diálogo permanente entre os atores sociais. Eles se distinguem pelo formato de organização. A Concertação Social é, na verdade, um conjunto de normas, organizações e mecanismos que permite o amplo entendimento entre patrões e empregados.

Tanto nos países da Europa Latina, quanto nos da Europa do Norte, há uma legislação do trabalho. No entanto, esta é específica de cada país. As legislações são determinadas pela cultura dos países e algumas delas são bastante detalhadas.

No caso da Europa do Norte, há um grupo pequeno de sindicatos representando as categorias profissionais mais importantes. Esse modelo é chamado de Sindicato Unitário. A organização sindical é livre e plural, mas por iniciativa dos trabalhadores, houve a preferência de se concentrarem em poucas associações.

Por último, vamos tratar da América do Sul. Listamos só quatro países, mas há muitas semelhanças entre todos eles. Elas são definidas pela influência que receberam dos países da Europa Latina, tanto na legislação quanto na definição do modelo de organização das relações de trabalho. Mais recentemente, quando houve o processo de redemocratização nos diversos países da América do Sul, houve também uma grande influência da Alemanha, representada por suas diversas igrejas e sindicatos. As igrejas ajudaram financeiramente[3]. Os sindicatos apoiaram com consultoria nos processos de organização e

---

[3] Na Alemanha, desde a época do nazismo, existe um imposto religioso de 8% sobre o salário que é descontado dos trabalhadores a partir da informação que esse valor é dado sobre a religião que professam. Isso torna as igrejas muito ricas.

tecnologia de manifestações. Em função disso, colocamos a Alemanha nos dois blocos.

CENTRAIS SINDICAIS NO MUNDO

1. EUA:

- **AFL–CIO:** A Federação Americana do Trabalho e Congresso de Organizações Industriais, conhecida por sua sigla AFL–CIO, é a maior central operária dos Estados Unidos e Canadá. Formada em 1955 pela fusão da AFL com a CIO, é composta por 54 federações nacionais e internacionais de sindicatos dos Estados Unidos e do Canadá que juntos representam mais de 10 milhões de trabalhadores. É membro da Confederação Internacional das Organizações Sindicais Livres.

2. França:

- **CGT:** A Confederação Geral do Trabalho (*Confédération générale du travail*) é uma confederação sindical francesa criada em 23 de setembro de 1895, em Limoges. Obteve o maior número de sufrágios (34%) nas eleições para o *Conseil de Prud'hommes* de dezembro de 2008.
- **FO:** A Confederação Geral do Trabalho – Força dos Trabalhadores (*Confédération générale du travail – Force Ouvrière*, ou simplesmente *Force Ouvrière*, FO) é a terceira atrás da CGT e do CFDT. Foi fundada em 1948 por ex-membros da CGT que denunciaram o domínio do Partido Comunista Francês sobre essa federação. A FO é membro da Confederação Sindical Europeia. Seu líder é Pascal Pavageau desde abril de 2018.
- **CFDT:** A Confederação Democrática Francesa do Trabalho (*Confédération française démocratique du travail*, CFDT) é liderada desde 2012 por Laurent Berger. É a maior confederação sindical francesa em número de membros (875.000), mas vem

em segundo lugar após a CGT nos resultados de votação para órgãos representativos. A CFDT foi criada em 1964, quando a maioria dos membros do sindicato cristão *Confédération française des travailleurs chrétiens* (CFTC) decidiu que preferia fazer parte de uma união secular. A minoria manteve o nome CFTC.

- **CFTC:** Confederação Francesa dos Trabalhadores Cristãos (*Confédération française des travailleurs chrétiens*, CFTC) é uma das cinco maiores confederações francesas de sindicatos. Pertence à tradição cristã social. Foi fundada em 1919 como o Sindicato dos Empregados da Indústria e Comércio sob a inspiração do Monge Exupérien, educador e ativista social, mas com o objetivo de salvaguardar o material, bem como os interesses espirituais de seus membros. Em 1964, o sindicato se separou, uma maioria fundando a CFDT. A CFTC é membro da Confederação Sindical Internacional e da Confederação Sindical Europeia. Seu líder é Jacques Voisin.
- **CFE–CGC:** A Confederação Francesa de Executivos – Confederação Geral de Executivos (*Confédération française de l'encadrement – Confédération générale des cadres*, CFE–CGC) tem como líder atual Bernard Van Craeynest. É constituída exclusivamente por sindicatos de executivos ou de profissionais de nível superior. Foi criada a partir da união de vários sindicatos de engenheiros, em 15 de outubro de 1944, poucos meses depois da liberação de Paris. Por muito tempo, a CFE–CGC foi considerada como uma entidade influenciada pelos partidos de direita e ligada ao patronato. A partir de 1999, sob a liderança de Jean-Luc Cazettes, a entidade assumiu uma linha mais reivindicativa. Em 2006, a CFE–CGC informava ter 177.000 filiados. Além disso, participa da Confederação Europeia de Gerentes (CEC Euromanagers) e da Confederação Internacional de Gerentes.
- **UNSA:** A União Nacional dos Sindicatos Autônomos (*Union nationale des syndicats autonomes*), UNSA, é uma união sindical

francesa criada em 1993 por cinco organizações sindicais não confederadas, tais como a Federação da Educação Nacional (FEN). Seu atual secretário-geral é Alain Olive. A UNSA reivindica 360.000 membros, o que a tornaria a 4ª organização sindical francesa em número de filiados. É membro da Confederação Europeia dos Sindicatos desde 1999.

3. Alemanha:

- **DGB:** Confederação Sindical Alemã (Deutscher Gewerkschaftsbund, DGB) é uma organização que congrega oito sindicatos alemães, representando mais de seis milhões de pessoas. Foi fundada em Munique, em 12 de outubro de 1949. A DGB coordena demandas e atividades conjuntas dentro do movimento sindical alemão. Atua nas relações com as autoridades governamentais, os partidos políticos e as organizações patronais. No entanto, não celebra acordos coletivos de trabalho. É membro da Confederação Sindical Europeia (ETUC) e da Confederação Sindical Internacional (ITUC).

4. Itália:

- **CGIL:** Confederação Geral do Trabalho italiana (Confederazione Generale Italiana del Lavoro; CGIL) foi criada por acordo entre socialistas, comunistas e democratas cristãos no Pacto de Roma em junho de 1944. Em 1950, socialistas e democratas cristãos saíram formando UIL e CISL. A CGIL era ligada ao Partido Comunista (PCI) e hoje é a seus herdeiros políticos. Seu prestígio tem caído desde 2013 com percentual de aposentados cada vez maior. A CGIL é atualmente o segundo maior sindicato da Europa, depois do DGB. Ela é afiliada à Confederação Sindical Internacional e à Confederação Sindical Europeia, além de membro do Comitê Consultivo sindical da OCDE.
- **CISL:** Confederação Italiana dos Sindicatos (Confederazione Italiana Sindacati Lavoratori) é uma associação sindical que

representa vários grupos de inspiração católica romana ligados à Democracia Cristã. Foi fundada em 30 de abril de 1950, quando os católicos da Confederação Geral do Trabalho da Itália (CGIL) saíram depois que entraram em conflito com os comunistas sobre a questão de uma greve geral provocada por eles. A partir de 1994, convocou-se para a criação da Unitarie (Representantes Unitárias dos Sindicatos), organismo federativo destinado a garantir um acordo democrático preliminar sobre todas as questões trabalhistas, pretendendo um passo em direção a um novo sindicato único.

- **UIL:** A União Trabalhista Italiana (Unione Italiana del Lavoro) foi fundada em 1950 como socialista, social-democrata, republicana com a cisão da Confederação Geral do Trabalho da Itália (CGIL, Confederazione Generale Italiana del Lavoro). Ela representa quase 2,2 milhões de trabalhadores e é afiliada à Confederação Sindical Internacional (ITUC) e à Confederação Sindical Europeia (ETUC).

5. Espanha:

- **UGT:** A União Geral dos Trabalhadores (Unión General de Trabajadores), UGT, é um sindicato operário espanhol. Fundada em 1888, compartilha origem histórica com o Partido Socialista Operário Espanhol (PSOE) evoluindo desde o clássico marxismo para uma orientação social-democrata. A UGT define-se como "uma instituição eminentemente de trabalhadores, organizados por grupos afins de ofícios e profissões liberais que respeitam a mais ampla liberdade de pensamento, focando a transformação da sociedade, para estabelecer bases de justiça social, de igualdade e de solidariedade". Desde a sua legalização como organização sindical, em 1977, a UGT está estruturada como uma organização de caráter confederal, integrada por uniões territoriais, federações e uniões estatais.

- **CCOO:** Comisiones Obreras, oficialmente a Confederação Sindical das Comissões dos Trabalhadores, é uma confederação sindical organizada em suas origens por ativistas comunistas ligada, em sua fundação, ao Partido Comunista da Espanha e, na Catalunha, ao Partido Socialista Unificado da Catalunha. Atualmente, é a primeira força sindical na Espanha. De acordo com seu estatuto, é definido como uma central: reivindicativa, de classe, unitária, democrática e independente. É orientada para a supressão da sociedade capitalista e a construção de uma sociedade socialista.

A partir disso, vamos comparar as relações sindicais no Brasil com as de alguns países como EUA, França, Alemanha, Itália e Espanha. Essas regiões vivenciam experiências relevantes na área de relações de trabalho.

O Brasil se distingue por ser o único que mantém um sistema de unicidade sindical, enquanto todos os outros têm a pluralidade. Quanto às negociações, não há um padrão. A Espanha faz negociações que abrangem tanto a parte econômica como a social. Na maioria, como no Brasil, elas ocorrem com prazos diferentes para as cláusulas econômicas e sociais. Nos Estados Unidos, há muita variação, não sendo possível estabelecer uma diretriz. No que se refere às centrais sindicais, na Alemanha e nos Estados Unidos só existe uma, ao passo que em outros países têm entre duas e sete.

O primeiro número que aparece no quadro abaixo refere-se às negociações das cláusulas econômicas.

País	Comissão de fábrica	Mediação	Arbitragem	Status quo
Alemanha	Sim	Sim	Sim (**)	Estável
Brasil	Poucas	Sim	Sim (**)	Em queda
Espanha	Sim	Sim	Sim (**)	Em queda
EUA	Muitas *	Sim	Sim	Em queda
França	Sim	Sim	Sim (**)	Em queda
Itália	Sim	Sim	Sim (**)	Em queda

(*) Modelo Diferente

(**) Justiça

Figura 16 – Modelo de relações sindicais

Nos países da Europa há um modelo assemelhado de representação dos trabalhadores no setor de trabalho em todas as empresas. O da Alemanha difere dos outros por ser relacionado apenas a um sindicato, enquanto os outros são uma representação plural. Além disso, nas empresas com mais de mil empregados, há um sistema de cogestão que autoriza e avalia as ações da diretoria executiva. Funciona por meio de uma comissão integrada por representantes da empresa e dos trabalhadores.

Nos Estados Unidos e no Brasil, as comissões de fábrica funcionam de acordo com as regras, que não têm um padrão único e que são acordadas entre as empresas e os sindicatos. A distinção é que nos EUA existem muitas comissões e no Brasil, poucas.

Sendo assim, todos os países têm sistemas de mediação e arbitragem para solucionar os conflitos trabalhistas. Duas distinções importantes são que, nos EUA, o modelo de arbitragem é privado, em contrapartida, nos outros países, está no âmbito da justiça. França tem um modelo diferente em que a mediação e a arbitragem são feitas por conselhos regionais integrados por representantes dos sindicatos e das empresas. Ele funciona conectado com a justiça e, na prática, soluciona a maioria dos conflitos.

Em relação ao status quo dos sindicatos, à exceção da Alemanha que vive uma situação de estabilidade e é respeitado por empresas e trabalhadores, nos outros países vêm perdendo poder e prestígio.

Organização sindical no mundo (*)

Por categoria

- Alemanha
- Itália (***)
- Espanha (***)
- França (***)
- Bélgica
- Suíça
- Suécia

Por empresa

- Inglaterra
- EUA (**)
- Austrália
- Canadá
- África do Sul
- Japão
- Coreia
- China

(*) Esta divisão não é muito rígida. Há sistemas mistos.

(**) Nos EUA os sindicatos atuam fora das categorias

(***) Na França, Itália e Espanha há uma organização por centrais

Figura 17 – Organização sindical no mundo.
Esta divisão não é muito rígida, há sistemas mistos.

Os sindicatos no Brasil podem ser divididos em três grupos, de acordo com a forma como se organizam: por categoria, por empresa e "flex". A maioria são sindicatos de categorias econômicas. Os outros dois grupos não chegam a 15% dos que existem no país.

Organização sindical no Brasil (*)

Por categoria	Por empresa	Flex
Maioria dos sindicatos	Minoria dos sindicatos Em grandes empresas como: Vale, Petrobras e Souza Cruz Em empresa que é a única da categoria em uma cidade	Grandes com muita negociação interna Montadoras, Bancos e Químicas Existência de Comissão de Fábrica (*) Existência de Redes de Trabalhadores (**)

(*) Comissão de Fábrica: representação dos trabalhadores no local de trabalho

(**) Redes de Trabalhadores: sistema de representação que integra várias fábricas e/ou escritórios

Figura 18 – Organização sindical no Brasil.

A questão do custeio dos sindicatos ganhou enorme repercussão depois da recente reforma trabalhista. Antes dela, era assunto de conhecimento restrito.

Brasil	Outros países
Imposto sindical Mensalidade social Taxa assistencial Taxa assistencial no PLR Contribuição negocial Taxa confederativa Cobrança por serviços Atividade econômica	Mensalidade social Verbas negociadas com empresas Atividade econômica Verbas governamentais Taxa assistencial

Figura 19 – Custeio dos sindicatos.

Como se pode ver no quadro, no Brasil e no exterior os sindicatos têm fontes variadas de obtenção de recursos para sua sustentação. De qualquer forma, o Imposto Sindical era a fonte que abrangia todos os sindicatos e, para muitos, a única.

Sindicatos Patronais e Laborais: como estão no estágio atual e o futuro que os aguarda

A seguir, há um quadro que mostra as semelhanças e diferenças entre os sindicatos patronais e laborais. Como esperado, já que são filhos do mesmo pai, Getúlio Vargas, há mais afinidades do que divergências. O detalhe importante é que no campo das relações de trabalho, a maioria dos sindicatos patronais não consegue atender os seus representados com a mesma frequência dos sindicatos de trabalhadores. Isso se deve ao fato de que os sindicatos patronais têm uma agenda mais ampla, não se restringindo às atividades de vínculos trabalhistas.

	Patronal	Laboral
Objetivos	Maior número de associados Projeção política	Maior número de associados Projeção política
Postura	Soberana e formal	Soberana e informal
Poder	Manter e/ou ampliar	Manter e/ou ampliar
Serviços	Poucos	Muitos
Comunicação	Formal	Informal
Apoio ao associado	Ocorre Questões técnicas	Ocorre com frequência Relações de Trabalho
Foco	Disperso	Relações de Trabalho
Estratégia	Jogar na defesa Reclamar da economia	Jogar no ataque Tentar compor
Imposto sindical	Objeto de desejo	Objeto de desejo

Figura 20 – Sindicatos de empresas e trabalhadores – semelhanças e diferenças.

O que se pode esperar do futuro dos sindicatos no Brasil? Neste momento, essa pergunta está inquietando muitos dirigentes sindicais, sejam patronais ou laborais, face aos efeitos da reforma trabalhista.

Nos quadros a seguir é feita uma análise do que se pode esperar nesse campo. Os sindicatos foram divididos em quatro grupos: oportunistas, rústicos, modernos e radicais. Oportunistas são sindicatos que usam sua atividade em benefício dos seus dirigentes. Rústicos são os que têm repertório e competências localizados entre as décadas de 1950 e 1960. Os modernos são aqueles que têm repertório coerente e sintonizado com o atual momento social e econômico. Já os radicais têm uma postura de ruptura com o *status quo*.

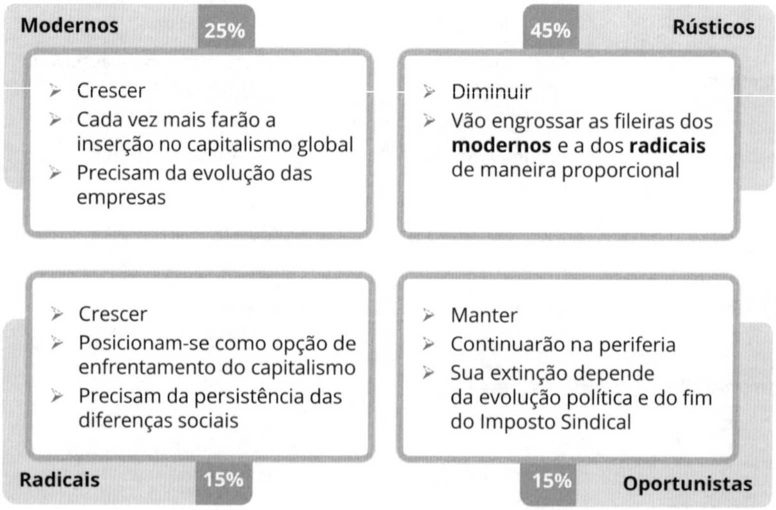

Figura 21 – Sindicatos laborais.

No centro dos quadros estão colocadas as porcentagens de sindicatos para cada grupo, já nas bordas, o que pode acontecer com cada um, de acordo com seu perfil. É importante ressalvar que os percentuais não foram definidos por critérios de levantamento estatístico, mas somente pela percepção do autor. Uma das variáveis que influiu no futuro dos sindicatos, quando os quadros foram criados, era o Imposto Sindical. Agora que ele foi praticamente extinto, a previsão deve se concretizar mais rapidamente.

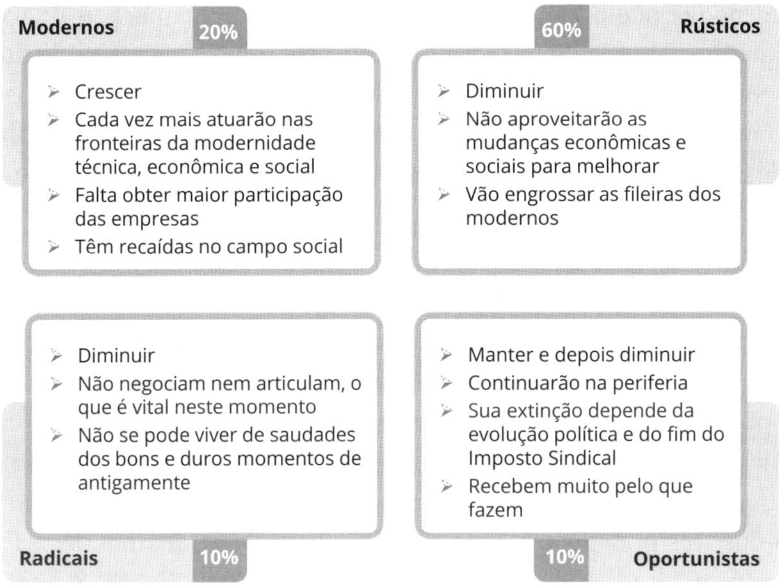

Figura 22 – Sindicatos patronais.

A rigor, tanto entre os sindicatos laborais quanto nos patronais há grandes semelhanças nos quatro subgrupos. Eles se igualam pela competência ou pela incompetência. Da mesma forma, igualam-se pela postura negociadora ou pelo comportamento de confronto.

FATORES INTERVENIENTES NAS RELAÇÕES DE TRABALHO

Existem fatores que interferem de maneira mais decisiva nas relações de trabalho. Isso ocorre porque provocam mudanças que alteram a correlação de forças entre patrões e trabalhadores. Tais fatores não estão sob controle, nem das empresas, nem dos trabalhadores, que têm de se adaptar às mudanças por eles provocadas.

Os fatores com maior poder de influência são a política, a economia e a tecnologia. A política é a que mais intervém. Na prática, os governantes atendem a um pedido formulado pelo Papa Leão XIII na Encíclica Rerum Novarum. No final do século XIX, o papa recomendava que o Estado deveria estabelecer regras para as relações de trabalho. No século XX, isso foi feito em muitos países. O Estado, por exemplo, pode definir o processo de negociações, os modelos de organização, os sistemas de custeio, as regras para demissões, os direitos dos trabalhadores, os parâmetros para a segurança do trabalho e os modelos de representação do setor.

A diferença entre os diferentes códigos do trabalho existentes é o grau de intervenção direta do Estado. Alguns definem as regras gerais e deixam o detalhamento para ser estabelecido pela negociação direta entre empresas e sindicatos. Outros contêm regras detalhadas, deixando pouca margem para ser estabelecida pelos atores sociais. O caso brasileiro se insere nesse último grupo. Durante décadas convivemos com forte presença do Estado nas relações trabalhistas por meio da ação dos três poderes no dia a dia de empresas e trabalhadores. Essa abordagem foi alterada, progressivamente, a partir de 1978 quando ressurgiram os sindicatos. No entanto, ainda restava um sólido arcabouço legal que tolhia a livre negociação.

A Reforma Trabalhista abriu opções para que isso mudasse, mas, ao mesmo tempo, ao modificar as regras de sustentação dos sindicatos, criou-se um problema que, enquanto não for solucionado, tira o foco dos representantes das negociações. Além disso, se havia uma reclamação antiga e constante sobre a quantidade de regulação no campo das relações de trabalho, o que falar de uma reforma que estabeleceu enorme quantidade de novas regras, por meio de mais de 130 artigos?

Outro campo de ação do Estado nesse quesito foi o estabelecimento de políticas de criação e manutenção de empregos. Essa intervenção no funcionamento das empresas surgiu no pós-guerra. Era parte da ideologia social-democrata, inspirada por Keynes, que pregava a intervenção do Estado na economia, contrapondo as posições liberais e exercendo controle social.

As políticas econômicas baseadas nessa abordagem tiveram muito sucesso nas décadas de 1960 e 1970, começaram a declinar nos anos de 1980 e foram fulminadas no decorrer de 1990. As condições vigentes na economia, durante praticamente três décadas, favoreciam a criação de políticas de emprego pelos diversos países.

Naquele momento, o desemprego era resultado de um efeito conjuntural ditado pela dinâmica menor da economia. Com isso, o governo tinha condições de intervir para retomar o crescimento econômico e promover a geração de novos empregos.

A partir da década de 1990, progressivamente, o desemprego passou a ser uma questão estrutural, ditada pelo novo modelo econômico e pelo crescimento da automação, que eliminava os postos de trabalho. Daí em diante, os governos foram se tornando cada vez menos capazes de criar políticas que produzissem algum efeito na questão do emprego.

Desse modo, a maior parte das novas políticas se sustentava na tese de que, se o emprego fosse mais barato, certamente as empresas se sentiriam mais animadas para gerar postos de trabalho, o que não é verdade. Temos ouvido muita conversa fiada a respeito disso. A penúltima foi na Reforma Trabalhista, quando se falou muito que ela iria gerar milhões de empregos. As pessoas podem sair de lanterna e lupa na mão para procurar os empregos que ela gerou até agora. Nada encontrarão. A última lorota foi a das promessas do governo na defesa da Reforma da Previdência. O insucesso será o mesmo. Tal reforma era necessária, mas não culminou, e nem vai, em novos empregos.

Composto por intelectuais alemães das áreas social e econômica, o Grupo Krisis publicou o livro *Manifesto contra o trabalho*, que analisa essa questão. Mostra como a economia caminha para um lado que desfavorece a geração de postos de trabalho, enquanto os governos discursam prometendo algo que não podem entregar: mais empregos.

Outro fator que intervém nas relações de trabalho é a economia, como já foi adiantado acima. O primeiro grau de interferências é ditado pelo crescimento, queda ou estagnação. Dependendo de como a economia se comporta, a produção e venda de bens é afetada diretamente.

Qualquer fracasso da economia provoca reações das empresas para defender sua lucratividade, suas margens e sua sustentabilidade.

Quase sempre, uma das medidas adotadas é o corte de despesas na área de Recursos Humanos, incluindo redução de salários e benefícios. Isso pode ser feito de forma negociada ou por decisão unilateral da empresa. De qualquer maneira, pode provocar a insatisfação dos trabalhadores e dos sindicatos.

As relações de trabalho são afetadas também porque os trabalhadores, mesmo insatisfeitos, permanecem na empresa com medo da troca de emprego. Ao ficar na instituição, trabalham desmotivados, produzindo menos e com menor qualidade.

Outra forma de intromissão da economia nas relações de trabalho se dá pela mudança do modelo econômico. O que se viu, a partir da década de 1990, foi a adoção de um modelo econômico sustentado por três pilares: a globalização, a competitividade e a meritocracia. Tal modelo mudou a lógica vigente na gestão das empresas, colocando os gerentes diante de uma espiral de demandas cada vez maiores por produtividade e lucratividade.

Os trabalhadores, que no modelo econômico anterior eram pouco exigidos, passaram a ser considerados responsáveis por agregar valor aos produtos, tendo seu bom desempenho altamente valorizado. Eles passaram a ser avaliados pelos seus méritos, o que, apesar do discurso do trabalho em equipe, encaminhou-os para uma postura individualista. Isso dificulta a gestão do coletivo de trabalho.

As implicações desse modelo para a gestão das relações de trabalho são enormes. Já trouxeram muitas mudanças e vão continuar trazendo outras. Os indivíduos têm dificuldade de respeitar lideranças, seja de onde venham, que não se concentrem em auxiliá-los a serem mais competitivos e a ganharem mais dinheiro. Sob esse ponto de vista, os sindicatos passaram a ser um estorvo para muitos trabalhadores, que não entendem o papel deles e, mais que isso, não confiam neles. Com relação a tais desconfianças, sindicalistas e gerentes poderiam se abraçar e chorar juntos, pois os trabalhadores não gostam deles.

Retratos da Realidade

Anos atrás eu estava conduzindo um workshop para levantar as opiniões dos operários de uma empresa que acabara de penar com uma greve dura e demorada. Apoiado por um questionário respondido em pequenos grupos, referia-se saber o que eles pensavam a respeito da empresa, dos chefes, da forma de tratamento recebido e daquela que desejavam receber, dentre outras questões correlatas.

Após o preenchimento do questionário, que foi digitado por minha assistente, projetei os resultados na parede e comecei a dialogar com eles. Um dos destaques das respostas eram as críticas generalizadas aos gerentes. Eu disse aos trabalhadores: "Vocês foram impiedosos com os gerentes". Um deles tomou a palavra e respondeu: "Não, nós apenas retratamos a realidade que vivemos. Nós sabemos que muitas vezes eles não têm alternativa. Apenas fazem o que a empresa determina". Em seguida, outro tomou a palavra: "De qualquer maneira, nós não confiamos neles. Não confiamos neles, nem nos sindicalistas. Nós gostaríamos de formar uma comissão para acompanhar as negociações e saber o que se passa quando eles estão juntos, de portas fechadas".

Além dos estranhamentos com gerentes e sindicalistas, existe muita suspeita entre os próprios trabalhadores. A solidariedade entre eles foi muito abalada no contexto da nova economia. Não se sabe se ela vai sobreviver, ou se mergulharemos definitivamente no individualismo.

Por último, temos de abordar como as tecnologias afetam as relações de trabalho. Para falar disso é necessário começar com a Revolução Industrial, primeiro momento em que os vínculos trabalhistas tiveram o formato próximo do que temos hoje: patrões, gerentes, trabalhadores e sindicatos. Cada qual com suas expectativas, ideologia e poder. Foi a tecnologia que permitiu isso. Sem ela, a fábrica não existiria. E os trabalhadores atrelados à máquina, tendo de se adaptar ao seu ritmo, geraram oportunidades de ganho para os patrões e obrigações para si próprios. Porém, a péssima qualidade de vida no trabalho então existente e os baixos salários provocaram os primeiros conflitos e motivaram o surgimento dos sindicatos.

A evolução tecnológica que se seguiu, por um lado contribuiu para aumentar a produtividade, por outro, ofereceu a oportunidade de melhorias nas condições de trabalho. Como parte desse crescimento, as novas tecnologias exterminaram profissões e geraram outras. Assim, outra vez o conflito nas relações de trabalho estava presente. As empresas modificavam os processos e demitiam os profissionais que não eram mais necessários, trocando-os por outros que dominavam os novos equipamentos e tinham melhor nível educacional. Os trabalhadores demitidos, apoiados pelos sindicatos, protestavam contra as demissões.

Nas últimas três décadas, essa modernização ganhou ritmo avassalador. Impulsionado, principalmente, pela revolução digital e a automação, ela vem alcançando limites de crescimento e áreas de aplicação inimagináveis. O que se vê é uma corrida frenética para obter mais produtividade pela substituição do homem pela máquina. Vivemos a era da Indústria 4.0, mas a automação não se restringe a esse setor. Ela avança em todos os segmentos econômicos e entra, sem cerimônia, nos nossos lares.

Nesse processo, postos de trabalho são dizimados, restando aos trabalhadores demitidos a obrigação de ir "cantar noutra freguesia". Muitos deles não estão habilitados para se adaptar às novas oportunidades de emprego que, diga-se de passagem, não são muitas e tendem a diminuir. Como não há vagas nas profissões de origem, muitos se defendem trabalhando para empresas de aplicativos de transporte ou entrega de comida, mas mesmo nessas opções não há futuro garantido. Estamos entrando na era da escassez do emprego, trabalho e renda, e a tecnologia, aliada à economia, é responsável por isso.

Demografia e relações de trabalho

A demografia é a ciência que investiga as populações humanas sob uma perspectiva quantitativa. Vamos utilizá-la para fazer a leitura da distribuição das pessoas por idade, sexo e raça no mundo do trabalho, que tem mudado muito nas últimas décadas. A mudança é ainda maior se considerarmos, por exemplo, os efeitos da reforma da previdência, a questão das cotas e outras mudanças políticas e econômicas.

Para começar, vamos estudar as mudanças das pessoas do ponto de vista qualitativo. As pessoas estão mudando. As mudanças são fruto das transições sociais pelas quais o mundo passa. São significativas e afetam as relações de trabalho. A maioria das empresas construiu seu modelo de gestão de pessoas no período de 1980 a 2000. Esse modelo considerou expectativas, hábitos, posturas e visões de mundo daquela época. As pessoas que estão nas empresas hoje são, na sua maioria, completamente diferentes. Pedem, portanto, novas respostas das organizações.

Quanto a análise quantitativa da população brasileira, vamos começar apoiados por dados retirados do IBGE–PNAD (Pesquisa Nacional por Amostra de Domicílios). Ele demonstra que há um envelhecimento progressivo da população ao longo das últimas décadas. Entre 1960 e 2010, a participação dos jovens abaixo de 14 anos caiu quase pela metade, ao passo que o número de pessoas acima de 65 anos praticamente triplicou. O grupo na faixa dos 15 aos 64 anos cresceu 25%.

A distribuição etária da população em idade ativa confirma a redução progressiva dos mais jovens, enquanto a participação percentual dos mais velhos cresce de forma contínua. Essa dinâmica é resultado de dois fatores: a queda da taxa de natalidade e o aumento da expectativa de vida. Quando se compara essa realidade com a dinâmica populacional dos países desenvolvidos, nota-se que o Brasil caminha mais rapidamente para ter grande predomínio da população mais velha. Quando se olha para o mundo corporativo, pode-se observar, nos últimos anos, a tendência de empresas manterem uma composição do quadro de pessoal que caminha em sentido contrário. Procuram promover a renovação constante das suas equipes, contratando sempre pessoas mais jovens. Além disso, estabelecem a aposentadoria compulsória, geralmente aos 60 anos.

Essa abordagem fecha as portas para os trabalhadores mais velhos, que hoje são a maioria. Lançado um olhar sobre a reforma da previdência, veremos que a situação tende a ficar pior, pois a idade mínima de aposentadoria passou para 65 anos. De qualquer forma, a perspectiva para os jovens também não é fácil, porque a escassez dos empregos tolhe o início de sua vida profissional.

Na distribuição das pessoas por sexo, as mulheres são maioria em todas as regiões do Brasil. Essa maior parte se define por uma margem pequena e estatisticamente inclina-se a permanecer assim. Poderá haver uma flutuação maior nas faixas de idade mais altas, já que as mulheres vivem mais do que os homens. As mulheres ainda não são a maioria das pessoas empregadas por causa dos números das cidades menores. Nas regiões metropolitanas, já dominam. Esse crescimento decorre da questão educacional, na qual superam os homens, da redução das profissões relacionadas ao trabalho pesado e do aumento das profissões conectadas ao trabalho intelectual. No setor de serviços, as mulheres dominam, de forma ampla, pois nele estão presentes essas três condições.

No que tange os cargos ocupados por mulheres, grande parcela está nas funções de execução e apoio. Já houve um incremento do número de mulheres em funções de chefia, mas ele é pequeno se considerarmos que elas são a maioria no mercado de trabalho nas regiões metropolitanas e dominam o setor de serviços. A explicação para isso está mais relacionada ao conservadorismo do que à falta de competência. Em alguns setores e em determinados campos profissionais, elas já controlam ou, no mínimo, se equiparam aos homens nas posições de comando e em cargos de alto nível nas funções de assessoria e planejamento.

No que se refere à atividade, olhando somente para o público feminino, as mulheres ocupam cargos no setor de serviços como falado anteriormente. A segunda posição está sendo disputada cabeça a cabeça pelo comércio e pelos serviços domésticos. A tendência é que essa disputa prevaleça em função do fortalecimento da profissão de cuidadoras de doentes e idosos. Na lanterninha está a indústria que, com exceções em raros setores, sempre sofreu muitas restrições, inclusive legais, que impediam a contratação de mulheres.

O fato relevante e merecedor de avaliação mais detida é que as mulheres vieram para ficar. Além das qualificações já citadas, trazem outras como o apuro e a habilidade para trabalhos que exigem mais delicadeza, a capacidade de fazer várias coisas ao mesmo tempo e a tenacidade para levar adiante as tarefas até que sejam concluídas.

Retratos da Realidade

Eu estava participando de uma reunião para analisar um projeto de avaliação de relações de trabalho nas fábricas de uma empresa. Essas reuniões geralmente são demoradas e abordam uma multiplicidade de temas correlatos. Um tema inevitável é a reclamação a respeito das ações dos sindicatos e da influência negativa que exercem sobre os trabalhadores.

Em um dado momento, o diretor industrial se apropriou, falando firme contra os sindicatos, criticando suas ações e dizendo que eles são nefastos para a produtividade e a qualidade dos produtos. Citou algumas operações das fábricas em que, segundo ele, havia indícios de boicote ou sabotagem dos operadores, certamente insuflados pelo sindicato.

Perguntei como eram essas operações e por que elas não eram feitas com a qualidade necessária. Ele disse que eram operações difíceis e delicadas que exigiam grande precisão. Sugeri que ele utilizasse mulheres, pois normalmente são muito eficientes nesse tipo de tarefa.

O que se seguiu foi uma gargalhada geral. Só não rimos eu e o diretor industrial. Tratei rapidamente de mudar de assunto. Quando terminou a reunião, ficamos na sala eu e o diretor de RH. Ele se apressou em pedir desculpas pelo ocorrido. Eu perguntei o que houve e ele me explicou que o diretor industrial era contra a presença de mulheres na fábrica. Ele pensava que elas distraiam os trabalhadores e provocavam incidentes relacionados a assédio sexual. Queria demitir todas.

Passando à análise da questão de raça, chegamos a um dos pontos mais críticos a serem resolvidos pelo mundo corporativo. Na questão de gênero, há um problema qualitativo que vem evoluindo para melhor, já no que tange à cor e raça, o problema é quantitativo e qualitativo.

Tratados no mesmo nicho, negros e pardos são a maioria da população brasileira. Isso se reproduz em todas as regiões, à exceção do Sul e do Sudeste, face às peculiaridades da colonização e da imigração. Essa hegemonia populacional não se converte em trabalho, renda e oportunidade de desenvolvimento profissional.

Recentemente, houve um crescimento do número de negros empregados, mas em proporção inferior aos de cor branca e amarela. E até há pouco tempo, as empresas afirmavam que havia poucos negros qualificados para ocupar cargos melhores. Essa afirmação não estava de todo errada, pois a questão social impedia que negros e pardos tivessem um processo de escolarização no mesmo nível da população branca, de classe média. Aqueles que conseguiam isso eram de famílias ricas ou de classe média.

Após a adoção de cotas nas universidades públicas esse quadro mudou. Já têm saído delas um grupo grande de formandos da raça negra, que possuem o mesmo nível de qualificação dos brancos. Como a desculpa antiga não casa com a nova realidade, é necessário encontrar soluções. Em resumo, as empresas precisam rapidamente começar a empregar negros e pardos em funções de relevância.

Dessa forma, já existem algumas iniciativas a respeito. Há um grupo de diretores de recursos humanos de grandes empresas trabalhando no tema. Outras multinacionais já definiram políticas afirmativas sobre o tema. Há pouco tempo, as federações de trabalhadores do setor químico no Estado de São Paulo promoveram um grande evento para tratar do assunto, que contou com participação dos sindicatos patronais e de muitas empresas.

Em meio a pandemia, ganhou muita repercussão a iniciativa do Magazine Luiza e da Bayer de criar programas de trainees exclusivos para negros. Também houve reações contrárias. Inicialmente uma juíza trabalhista questionou a legalidade da atitude. Depois, a defensoria pública da União entrou com uma ação civil pública na Justiça do Trabalho alegando "marketing de lacração" por parte do Magazine Luiza. A opinião pública majoritariamente apoiou a decisão das empresas.

Esse é o caminho. Não se deve esperar que o Estado resolva todas as coisas, pois sua capacidade de cuidar do social tem se mostrado, no mínimo, débil.

Retratos da Realidade

Tive um gerente que se notabilizava por utilizar argumentos pouco ortodoxos para impor sua vontade, mesmo que ela não fosse sustentável em uma situação normal.

Para se ter ideia, certa vez, ele me chamou para evitar que eu contratasse um negro para trabalhar na minha equipe. Depois de elogiar as qualificações do possível contratado, disse que eu não deveria fazê-lo para preservar a pessoa de futuros desconfortos no ambiente de trabalho.

Diante do meu ar de indagação, ele me perguntou quantos negros eu conhecia, ali no 9º andar. Não havia nenhum. Em seguida, refez a pergunta mencionando os outros andares da sede da empresa. Lembrei-me de dois ou três.

Ele, então, arrematou triunfante, para liquidar o assunto. Disse que o candidato em questão, caso fosse contratado, não se sentiria bem em trabalhar em um local em que existiam pouquíssimos negros.

Voltando à forma como são tratados os negros no mercado de trabalho, é interessante fazer uma leitura cuidadosa dos dados do IBGE–PNAD ao abordar a distribuição dos trabalhadores por cor e qualidade da ocupação exercida.

Quando se compara a porcentagem de negros e não negros nos cargos de direção e planejamento, nota-se uma enorme discrepância em todo o país. A exceção do Distrito Federal, onde predominam os cargos públicos para os quais as pessoas são contratadas por concurso. Nos outros locais, a porcentagem de negros é muito baixa. Sob esse ponto de vista, o concurso deve ser olhado como um excelente recurso para se obter a diversidade nas organizações.

Quando se compara a remuneração dos negros e negras com a dos não negros também se observa um tratamento discrepante. É como se os negros e negras fizessem um tipo de trabalho diferente dos brancos.

Para encerrar este bloco é necessário frisar que há um longo caminho a percorrer até que se alcance, no interior das empresas, um nível razoável de pluralidade. A pressão virá da sociedade, que exigirá cada vez mais que as empresas adotem políticas de contratação de pessoas de diferentes gêneros, raças e idades.

As políticas de planejamento de carreira também terão de considerar a variedade. Uma das primeiras consequências será o aumento do número de mulheres em posições de chefia e relevância técnica. Isso trará, certamente, outras mudanças impulsionadas pelo toque feminino no poder. Ademais, é bom que se diga também que houve um bom progresso nesse campo impulsionado pela lei que reserva uma porcentagem das vagas nas empresas para pessoas com deficiência. Olhando a questão de forma crítica, foi como se os gestores dissessem: "Já que agora temos de contratar PDCs não custa nada aproveitar e colocar, no nosso quadro, mais mulheres, alguns negros e homossexuais".

A seguir, vamos fazer uma análise das mudanças que estão ocorrendo com as pessoas levando em conta somente uma visão qualitativa. Essas mudanças vêm se avolumando a partir da última década, em consequência da constante alteração dos padrões de educação familiar e escolar, além do enorme impacto da democratização da informação.

Elas afetam indiscriminadamente brancos e negros, pobres e ricos, homens e mulheres, velhos e jovens, pessoas letradas e não letradas, interioranos e metropolitanos. Muitas pessoas não aceitam ideias prontas, rejeitam fortemente qualquer tipo de autoridade, optam pelo individualismo e ignoram qualquer contribuição que a história possa dar para suas vidas. A cada dia muitos poderão tranquilamente dizer que "eu não era assim ontem, nem me manterei como sou hoje quando chegar o amanhã". Para aquelas pessoas centradas, que gostam de preservar costumes e padrões, esse novo mundo se situa entre o desanimador e o assustador.

Coloca-se um dilema no mundo corporativo: Como preparar os gerentes para liderar esse tipo de pessoa? Mais ainda, será que essas pessoas são lideráveis? Os negócios nunca conviveram com tantas incertezas. As empresas nunca dependeram tanto das pessoas. As pessoas nunca foram tão independentes das empresas.

Os jovens chegam ao mercado de trabalho com novos olhares, hábitos e expectativas. Querem respostas rápidas, desafios e reconhecimento imediato. Têm visão extremamente crítica a respeito de tudo que representam as empresas: produtos, processos e políticas. Eles não "se casam" com seus empregadores, somente "ficam". Essa nova geração não é só composta por trainees, mas também por operários. Os jovens vão continuar mudando suas posturas e querendo aceitação incondicional das empresas. A competição pelos jovens talentos virá do exterior e isso contribuirá para que eles fiquem mais exigentes acerca das organizações.

As relações entre as pessoas nas empresas também estão mudando. O profissionalismo cresceu, mas as amizades e as relações mais amenas refluíram. A diversidade está aumentando, apesar de precisar crescer muito mais. Ninguém aceita ser excluído ou desrespeitado. As empresas são obrigadas a deixar de lado crenças, exigências e normas que requerem alinhamento automático a posturas que não trazem benefícios para os resultados. Ao contrário, normas sobre vestuário, corte de cabelo e vocabulário estão extintos, já que foi comprovado que não agregam nenhum valor. As empresas são pressionadas a mudar posturas conservadoras em relação à internet, mas, por sua vez, vigiam o que seus empregados dizem, postam e manifestam nas redes sociais. Independentemente disso, as redes sociais vão mudar mais coisas nas empresas do que se pode supor.

Hoje, são demandados dos trabalhadores que agreguem mais inteligência e conhecimento no exercício de suas tarefas e responsabilidades. Em consequência disso, os gerentes cada vez mais sabem menos do que os seus subordinados. Eles têm de deixar de conduzir para, simplesmente, articular competências. Delegação e *empowerment* estão se transformando em exigências do negócio. O autoritarismo teve sua falência decretada. Continua crescendo o número de empresas que adotam, nas suas unidades, os "times autogerenciados", suprimindo um nível de chefia e deixando, assim, as equipes realizarem suas tarefas sem ter comando direto.

Gerentes e sindicalistas são cada vez mais questionados pelos trabalhadores mais jovens, que lidam muito mal com autoridades de qualquer natureza. Chefes e sindicalistas serão impelidos a mudar suas crenças, posturas e comportamentos. A forma de lidar com a comunicação interna e a gestão do clima organizacional está em xeque. A maioria dos modelos existentes, utilizados pelas empresas, foi criada décadas atrás e está, portanto, obsoleta. As empresas precisam buscar novas formas por meio do desenvolvimento técnico de suas equipes de Recursos Humanos ou encomendá-los a empresas de consultoria e universidades.

Mas essa não deve ser a única preocupação dos dirigentes empresariais. Há mais com que se ocupar para garantir que suas empresas permaneçam sempre sustentáveis, apoiadas nas relações de trabalho conectadas à realidade. As empresas terão de repensar as formas de organização do trabalho, que hoje são uma "pedra no sapato" dos gerentes. Outro foco deve ser a mudança dos estilos de liderança. Para tal, o modelo de desenvolvimento gerencial terá de ser revisto.

Um aspecto mais amplo diz respeito ao contrato social mantido com os trabalhadores. O atual não comporta todas as novas nuances das relações de trabalho. As empresas terão de construir novos contratos por intermédio do diálogo. Para fazê-lo, terão de optar de forma definitiva sobre o que é, para ela, o trabalhador: custo ou investimento. Como parte desse contrato, deverá ser estabelecido um claro limite entre o privado, o público e o profissional.

Para encerrar, temos de expressar uma certeza: o trabalhador nunca mais será o mesmo. Vamos nos socorrer de Raul Seixas para sacramentar essa questão. O trabalhador deve ser visto, daqui para a frente, como uma verdadeira "metamorfose ambulante". Naquilo em que o trabalhador já mudou, uma coisa merece destaque: a percepção dele a respeito do trabalho que hoje é outra.

Nas duas últimas décadas, tenho feito muitas pesquisas nas empresas, para orientá-las na forma de conduzir as relações de trabalho. Uma das questões formuladas aos trabalhadores de todos os níveis em entrevistas e workshops é: Qual a visão que eles têm da relação entre vida e trabalho? São fornecidas a eles quatro alternativas para que escolham aquela que melhor a defina. A mais votada é "viver e trabalhar". Em segundo lugar, desponta "trabalhar e viver". Logo a seguir aparece "trabalhar para viver" e, por último, é lembrada "viver para trabalhar", que anos atrás seria a preferida.

Quando vejo alguém defendendo essa última visão, recordo-me de uma conversa que tive com um gerente sênior na década de 1970. Ele me disse que se casou com a esposa no mesmo ano em que foi contratado pela empresa. Hoje, passados 30 anos, arrematou: "não sei de quem gosto mais: da empresa ou da minha esposa".

Comunicação e relações de trabalho

A comunicação é o mais importante recurso que as empresas dispõem para garantir a sustentabilidade das relações de trabalho. Ela permite que se instale, amplie e mantenha a harmonia entre patrões e empregados por meio da equalização das expectativas, interesses e pontos de vista. Por outro lado, a sua ausência ou imperfeição pode inviabilizar a efetividade das relações entre patrões e empregados.

Considerando a complexidade das pessoas e das organizações, não é fácil conseguir qualidade na comunicação no mundo corporativo. É praticamente impossível mantê-la se não houver comprometimento total da cúpula das empresas. Ela permite não só que os atores sociais disponham da informação necessária para atuar e se posicionar, como também que estabeleçam a mútua aceitação das diferenças de valores e ideologias, a redução das suas expectativas e as visões alternativas a fim de trabalharem para alcançar os resultados. Acima de tudo, permite lidar com os fracassos de forma positiva.

Olhando sob esse ponto de vista, é necessário admitir que o processo de comunicação ultrapassa de forma categórica a emissão de comunicados, a exibição de peças publicitárias, a criação de espaços para diálogo e os canais de reclamação para os empregados. Deve ser entendida como algo complexo, cuja qualidade depende de múltiplos fatores. É de natureza contínua, e, ao mesmo tempo, apropriada para consolidar as visões em comum e diminuir as diferenças. Além disso, a comunicação acontece em um ambiente de permanente mudança, na economia, na tecnologia e nos valores políticos e pessoais.

Assim, a comunicação não diz respeito somente ao dizer e escutar, mas sobretudo ao ser e agir. Não basta ser capaz de se expressar, mas de atuar de forma coerente e consistente. A comunicação não é feita só para agradar os aliados, mas para ser entendida e respeitada por todos aqueles que estão do outro lado. Não deve servir para enganar, postergar ou simular, mas para chegar o mais rápido possível à compreensão e à aceitação dos fatos. A verdade é sua meta, a mentira sua maior inimiga.

Nas relações de trabalho, a comunicação não pode ser terceirizada, por mais competente que seja a empresa ou o profissional que ofereça seus serviços no assunto. Deve ser tocada pelos gerentes de todos os níveis das organizações. Cada gerente da empresa tem uma parcela no processo de comunicação, cujo tamanho e impacto é proporcional ao nível hierárquico que ocupa.

Isso é reforçado pela natureza do processo de comunicação com os empregados. Parte significativa dele é ocupada na solução de conflitos, portanto, pela negociação. Quando uma empresa, por meio de um de seus gerentes, toma uma decisão que afeta um ou mais empregados, tem de comunicá-la e garantir que ela se consolide. Para sua consolidação, ela tem de ser aceita e respeitada pelos empregados envolvidos, colegas e representantes legais, ou seja, os dirigentes sindicais.

O mesmo ocorre quando um empregado procura o gerente para fazer uma reclamação, sugestão ou reivindicação. Ele precisa de uma resposta. Essa resposta envolve, quase sempre, uma negociação. Em alguns casos, o gerente está autorizado a fazer um acordo, pois a decisão ou demanda está dentro de seus limites de poder. Em outros casos, só lhe cabe exercer o papel de interlocutor, levando a informação para o nível adequado de decisão. A comunicação nas relações de trabalho, portanto, em alguns casos, se confunde com um processo de negociação.

Figura 23 – Responsabilidade pelas negociações.

A comunicação permite à empresa passar e receber informações dos empregados. Essas informações estão relacionadas a assuntos técnicos, comportamentais, políticas corporativas e fatos e decisões da empresa que afetam prontamente ou não os empregados. Ela é feita pelas chefias, pela área de Recursos Humanos ou pela área de comunicação. Pode ser feita de forma direta, em reuniões e apresentações, ou indireta, conforme o uso de instrumentos internos como quadros de aviso, revistas, jornais, TVs, rádios empresariais. Recentemente as empresas incorporaram aos seus recursos os novos meios de comunicação, tais como intranet, totens, Twitter, WhatsApp e redes sociais próprias.

O formato da comunicação não é a questão mais importante do processo. Antes dele, precisam ser considerados os objetivos e a política. Seus objetivos são:

- Garantir que os empregados disponham de todas as informações necessárias para realizar o seu trabalho;
- Informá-los dos direitos e dos deveres;
- Mostrar de forma clara as políticas corporativas;
- Garantir que todos saibam quais são os resultados esperados e como podem contribuir para alcançá-los.

Além desses objetivos, a empresa necessita de informações oriundas dos empregados. Elas são obtidas pelas chefias, pela área de RH ou por sistemas de coleta de opiniões e reclamações. Essas informações podem ser técnicas ou comportamentais.

Um ponto importante a considerar é que as empresas não podem perguntar somente para fazer jogo de cena. Erro semelhante é perguntar por perguntar, para preencher o espaço da conversa. Se as informações não serão utilizadas ou consideradas, é melhor não consultar os empregados. Existem casos em que os chefes fazem perguntas na expectativa de receber elogios. Isso é pouco provável que ocorra. Quem se põe a perguntar tem de estar pronto para receber a resposta que vier, seja boa ou ruim.

Um questionamento a ser feito é se nós devemos perguntar a respeito de tudo para os empregados. É uma questão muito delicada, em função de vários aspectos. Em primeiro lugar, os empregados não vão responder tudo o que for questionado. As empresas devem aceitar que eles têm o direito de se manter calados para preservar a privacidade, ou por não querer expor sua posição a respeito de alguns assuntos.

Outro aspecto a ser considerado é que alguns empregados podem não se sentir à vontade para responder, por entenderem que não têm condições de falar sobre temas que pensam ser da alçada de gerentes e especialistas. Tive um subordinado que exercia a função de auxiliar administrativo. Cada vez que eu tentava obter a opinião dele sobre uma decisão a ser tomada, dizia-me para eu perguntar aos "doutores", pois eles é que estavam preparados para tratar daquele tema.

Por último, as empresas precisam colocar limites nas consultas aos empregados. Não devem consultá-los a respeito de tudo que pretendem fazer, nem de decisões que já foram tomadas.

Certa vez, eu entrevistava um executivo responsável pela área industrial de uma empresa e fiz uma pergunta sobre sua visão da comunicação com os empregados. Ele respondeu que a comunicação era algo vital e que ele a levava muito a sério. Em seguida, pediu que eu o acompanhasse até uma grande janela de onde se podia ver uma parte da fábrica e me disse que caminhava por lá todos os dias. Afirmou que, às vezes, se dirigia a um empregado escolhido aleatoriamente e pedia a ele, de supetão, que falasse tudo, tudo o que quisesse. É claro que essa forma de perguntar deveria causar mais susto do que vontade de falar. Quando se quer perguntar, é bom definir sobre o que, quando e como será a abordagem.

A partir de seus objetivos, toda empresa deve definir uma política de comunicação com os empregados. Ela deve ter diretrizes sobre quais conteúdos serão transmitidos, quais processos serão utilizados e quais atores farão a ponte. Essa política tem de levar em conta a forma como a empresa deseja tratar os empregados. Se ela os considera parceiros e intermediários importantes para que os resultados sejam sustentáveis, é uma coisa. Se ela os considera personagens secundários e facilmente substituíveis, é outra.

Além disso, a empresa tem de conhecer seus empregados. Ela não pode se comunicar com eles sem entendê-los, sem saber o que desejam. Uma vez, eu estava sentado no balcão de café de uma padaria quando a pessoa ao meu lado recebeu o seu expresso do atendente. Ele olhou para a direção em que eu estava e imediatamente lhe ofereci o recipiente de pacotes de adoçante. Ele recusou veementemente e pegou do outro lado um pacotinho de açúcar. Eu havia avaliado que, por ser uma pessoa de idade avançada e acima do peso, ele deveria usar adoçante. A empresa não pode avaliar os empregados por primeiras impressões.

COMUNICAÇÃO: O QUE CONSIDERAR

Ao definir como quer conduzir a comunicação com os empregados a empresa deve estar atenta a quatro aspectos: conteúdo vs. processo, contexto, relações; e vínculos e responsabilidade.

1. Conteúdo vs. Processo

Neste primeiro aspecto, a empresa, nas suas comunicações com os empregados, deve garantir que haja equilíbrio entre o conteúdo e o processo que será utilizado. Para comunicações simples, deve usar abordagens mais singelas, já para comunicações complexas, é necessária a utilização de processos e recursos mais elaborados ou sofisticados.

Para exemplificar, se a empresa deseja comunicar a mudança da empresa de transportes que atende os empregados, basta emitir um comunicado escrito, informando o primeiro dia e horário da mudança com antecedência, que a qualidade será preservada, que os roteiros e horários serão mantidos. O comunicado pode conter algumas informações sobre a nova empresa e até fotos dos ônibus que são utilizados por ela. Caso a empresa queira aumentar a qualidade da comunicação, pode colocar no estacionamento da empresa um ônibus da nova fornecedora para que os empregados possam conhecê-lo. Junto a isso, há cuidados adicionais como pedir que empregados que tomam o ônibus no primeiro ponto se voluntariem para guiar os motoristas nas primeiras viagens, evitando erros de trajeto ou que deixem algum passageiro para trás. Após o primeiro mês, a empresa pode fazer uma pesquisa para avaliar a qualidade do serviço. Essa comunicação não é nada complicada.

A fim de manter o exemplo da necessidade de uma comunicação complexa, ainda no campo de mudanças, vamos tratar da troca do plano médico. Essa alteração se desdobra em várias outras para os diferentes empregados, modificando deslocamentos, a relação de médicos, hospitais, laboratórios e demais serviços. Ela impacta hábitos, relações e a confiança mantida pelos trabalhadores e suas famílias com os fornecedores de serviços de saúde. Trata-se, portanto, de uma mudança que, se for mal comunicada, tem um potencial imenso de trazer desconforto e problemas para todos os envolvidos.

O processo de comunicação a ser utilizado necessita envolver especialistas no tema, geralmente da área de benefícios, representantes do novo fornecedor, além das chefias. O material de apoio deve incluir uma apresentação modelo que esgote as prováveis dúvidas. Para facilitar, devem ser previstos exemplos que ilustrem as mudanças que ocorrerão para os diferentes empregados.

É conveniente ter um material ilustrado para ser levado pelos empregados para as suas casas. Bem como, é fundamental a entrega do manual oficial do fornecedor que estabelece as normas de utilização do plano médico, além da relação dos prestadores de serviço credenciados: médicos, hospitais, clínicas e laboratórios. Os empregados devem receber as informações em pequenos grupos, de maneira que fiquem completamente à vontade para manifestar livremente todas as dúvidas e questionamentos.

A empresa não deve restringir a comunicação somente a uma reunião. Considerando que muitas vezes os empregados estão tendo hábitos, de anos seguidos, reformulados pela nova realidade, é vital que:

a) além do material escrito fornecido, seja mantido durante algum tempo um telefone de atendimento 24 horas para solução de dúvidas;

b) a equipe de RH esteja atenta para as manifestações dos empregados e apta a solucionar dúvidas e problemas relacionados com a mudança;

c) haja algum tipo de monitoramento do clima organizacional em tempo real;

d) a empresa mantenha contato permanente com o sindicato, para se antecipar a eventuais reclamações.

2. O contexto

Antes de fazer uma comunicação importante para os seus empregados, a empresa tem de considerar o contexto que está sendo vivido. Se a empresa está em um momento tranquilo, os negócios caminhando bem, os resultados sendo alcançados e o ambiente de trabalho está bom, tudo isso vai favorecer a comunicação. Do contrário, quando tudo vai mal, falta tranquilidade, as atividades estão em baixa, os resultados não estão sendo alcançados e os trabalhadores estão insatisfeitos, a tendência é que a qualidade da comunicação seja afetada.

Assim, antes de fazer a comunicação, a empresa deve considerar o contexto em que está vivendo e procurar ajustá-la às circunstâncias. Dependendo da situação, e sabendo que a comunicação tem de ser feita, deve contar com um resultado pouco satisfatório. Isso implica cuidados redobrados para se obter o melhor impacto. Quando for possível, a comunicação deve ser adiada para um momento mais oportuno.

A melhor saída é enfrentar a situação de frente, não esconder as dificuldades e usar o histórico positivo das relações com os empregados para dar sustentação ao processo de comunicação. Para que isso ocorra, entram em cena as relações e vínculos que a empresa, por intermédio das chefias, mantém com os trabalhadores.

3. Relações e vínculos

A comunicação nas relações de trabalho não pode ser vista somente como aquela feita para um fato específico. Ela é permanente e é fortemente afetada pelas relações entre chefes e trabalhadores.

O histórico das comunicações permite que a empresa crie uma relação de confiança com os trabalhadores. Para isso acontecer, ela tem que cumprir o que promete e os chefes têm que ter uma prática coerente com o discurso. Caso esses dois aspectos não sejam atendidos, os trabalhadores tendem a olhar com receio para qualquer comunicação da empresa. Assim, a probabilidade de a comunicação não surtir o efeito desejado é muito grande. Além disso, a empresa fica vulnerável nas campanhas sindicais, pois a tendência é que, ao longo do tempo, o sindicato ganhe mais credibilidade e ocupe mais espaço.

Anos atrás, estava fazendo uma negociação com o sindicato dos trabalhadores na construção civil de Santos e região. Era uma negociação complexa, pois envolvia milhares de trabalhadores e mais de vinte empresas que prestavam serviços para uma grande indústria. Naquele momento, a empresa estava reduzindo todos os seus custos e não aceitaria pagar por novas concessões aos trabalhadores, feitas por suas fornecedoras, como ocorrera até então.

Eu expliquei isso em detalhes para o presidente do sindicato e ele disse que entendia, mas pediu que eu fosse a uma reunião com toda a diretoria. Durante a reunião, solicitei que ele explicasse a situação para os trabalhadores. Ele se recusou de maneira categórica, dizendo que não ia fazer o serviço que cabia às empresas. Destacou que elas é que tinham de comunicar, mas que os trabalhadores não iriam acreditar.

Segundo ele, as empresas só se comunicavam com os trabalhadores quando queriam cortar alguma coisa.

Olhando para esse aspecto, a comunicação precisa ser entendida como uma oportunidade de reforçar relações com os trabalhadores, de forma a incentivar que mantenham bons vínculos com a empresa. O panorama relevante para que isso ocorra é garantir que a comunicação factual, ou seja, a exibida nas decisões e posturas da empresa, seja amplamente positiva. Eventuais deslizes devem ser raros e prontamente corrigidos, ou mitigados.

Outro prisma importante a se considerar é a necessidade de assumir os erros e, dependendo da gravidade deles, a empresa deve se desculpar. Sendo assim, a empresa não pode jamais contemporizar com erros graves das chefias nas relações com os empregados. Tem que se comunicar sempre, nos bons ou maus momentos, e de forma transparente.

4. Responsabilidade

A responsabilidade pela comunicação com os empregados é de cada chefia. A corporação pode até cuidar de alguns casos específicos, mas, no cotidiano, cada chefe tem de garantir a informação necessária para que cada empregado possa realizar o seu trabalho, dentro dos padrões definidos e seguindo as posturas recomendadas.

Os chefes são contratados para liderar pessoas e não para fazer palestras. Portanto, não se exige deles magníficas apresentações, mas que conversem com as suas equipes. Eles não podem escolher o que querem comunicar. São obrigados a fazer as comunicações que agradam e as que desagradam, incomodam e até enfurecem os trabalhadores e seus representantes.

Em muitos casos, os chefes têm de comunicar decisões dos níveis superiores sem ter poder para negociar mudanças nas decisões, ao contrário daquelas que são tomadas por elas. Cabe a eles somente a responsabilidade de comunicar aos seus superiores as reações dos empregados e até sugerir eventuais mudanças que a empresa poderia fazer com relação ao conteúdo da decisão.

COMUNICAÇÃO: O QUE NÃO FAZER

As empresas precisam tomar muito cuidado com o processo de comunicação com os empregados, pois qualquer descuido pode ocasionar perdas significativas na relação de confiança que deve ser mantida. Existem coisas que não devem ocorrer, caminhos que não devem ser percorridos e ações e comportamentos condenados.

A primeira coisa a ser evitada é que os chefes fujam da sua responsabilidade de comunicação, deixando de transmitir informações ou decisões da empresa que são relevantes para os empregados. Isso vale tanto para assuntos que trarão felicidade quanto aqueles que provocarão tristeza ou desalento.

Retratos da Realidade

Trabalhava numa grande empresa quando uma pesquisa apontou que os salários dos funcionários administrativos da sede estavam 9% abaixo do mercado. Numa reunião da diretoria foi tomada a decisão de fazer uma correção de 10% nesses salários. Ficou definido que todos os diretores falariam com os seus gerentes a respeito da decisão, para que fosse feita a comunicação em cascata. Três dias depois, eu estava passando pelo corredor do sétimo andar no momento em que um alto gerente me chamou na sua sala e perguntou se eu confirmava o boato de que ia acontecer um aumento para os empregados administrativos. Antes, disse para ele que eu queria saber quem falou do boato. Ele respondeu que fora sua secretária, a Matilde. Notícia boa que um diretor deixou de dar.

Na mesma empresa, alguns anos mais tarde, tive de conduzir o fechamento de uma fábrica. Ao chegar na unidade, o gerente disse que não tinha condições de dar uma notícia dessas para os empregados, desrespeitando a norma da empresa para tais casos. Os empregados tiveram de receber uma notícia muito ruim de uma pessoa que nunca haviam visto até aquele momento.

Os gerentes não devem improvisar na hora de fazer comunicados para os empregados. Essas comunicações devem ser cuidadosamente planejadas, sejam elas destinadas a um empregado, sejam para toda a equipe. Os chefes não podem correr o risco de omitir detalhes importantes ou não saber responder uma pergunta. Ninguém deve conduzir uma reunião dessas sem dispor de um roteiro detalhado com todas as informações necessárias para passar para os empregados.

Dependo da complexidade e da importância da reunião, o chefe deve pedir apoio a especialistas, que ficam responsáveis por responder questões mais complicadas do ponto de vista técnico. Nesses casos, geralmente, é útil a preparação de apresentações que contenham os dados mais importantes a serem comentados. Da mesma forma, os participantes da reunião podem receber material escrito que resuma os principais pontos tratados.

O planejamento da reunião deve ajudar os chefes a avaliarem se existem ambiguidades em temas que serão abordados. Nessas reuniões, os empregados não podem ficar com dúvidas a respeito da decisão que foi tomada pela empresa. Ambiguidades podem gerar falsas expectativas, fazendo com que parte dos empregados não acredite que a decisão será implementada, ou ache que ela tem efeito transitório e logo será revista. A incerteza é algo completamente indesejável na área das relações de trabalho.

Se o gerente, após apresentar detalhadamente a mudança ou a decisão da empresa, encerrar a reunião sem ouvir opiniões, reclamações e reivindicações dos empregados, incorrerá em grave erro. Estará fugindo do feedback e a empresa precisa muito dele para saber em que terreno está pisando com aquela decisão. Caso o tema tratado diga respeito apenas à área do gerente, o impacto é menor. Ele terá a oportunidade de corrigir o seu erro, muitas vezes até pela interpelação de um subordinado. Mas, nos temas de interesse geral dos empregados da empresa, a falha é muito grave.

Se vários gerentes tiverem o mesmo comportamento, a empresa não terá uma boa medida da reação dos empregados. Ficará sem a oportunidade de fazer correções de ou adotar medidas que minimizem os impactos negativos da decisão. Caso o gerente, ao conduzir a reunião, privilegiar a forma no lugar de dar valor ao conteúdo, corre o risco de fazer uma apresentação em alto estilo, mas de pouco efeito prático, para fazer com que os trabalhadores aceitem a posição da empresa.

Ao lidarem com a comunicação com os empregados, as empresas não podem, de forma alguma, subestimar as emoções. Com a avaliação do impacto social da decisão tomada, têm de considerar as reações emocionais dos empregados. Do outro lado, o sindicato vai jogar todas as suas fichas para provocar esse tipo de comportamento.

Os sindicatos lidam com as relações de trabalho utilizando duas lentes. A primeira é a de aumento, usada para maximizar as "coisas más" que as empresas fazem. A outra serve para diminuir as "coisas boas". Ao manobrar com essas lentes, a matéria-prima mais importante é a emoção.

Dependendo das circunstâncias da decisão ou da mudança que está sendo comunicada, os empregados podem ir da ira ao choro, da revolta ao desespero, da frustração ao ódio. Nesses momentos podem cair por terra a confiança na empresa, que levou anos para ser construída. A partir dessas circunstâncias, as empresas devem avaliar cuidadosamente a decisão que tomaram e que implementarão antes de comunicá-la aos empregados.

Existe um outro grave erro das empresas que é deixar passar o momento certo para fazer a comunicação. Apesar de terem de tomar todos os cuidados antes de fazer a comunicação, as empresas não podem deixar espaço de tempo suficiente para que a informação vaze e os empregados a recebam fora de controle. Por mais cuidadosas que sejam, vazamentos podem ocorrer e as informações chegarão distorcidas aos trabalhadores.

A respeito disso, uma vez uma amiga, diretora de RH de uma grande empresa, me ligou para contar que ficou na noite anterior até tarde reunida com a diretoria para definir um grande corte de pessoal. Ela tomou o cuidado de preparar todo o material para a reunião a fim de evitar que o assunto fugisse do controle. Quando chegou pela manhã na empresa recebeu uma ligação do presidente do sindicato, que já sabia de tudo. Ela me perguntou como isso pôde acontecer. Eu lhe disse que, provavelmente, um dos diretores deixou o material em cima da mesa e algum empregado ligado ao sindicato teve acesso ao documento.

Logo, a empresa não pode demorar muito para fazer a comunicação. Hoje, todos os cuidados precisam ser redobrados em função do uso altamente disseminado das tecnologias de comunicação. Se a empresa não for rápida, os empregados receberão a informação por WhatsApp ou Twitter. Logo, é bom se prevenir restringindo a entrega de material e limpando bem a sala depois da reunião para não sobrarem roteiros de apresentações e anotações.

COMUNICAÇÃO: O QUE FAZER

As empresas têm de compreender os interlocutores, os empregados e seus representantes. A verdadeira compreensão só é possível se tiverem empatia com eles. O segredo disso está em habilitar os gerentes para cada um fazer isso no dia a dia com seus subordinados. Se a maioria adotar esse comportamento, a empresa terá uma postura coletiva correta, com bons reflexos nas relações entre empresa e empregados.

Quando os chefes se colocam no lugar dos empregados, conseguem uma melhor comunicação com eles. Depois de algum tempo, é possível prever as reações de cada empregado diante de decisões e demandas da empresa. A comunicação deixa de ser um tiro no escuro para se transformar em uma mensagem sob medida. Quem tem filhos sabe exatamente como funciona: para conseguir um mesmo comportamento, cada um exige um tipo de abordagem. É claro que para falar com toda a equipe, a abordagem tem de ser mais generalista. De qualquer forma, é comunicação sob medida baseada no conjunto das percepções dos chefes sobre os trabalhadores.

As chefias precisam fazer mais do que compreender os interlocutores, mais do que ter empatia com eles. As chefias precisam respeitá-los. Precisam assimilar que isso significa aceitá-los como eles são, entender que eles têm o direito de ter ideias e opiniões diferentes das suas, ouvir sugestões e contribuições, mesmo que não sejam de grande valia. Fazer tudo isso independentemente do sexo, da raça e da escolaridade de cada empregado.

Um aspecto que merece destaque especial é a necessidade de toda empresa de ouvir os empregados. Saber o que eles aspiram para crescer na carreira, como viram a mudança do local da fábrica, o que acham da política de RH, o que pensam das chefias e se gostam de trabalhar na empresa são alguns exemplos que mostram a importância de conversar.

Para a empresa obter a sustentabilidade dos negócios, ela depende muito dos empregados. Precisa que eles se mantenham motivados e comprometidos com os resultados, o que implica manter boas relações com eles. É necessário conhecê-los, dar oportunidade para que expressem suas ideias, críticas e dúvidas. A partir daí, é possível dar respostas que garantam a satisfação deles.

Outro ponto importante é fazer a harmonização de expectativas de ambas as partes, pois em qualquer relação entre pessoas há pontos de convergência e de conflito. Para que a relação permaneça boa, é preciso que cada um dos parceiros trabalhe para encontrar um equilíbrio, imaginando que sempre haverá coisas que facilitam e dificultam.

Ao longo do tempo, a necessidade de ouvir os empregados foi aumentando. Na época da Revolução Industrial os patrões não estavam nem um pouco preocupados com o que os trabalhadores queriam, o que eles pensavam, se estavam satisfeitos ou não. Na prática, eles tinham de aceitar totalmente o que as empresas ofereciam, junto com o que elas exigiam em troca. A evolução foi lenta, mas sempre houve uma progressão. As mudanças nessa área foram fruto das lutas dos trabalhadores, mas também partiram de iniciativas de patrões mais esclarecidos, além das inevitáveis intervenções do Estado.

Na segunda metade do século XX, o ritmo das mudanças caminhou mais rápido. Hoje, no estágio em que estamos, todos sabem que os trabalhadores não aceitam qualquer coisa – e que os patrões não devem contrariá-los se quiserem obter um desempenho que faça a empresa crescer.

Outra mudança que ocorreu foi a do papel dos gerentes na comunicação com os empregados. No começo, e por muito tempo, a comunicação era feita só de cima para baixo, cabendo aos chefes o papel de subir no púlpito e "fazer sermão" para os empregados. Hoje, os gerentes foram deslocados para o confessionário. As empresas esperam que eles, "ouvindo as confissões" dos empregados, possam indicar os caminhos a serem tomados para aperfeiçoar as relações de trabalho.

Os gerentes devem tomar cuidado com a linguagem que utilizam na comunicação com os empregados. Se querem ser compreendidos, têm de expressar-se de forma simples. Não adianta fazer discurso bonito e esperar que os empregados fiquem balançando a cabeça em sinal de assentimento. Além de usar uma linguagem acessível aos empregados nas reuniões e nos contatos do dia a dia, devem também utilizar exemplos claros nas explicações, adotar material de apoio, também expresso de maneira simplificada e fazer perguntas para checar se houve bom entendimento do que foi explicado. Contudo, isso não quer dizer que os gerentes devem perguntar se os empregados entenderam, pois, nesse caso, eles vão responder que sim para não passarem por ignorantes. Outro erro comum é explicar presumindo que todos estão entendendo.

Muitos anos atrás, eu estava dando um curso de relações humanas no trabalho para enfermeiros de um hospital. O curso tinha uma linguagem fortemente baseada em termos técnicos da área de psicologia. Já estávamos no quarto dia de curso quando, durante a aula, eu me desculpei por estar falando com dificuldade, explicando que estava afônico em razão de um resfriado. Quando me virei para fazer uma anotação no quadro negro, ouvi alguém perguntando para um colega o que significava a palavra afônico. Então percebi que os alunos não estavam entendendo a "metade do Pai Nosso".

Voltemos a falar da necessidade da compatibilidade entre o conteúdo e o processo de comunicação. É absolutamente necessário usar recursos apropriados ao fazer apresentações. O uso destes está relacionado com alguns aspectos da comunicação, a saber: o custo, a complexidade ou a simplicidade, a importância do tema e a dimensão do público. Todos esses fatores devem ser avaliados antes da escolha do processo a ser utilizado.

Muitas vezes, as pessoas que vão fazer a comunicação usam recursos superdimensionados para se sentirem mais seguras. De maneira equivocada, julgam que a quantidade ou potência dos meios são em si a garantia de que tudo vai caminhar bem. Um exemplo disso foi uma empresa onde eu trabalhei que precisava comunicar para parte dos empregados de níveis hierárquicos mais elevados uma mudança no plano de pensão. Foi montado um processo muito elaborado e caro, utilizando assessoria externa e os resultados foram pouco satisfatórios. O presidente me perguntou o que eu achei do acontecido. Eu disse que bastaria ele fazer uma reunião de duas horas com as pessoas afetadas pela mudança para o entendimento e a aceitação serem muito melhores.

O processo de comunicação nas relações de trabalho requer urgência na realização, pois a demora pode dar oportunidade a vazamentos, que fazem com que a empresa perca o controle do processo. Assim que uma decisão é tomada, ela deve ser comunicada com rapidez a todos os empregados por ela afetados. Isso engloba todos os tipos de decisão, tanto aquelas tomadas pelos gerentes da base da pirâmide quanto as tomadas pela cúpula. No entanto, existem decisões que, por afetarem um grupo muito restrito de empregados, não terão tanto impacto na vida da empresa mesmo que a comunicação não seja rápida.

As decisões que devem ter comunicação mais acelerada são aquelas tomadas pela cúpula e que afetam a maioria dos empregados. Normalmente, tratam de questões mais complexas, de alto custo e exigem compreensão e aceitação de todos. Nesse caso, a demora pode gerar custos econômicos e sociais.

As empresam necessitam de tato ao fazer comunicações sobre mudanças ou acontecimentos que afetam de forma grave os empregados. Não podem "jogar o assunto" para cima dos trabalhadores de forma dura ou burocrática. É necessário sensibilidade e delicadeza ao conduzir as reuniões.

Agir de forma política é muito importante. O termo 'política' tem o sentido de possuir sensibilidade. É necessária na percepção de que as coisas que afetam toda uma comunidade têm que ser resolvidas considerando as necessidades e opiniões dos diferentes indivíduos que dela participam. E uma empresa, em sentido mais amplo, é uma espécie de comunidade, ainda que as relações de poder confiram força maior aos patrões.

Tal visão deve impelir as empresas a compreender que há momentos em que os empregados já estão muito abalados por outros fatos e questões, o que dificulta a aceitação de mais uma notícia ruim. Pode ser que a empresa, por necessidade, tenha tomado uma série de decisões que afetam negativamente os empregados, sobrecarregando sua capacidade de assimilar desgastes. As empresas, diante disso, devem avaliar se a resolução pode ser evitada, adiada ou minimizada.

Ao fazer a comunicação, os chefes devem manter o foco no tema a ser abordado. Não devem tratar de outros assuntos nem antes, nem depois. Mesmo que o fizessem, os empregados não teriam atenção, pois certamente estariam impactados pelo tema principal. É difícil esperar que os participantes tenham alguma reação positiva se o chefe, pegando uma folha de papel com a relação de outros temas, anunciasse que iria aproveitar que todos estavam reunidos para discutir assuntos pendentes. Certamente não haveria clima para tanto. Os chefes só podem passear por diferentes assuntos quando estiverem em uma reunião convocada com tal propósito.

ARREMATES

São inúmeras as contribuições do processo de comunicação para as relações de trabalho. As mais relevantes são:

- **Esclarecer posições da empresa e dos empregados**: elas nem sempre são claras para os interlocutores. Quando a empresa contrata um empregado, é raro que as respectivas ideologias sejam realmente explicitadas. Como em um jogo de gato e rato, muitas coisas não são ditas nem perguntadas. O ditado "gente fina não entra em detalhe" explica bem a posição adotada por ambos.

- **Esclarecer expectativas:** é um ponto fundamental em qualquer relação entre pessoas ou organizações. Tanto a empresa quanto os empregados têm expectativas a respeito dos interlocutores. A questão relevante é que nenhum dos dois se preocupa em esclarecer quais são elas. Esse fato contribui para criar falsas expectativas, que podem contaminar o bom relacionamento. Como os atores não conhecem o que é esperado, não é possível esclarecer quais podem ser atendidas. À medida que isso é feito, todos passam a agir no campo da realidade, sabendo o que podem esperar um do outro. Importante lembrar que a empresa é representada pelos gerentes, que têm a obrigação de cuidar do assunto.

Nesse campo, insere-se a responsabilidade de eliminar mal-entendidos de todas as naturezas. Eles podem surgir a qualquer momento e quebrar a relação de confiança entre os gerentes e suas equipes, necessária para manter a sustentabilidade das organizações.

A comunicação exerce importante papel quando utilizada para apoiar as negociações. O processo de negociação nas relações de trabalho tem inúmeros momentos nos quais a comunicação precisa ser feita em diversas dimensões. A empresa precisa conhecer e entender as expectativas dos empregados e as dos sindicatos. Outra necessidade é explicitar os limites de que dispõe e defendê-los diante dos empregados e dos sindicatos.

A cada momento, a empresa tem de informar aos empregados o andamento das negociações, independentemente dos sindicatos também fazê-lo. Há, muitas vezes, a necessidade de comunicações especiais com parte dos sindicalistas, fazendo uma interlocução fora da mesa, o que é conhecido como a "conversa em off". Por último, existe a necessidade de comunicar quais foram os resultados das negociações e os impactos para os empregados.

Toda empresa que busca a sustentabilidade dos negócios precisa aumentar o engajamento dos empregados e a comunicação se constitui em instrumento vital para obtê-lo. Olhando pelo lado do que a empresa faz e pretende fazer, ela pode usar a comunicação para mostrar objetivos a alcançar, resultados esperados, em que e como os empregados podem contribuir e apresentar políticas e práticas de Recursos Humanos. Sobretudo, deve sinalizar como também está engajada com os empregados, procurando apoiá-los nas ações para alcançar objetivos pessoais e nas eventuais dificuldades. Há que se pensar em comprometimento cruzado.

Outro aspecto conectado com o engajamento dos empregados é o conhecimento que a empresa dispõe a respeito deles. Ela não pode esperar que eles adotem uma posição de engajamento por inércia, sem que saiba quem são, como são e quais são suas expectativas. Sem o conhecimento dos empregados por parte dos gerentes, é impossível saber se as posições da empresa agradam ou não, se elas os mobilizam em direção ao engajamento com os objetivos e os resultados da organização.

Outro grande atributo da comunicação é a sua condição de poder ser usada para diminuir as resistências que os empregados possam ter à empresa como um todo, ou aos gerentes em particular. É normal que os empregados reajam negativamente a algumas políticas e decisões da empresa, ou não aceitem bem a liderança de alguns gerentes.

É necessário que os gerentes utilizem a comunicação para diminuir ou eliminar as resistências. Isso se faz por meio de esclarecimentos, debates e aceitação de ideias apresentadas pelos empregados. Conforme eles percebem que a empresa está aberta para conversar sobre os processos e as filosofias, sentem-se mais confortáveis e tendem a receber melhor as decisões, as políticas e as regras.

COMO O PROCESSO DE COMUNICAÇÃO NÃO DEVE SER

A empresa não pode fazer do processo de comunicação um instrumento de pressão sobre os empregados. A comunicação deve ser usada para agregar, estimular, motivar e não para constranger, submeter ou intimidar. Os empregados se sentem melhor em ambientes onde há liberdade para criar, onde as ideias são debatidas de forma aberta e adulta, onde não existem gerentes prontos a guilhotinar suas sugestões e opiniões.

A comunicação não pode ser um instrumento de mistificação usado para enganar os empregados, fazendo com que eles vejam coisas distintas das posturas definidas e dos fatos criados pela empresa. Ela tem de se apresentar para os trabalhadores com a sua cara, com a sua filosofia, com as suas normas, mesmo que elas não sejam as melhores, mais simpáticas ou admiráveis. Aqueles que a aceitarem dessa forma, ficarão e a defenderão. Os que não gostarem buscarão outro caminho, o que é melhor para todos – tanto empresa quanto empregados. A mistificação nunca sobrevive por muito tempo e isso acarreta prejuízos significativos para a imagem da empresa.

A comunicação não deve ser usada como um mecanismo protelatório, algo que mantenha os empregados calmos por desconhecerem o que realmente está para acontecer. A comunicação não é um calmante, nem um anteparo para ocultar a verdade. Se a empresa quer insistir em represar fatos ou decisões que irão afetar os trabalhadores, deve avaliar bem o que vai ocorrer quando a barragem se romper e a verdade inundar todos os setores da organização.

Essa situação mantida durante muito tempo, desconectada da realidade, exerce um duplo efeito para a empresa. Em primeiro lugar, ao se revelar, dilacera a relação de confiança com os empregados, derrubando pontes nas relações existentes – e as que deverão ser construídas no futuro. O segundo efeito é o de deixar os empregados despreparados e desmobilizados para solucionar a crise que está prestes a ocorrer.

Um dos piores usos que se faz da comunicação é quando ela é usada como instrumento de exclusão. Isso ganha um caráter muito mais grave nos dias atuais, quando um dos grandes mantras da sociedade moderna é a inclusão das pessoas. As empresas têm de trabalhar para promover a diversidade.

A promoção dessa segregação pode ser de duas naturezas: individual, quando é usada para manter uma pessoa sem informações ou direitos a que faria jus, e a coletiva, que visa separar grupos hierárquicos. Em ambos os casos é um caminho que deve ser evitado.

Uma variação dessa condição é o uso da comunicação como um jogo de poder. Isso muitas vezes é feito por gerentes, à revelia da empresa, para obter vantagens pessoais ou para um pequeno grupo. Nesse caso, a comunicação é usada como manobra para se obter alguns resultados que não beneficiam a empresa, mas sim a pessoa que está comunicando.

Retratos da Realidade

Em um determinado momento da carreira, tive um gerente que utilizava de manobras na comunicação para garantir o domínio sobre os subordinados. Ele usava vários truques para garantir a obediência ou a submissão da sua equipe.

Um deles era o de chamar individualmente cada um dos seus empregados para contar uma novidade que estava ocorrendo ou iria ocorrer na empresa. A pessoa entrava na sala, assentava-se e, depois de jogar "conversa fora", ele dizia, por exemplo: "Você sabe quem vai ser o novo vice-presidente de Finanças?". Diante da manifestação de ignorância do interlocutor, ele arrematava: "Será o Benedito Barnabé. Estou contando só para você, que é o meu gerente de confiança". O processo se repetia com todos os gerentes da sua equipe.

A COMUNICAÇÃO: "ESCREVENDO ERRADO POR LINHAS TORTAS"

Muitas vezes as pessoas pensam que a comunicação, na empresa, se dá somente no momento em que o gerente chama um subordinado, ou toda a equipe, para passar uma informação sobre o trabalho no setor, ou dar uma notícia sobre um fato que aconteceu ou que irá acontecer. Longe disso, existem vários comportamentos ou posturas do gerente que se constituem em um tipo de comunicação muito mais poderosa e, o que é pior, de natureza negativa.

Muitas vezes, um gesto impensado de um gerente provoca um verdadeiro terremoto ou, no mínimo, gera muito desconforto em um setor ou até na organização. Alguns exemplos são o gerente entrar em uma área sem o equipamento de segurança exigido no local; o gerente destratar publicamente um subordinado; ou o gerente se recusar a respeitar uma norma alegando que, para o seu nível, não é necessário. O tamanho da encrenca é muito maior quanto mais alto for o nível do profissional envolvido.

Outra coisa que pode causar impacto negativo é uma decisão mal tomada. A deficiência da deliberação pode estar relacionada com vários fatores: sua ilegalidade, ilegitimidade, inaplicabilidade, alto impacto social sem as correspondentes vantagens técnicas e econômicas ou seu caráter preconceituoso.

Um fato a que todos estão sujeitos, e dentre eles os gerentes, é fazer um comentário infeliz a respeito de um acontecimento ou de uma pessoa. Quando isso se propaga o efeito prejudicial pode se multiplicar e atingir toda a empresa e às vezes até a comunidade, gerando consequências para a imagem da organização. Nesse particular, não podemos deixar de lado as postagens feitas nas redes sociais, que podem ter um efeito avassalador.

Todo gerente deve estar atento para evitar prometer aos empregados o que está fora do seu alcance, pois o cumprimento exige recursos dos quais não dispõe ou estão acima do seu nível de poder. Promessas não cumpridas contaminam o ambiente e, ao passo que isso se repete, deterioram a relação de confiança com a equipe. Um exemplo disso é o caso de um executivo que prometeu, na festa de Natal da empresa em 2005, que iria sortear os nomes de alguns empregados para os quais pagaria todas as despesas para que assistissem a Copa do Mundo de 2006. Na hora de cumprir o prometido, disse que só pagaria as passagens.

Os gerentes devem, a todo tempo, avaliar a sua forma de tratar um empregado ou equipe. Se o tratamento dado não é adequado, pouco a pouco o clima organizacional do setor torna-se insustentável. Muitas vezes o incômodo transborda para os setores vizinhos, comprometendo de forma significativa as relações de trabalho na organização. Também devem evitar a omissão ou a procrastinação diante de fatos que estão sob sua responsabilidade, sejam problemas de natureza técnica ou social. Quando isso acontece, as consequências podem ser a falta de comprometimento dos empregados com as questões inerentes ao assunto e, num segundo passo, a perda da liderança.

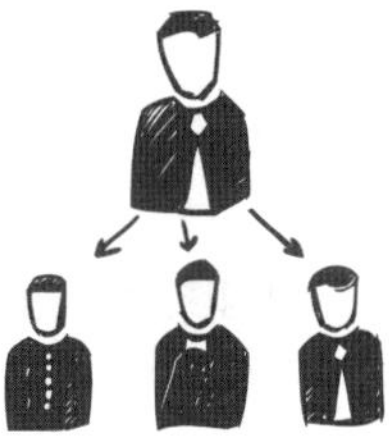

Clima organizacional e relações de trabalho

O clima organizacional é emoção, sentimento, coisa imponderável. Ele não depende só dos feitos e dos fatos criados ou provocados pelas empresas e seus gerentes. Ele é decorrente da percepção que os empregados têm dessas condições.

José Maria Alckmin[1], político mineiro do antigo PSD, dizia que na política o que vale não são os fatos, mas a versão dos fatos. Ele estava destacando que muitas vezes as pessoas não tomam ciência do que realmente aconteceu, mas somente com o que se falou a respeito do ocorrido. Da mesma forma, quando o clima organizacional é avaliado, na maioria das vezes não é medido o que foi feito, mas como foi feito. Assim, a forma como as coisas são conduzidas é mais importante do que elas em si mesmas.

A maioria das empresas está, quase sempre, desatenta a respeito de como os seus gerentes estão lidando com os empregados. Para elas, o que importa são os resultados e não como eles são obtidos: se com delicadeza ou na base da "força bruta". Quando elas investirem tempo para refletir sobre como é a vida real no mundo do trabalho e como as ações dos gerentes podem salvar ou destruir empresas, certamente

---

1 José Maria Alckmin foi um político mineiro, vice-presidente do Brasil entre 15 de abril de 1964 e 15 de março de 1967, quando o presidente era o General Humberto de Alencar Castelo Branco. Foi Ministro da Fazenda do presidente Juscelino Kubitschek.

farão mudanças significativas nas suas exigências quanto à postura e ao comportamento de todos aqueles que são colocados em posição de comando.

As empresas precisam ter consciência da importância da qualidade do clima organizacional para se obter resultados sustentáveis, lastreados na motivação e no comprometimento dos empregados.

O QUE FAZ O CLIMA ORGANIZACIONAL?

A fim de responder a pergunta acima é preciso considerar dois grupos de fatores: o grupo que levanta o clima e o grupo que o derruba.

O primeiro fator que consta no grupo da categoria dos que ajudam o bom clima crescer é a qualidade do relacionamento existente entre os empregados. Aqui é abordado o relacionamento entre eles e não o relacionamento com os gerentes, que é uma outra questão. Quando se entra em uma empresa onde há bom relacionamento entre as pessoas, isso é imediatamente percebido. É como se tudo fosse mais leve, como se fluísse de forma mais tranquila. O segundo elemento é a existência de desafios propostos para os empregados. Desafios fazem as pessoas aprenderem, crescerem e desenvolverem novas competências. Não é motivador trabalhar em lugares onde se impera a rotina e a mesmice.

Outro aspecto é a existência de oportunidades para desenvolver uma carreira. Se uma pessoa fica estacionada por longos anos em um mesmo cargo, tende a adotar uma postura conformista que chega a levar ao desleixo. De tempos em tempos, as pessoas precisam mudar de cargo ou alterar o eixo da sua carreira.

A última razão desse bloco é a empresa vivenciar uma cultura vencedora. Ninguém quer jogar em um time que só entra para perder. E não basta somente a empresa contar com tal cultura. É necessário que isso esteja visível, que os empregados a percebam nas falas, nos gestos, na postura dos gerentes.

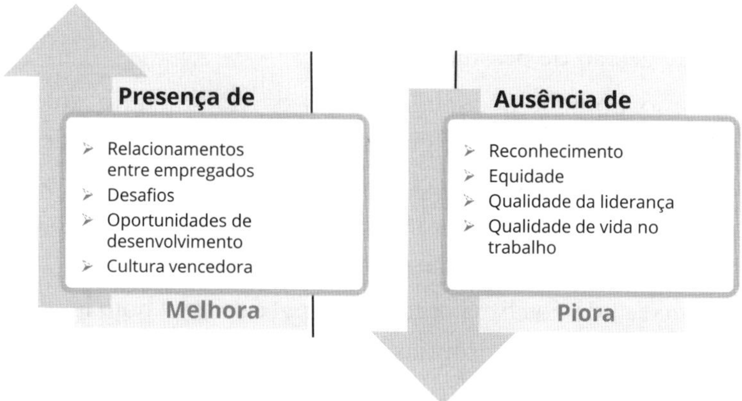

Figura 24 – O que faz o clima organizacional

Já no grupo de fatores que podem deteriorar a qualidade do clima, o primeiro deles é a falta de reconhecimento por parte da empresa. Todo empregado gosta de ser valorizado, elogiado pelo seu desempenho. É importante que o reconhecimento não fique restrito a "tapinhas nas costas", pois ninguém vive só disso.

Em segundo, aparece a falta de equidade. É necessário que a empresa trate de forma igual todos os empregados na concessão de benefícios, nos serviços, na definição de regras de compensação de horas. Nesses casos, manter diferenças é inaceitável. As regras têm de valer para todos. Para melhor esclarecer esse ponto, vou exemplificar. Ao realizar um trabalho de consultoria para uma empresa, descobri uma norma que era, no mínimo, estranha. Estabelecia diferenças na compensação dos dias em que os empregados ficavam de sobreaviso nos fins de semana. Os engenheiros tinham dois dias a mais de férias para cada dia em que ficavam à disposição da empresa. Para os trabalhadores operacionais, a compensação era um por um.

Outro aspecto que deteriora o clima é a falta de qualidade da liderança. Quando os gerentes não estão preparados para exercer a sua função, têm dificuldades para manter uma boa qualidade do ambiente de trabalho. Isso pode ser fatal nas grandes empresas, principalmente se for considerado que são muitos gerentes atuando, muitas vezes sem controle eficaz de suas áreas e, nem sempre, respeitando as filosofias e políticas de gestão de pessoas.

O último ponto é a qualidade de vida no trabalho, que não se restringe ao fornecimento de ginástica laboral. Qualidade de vida no trabalho é a condição que precisa existir para que os empregados não se estressem e não tenham sua saúde mental afetada por pressão excessiva, por desrespeito e autoritarismo.

Quando se fala no clima organizacional é sempre bom lembrar que, na maioria das vezes, as próprias empresas são responsáveis por degenerá-lo. Muitas procuram atribuir a terceiros, leia-se aos sindicatos, a responsabilidade pelo seu mau desempenho na gestão de pessoas. Na verdade, o que o sindicato faz é se apoiar nos erros das empresas para fazer suas campanhas. Eles chamam esses erros, que são recorrentes, de ganchos sindicais.

Alguns ganchos sindicais:

- Políticas de RH ruins;
- Serviços insatisfatórios aos empregados;
- Chefias despreparadas;
- Falta de confiança na empresa;
- Injustiças frequentes;
- Falta de reconhecimento;
- Salários abaixo do mercado;
- Autoritarismo;
- Comunicação falha;
- Falta de canais para ouvir os empregados;
- Demandas dos empregados.

Quando se examina tal conjunto de falhas na gestão de pessoas, podemos constatar que elas devem ser atribuídas aos diversos níveis gerenciais. Provocam vários impactos no ambiente de trabalho, todos negativos. Assim, as empresas deveriam monitorar com frequência o ambiente para saber aonde os erros e acertos estão. Quando não fazem isso, estão entregando "de bandeja" aos sindicatos a munição necessária para que façam o seu trabalho.

As mudanças, com certeza, afetam a qualidade do clima organizacional, pois provocam alterações que atingem os empregados. Mudam seus hábitos, expectativas, carreiras, nível de demandas aos quais estavam adaptados, dentre outras coisas. Ninguém gosta de ser submetido a modificações compulsórias e inesperadas, surgindo numa velocidade que não considera o tempo necessário para aprendizagem e adaptação.

Por outro lado, as empresas não avaliam os impactos de lidarem hoje com pessoas que têm ideias, projetos, hábitos e posturas completamente diferentes dos antigos empregados. Esses jovens não são comprometidos com as empresas como eram os funcionários de antigamente. Além disso, muitas vezes eles só descobrem o que significa obediência e respeito quando começam a trabalhar em organizações.

Muitas organizações continuam a usar o repertório de décadas passadas e já está com o prazo de validade vencido. As metodologias de Recursos Humanos não são suficientes ou adequadas para responder a tantas mudanças. Os descompassos se sucedem e, aparentemente, as empresas não encontram muito tempo para pensar melhor nas coisas antes de serem postas em prática.

Para compreender como isso funciona, vamos tomar a hierarquia das necessidades das pessoas segundo Maslow, referência para as empresas nas décadas de 1970 e 1980, para cuidar e manter os empregados satisfeitos. Havia um encadeamento natural de ações destinadas a oferecer, aos empregados, as respostas apropriadas para cada necessidade. Tudo isso veio abaixo com as mudanças provocadas inicialmente pela reengenharia proposta por Michael Hammer[2], depois pela globalização, seguida pela meritocracia e assim por diante.

---

2 Michael Hammer é o criador da reengenharia. Foi professor do Instituto Tecnológico de Massachusetts - MIT. Em 1990, escreveu um artigo sobre o tema para a revista Harvard Business Review. Em 1993, publicou, com James Champy, o livro *Reengineering the Corporation*. Foi propulsor do termo "downsizing", que justificou demissões no mundo inteiro na década de 1980.

As empresas saíram fazendo compras no mercado de tecnologias e processos de RH e não conseguiram o que queriam. Foram buscar aspiradores de pó e só acharam espanadores. A pergunta não expressada era: "O que fazer para tratar dos empregados na ótica da pirâmide após Hammer?".

Se dividirmos a pirâmide hierárquica ao meio, colocando uma barreira que impede que as pessoas que ingressam na empresa pela base alcancem o topo, como já ocorreu no passado, teremos uma separação entre dois grupos sociais presentes na organização.

Quem entra acima da laje pode alcançar o pico e, como os fiéis de uma religião, seguem todas as regras para chegar ao paraíso. Tudo o que a empresa pede, eles fazem com empenho. Agradam para serem agradados. Em função do que praticam, esperam receber no futuro as promoções que os conduzam à cúpula da empresa. Do outro lado, os infiéis, que não têm a expectativa de chegar ao paraíso, se mantêm na base da pirâmide. Eles sabem que, por mais que façam, jamais receberão as promoções que os levarão aos degraus mais altos da organização. Assim preferem ter aqui e agora tudo querem e tudo que puderem conquistar.

Existem duas dificuldades para as coisas funcionarem bem. A primeira é que quem define o que será feito para melhorar o clima são os fiéis. A segunda é que gerentes pensam que todos os empregados são fiéis. Só para mostrar como caminha a humanidade, lá pelos anos 1990, um diretor da empresa onde eu trabalhava me disse que ele só se preocupava com o clima organizacional dos trainees para cima, excluindo totalmente a turma do andar de baixo.

Diante de tantas dificuldades, desalinhamentos e ignorância, resta organizar minimamente a gestão do clima organizacional. Para isso, devem ser estabelecidas algumas ações para garantir que os pontos mais importantes sejam atendidos.

Fundamentos da Gestão do Clima

- Entender o que as pessoas querem;
- Criar e manter um "barômetro dos sentimentos";

- Trabalhar para manter a coerência;
- Lidar com a realidade do mundo corporativo;
- Lidar com as mudanças culturais;
- Priorizar a relação entre líderes e liderados.

O primeiro passo a ser dado é o de entender o que as pessoas querem. Para tal, é preciso perguntar a elas diretamente quais são as suas expectativas a respeito das coisas que mais importam: salários, benefícios, serviços, estilo de liderança e necessidades de informação. Abolir por completo a ideia de que os níveis superiores sabem muito bem o que os peões querem. Lembro de um presidente que insistia em receber antes de todos a cesta de Natal que a empresa distribuía para os empregados para poder avaliar se estava de acordo. Ele sempre estava insatisfeito com a qualidade da cesta, com os produtos nela colocados. Avaliava se os empregados ficariam satisfeitos a partir dos seus referenciais, que não eram os dos operários.

Em seguida, é necessário criar e manter um "barômetro dos sentimentos", pois o clima, como foi dito no início, é de emoção. Estamos diante de uma obrigação intransferível dos gerentes, que devem ficar de olho aberto e de orelha em pé para tentar captar o que vai pela alma dos empregados.

É preciso trabalhar para manter a coerência e a consistência em todos os setores da empresa, durante todo o tempo, considerando cada uma das relações "chefe e subordinado" existentes. Isso já está sendo dito de forma repetida, mas quando se trata de gerenciar pessoas, todo cuidado é pouco. Um lembrete final para essa questão: no momento em que os gerentes ficam muito "soltos", tendem a criar suas próprias filosofias e políticas de gestão de pessoas. Na maioria das vezes, isso não é bom para as empresas e, muito menos, para os trabalhadores.

Para administrar o clima organizacional é vital lidar com a realidade vigente no mundo corporativo. Não é possível obter resultados nessa área olhando para um passado que não volta mais, ou para um futuro sugerido por "profecias autorrealizáveis". O foco deve ser mantido no presente que não pode ser ignorado.

Outra característica é que tal realidade é extremamente disseminada nas empresas. Algumas pessoas pensam que vivem em um cenário muito particular e isso não é verdade. Em muitas organizações, nos mais variados setores, costumo ouvir dos gerentes: "Você não sabe o que a gente sofre nesta empresa". Gostaria muito de responder: "Eu sei. Vocês sofrem o mesmo que os executivos da maioria das outras empresas".

O mundo corporativo tem se adaptado às constantes mudanças tecnológicas, econômicas e sociais. Para fazê-lo, recorre a mudanças de processos, políticas e posturas. Não existe volta ao passado. Todas as transformações empurram as empresas para territórios até então desconhecidos. Se fosse possível escolher uma expressão para resumir o assunto talvez seria: "daqui para frente vai ser assim, enquanto não se descobrir coisa melhor".

O clima é fortemente influenciado pelas mudanças culturais. Por causa disso, é necessário ficar sempre atento a elas. Surgem de várias fontes, tais como fusão ou aquisição de empresas, exigência legal ou política, um presidente criativo ou um consultor convincente.

As mudanças nem sempre dão certo. Todo cuidado é pouco ao se optar por mudar a cara da empresa. A cultura empresarial depende de muitos fatores, dentre eles a natureza do negócio. Não é possível gerenciar uma construtora como se ela fosse uma editora – e por aí vai. Assim que se vai faz a mudança, é preciso pensar em tudo, senão o conjunto todo pode degenerar.

A cultura de uma empresa entranha na alma dos empregados de todos os níveis. É como se fosse uma segunda pele. Lembro-me de um caso em que um gerente de alta competência se descobriu numa nova empresa, pois aquela para a qual trabalhava havia sido adquirida por outro grupo econômico. Ele entrou em um processo de sofrimento. Depois de dois anos, apesar de sua grande qualificação, a equipe em que estava negociou sua "devolução" à antiga empresa, onde está feliz até hoje.

A qualidade do clima não pode ser mantida sem se priorizar a relação entre líderes e liderados, pois nela está a essência do que deve ser feito para ter um bom ambiente de trabalho. Não é possível melhorar, ou manter a qualidade sustentável do clima organizacional, mirando somente na instituição, pois ela é intangível. Os gerentes de todos os níveis é que são seu lado palpável. É com eles que os funcionários se relacionam. Portanto, se as empresas cuidarem de cada uma dessas relações, o clima certamente será bom.

Já que a atuação dos gerentes é vital para garantir a qualidade do clima organizacional, vamos abordar os pontos críticos nos quais eles devem manter o foco.

O primeiro nicho de atuação dos gerentes deve ser relacionado a criação do comprometimento dos empregados com a empresa. Para que estes estejam envolvidos é necessário, inicialmente, que se sintam satisfeitos com a empresa.

Dessa maneira, os gerentes devem criar um ambiente de confiança, administrar com justiça, respeitar os empregados independentemente do que sejam como pessoas, reconhecer os "feitos" deles e praticar os valores da empresa. Tudo isso tem de ser feito animando as interações entre as pessoas e criando o ambiente adequado para o convívio de todos.

Outra preocupação do gerente é avaliar o impacto social das suas decisões. Escolhas erradas podem acarretar graves consequências para as empresas. Com isso, a dimensão social é extremamente importante, pois afeta aquelas pessoas que produzem resultados.

Sempre que as empresas precisam tomar uma decisão que afeta os empregados, como uma mudança do plano médico, mudança da fábrica ou redução do efetivo, devem fazer a avaliação do impacto social da decisão. Tal análise permitirá que elas saibam com antecedência qual será a reação dos empregados e, consequentemente, qual o custo que terão que pagar pela decisão. Subsidiariamente, terão uma compreensão melhor do parecer. Isso inclui uma avaliação legal, a definição do custo financeiro, a necessidade do suporte técnico e o que devem fazer depois que a decisão for tomada e concretizada. Por último, com um número muito maior de informações, poderão planejar o preparo de tal definição.

Com base na análise do impacto social, as empresas saberão o que fazer em diferentes casos, como pode ser visto a seguir.

- **Decisões descartáveis:** ocorrem quando as empresas constatam que a decisão vai trazer mais dificuldades do que resultados. Com a relação custo-benefício desfavorável, devem obrigatoriamente descartar a decisão.
- **Decisões negociáveis:** as empresas terão resultados, porém os custos sociais previstos para a implementação são muito elevados. Concluem que podem abrir mão de parte dos resultados para reduzir a insatisfação previsível dos empregados. Nesses casos, é sempre recomendável envolver o sindicato no processo para que dê aval para a decisão reformulada. Tais decisões são muito comuns quando se deseja aumentar a participação dos empregados no pagamento de benefícios ou serviços, tais como plano médico, transporte ou refeições.
- **Decisões obrigatórias:** são inevitáveis, apesar de muito difíceis de serem tomadas. Um bom exemplo é quando ocorre o fechamento de uma fábrica, onde há um impacto social muito elevado. Na ocasião em que uma empresa chega a esse ponto, certamente já fez toda a avaliação financeira, técnica e comercial a respeito.

Feita a análise do impacto social, as empresas poderão definir uma série de medidas que contribuam para amenizar as consequências sociais da decisão. Ao não fazerem a análise do impacto social antes de tomar uma decisão, podem ocorrer consequências ruins. Uma consequência possível é a espiral de equívocos: a cada passo, ao tentar corrigir uma causa adversa da decisão, cometem um novo erro. Outra complicação é que muitos vereditos errados geram impactos negativos que podem durar anos. Além disso, as empresas podem perder a oportunidade de aperfeiçoar tal decisão.

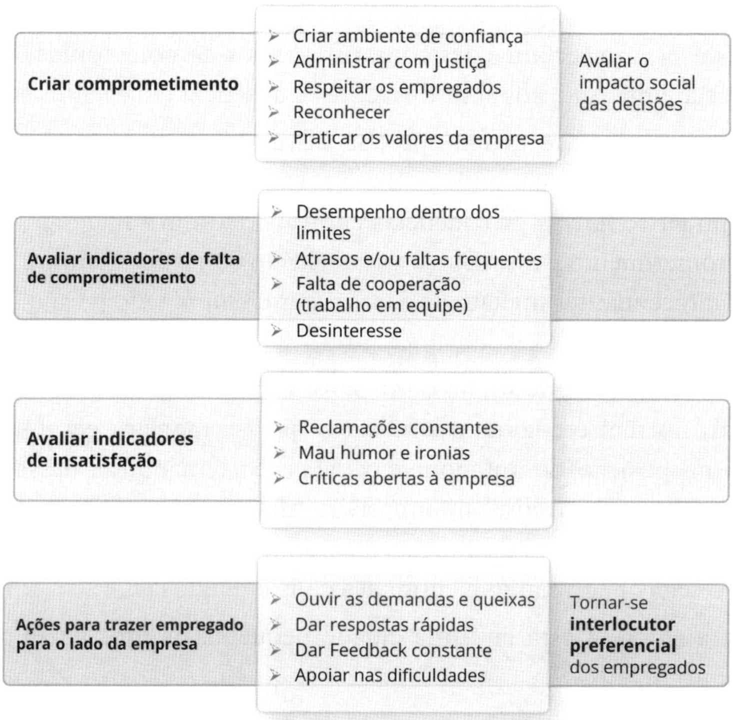

Figura 25 – Atuação dos chefes na gestão do clima organizacional

Outro foco importante para os gerentes deve ser a avaliação dos indicadores de falta de comprometimento. Conforme constatados de forma coletiva, no ambiente de trabalho, tais indicadores pedem ação dos gerentes para retomar o controle da situação. Uma coisa é um empregado não estar nem aí para a empresa, outra é a tropa inteira ensarilhar armas. Existem alguns anunciadores mais relevantes: desempenho dentro dos limites, atrasos e/ou faltas frequentes, falta de cooperação (principalmente no trabalho em equipe), desinteresse e apatia. O gerente tem de monitorar sua equipe o tempo inteiro para evitar que, a partir de determinado momento, ninguém mais entre em bola dividida.

Outra preocupação é com os indicadores de insatisfação. Quando isso ocorre, o desempenho cai. Além disso, se ela se tornar crônica, pode se tornar próxima da falta de comprometimento. Os indícios de insatisfação são reclamações constantes, mau humor, ironias, críticas abertas à empresa e aos seus dirigentes e ausência em eventos sociais.

Mais uma vez, o gerente precisa distinguir o que é um problema individual daquilo que pode estar se tornando um problema coletivo, para poder tomar as providências cabíveis. Para evitar que a falta de comprometimento e insatisfação se alastrem como erva daninha, o gerente carece manter iniciativas para trazer o empregado para o lado da empresa.

Quando se fala disso, há de se pensar sobre qual é o outro ângulo. O mais normal é cogitar o sindicato, que de maneira geral se coloca numa posição de antagonismo. Mas existem outras pessoas que podem "fazer a caveira" da empresa. Alguns deles são a família do empregado, um grupo de amigos, a comunidade em suas várias dimensões, colegas de trabalho e entidades civis e religiosas.

Se a empresa está em uma cidade pequena, os problemas podem ser muito maiores.

As ações dos gerentes e empresas nesse campo estão muito relacionadas com a atenção dada aos empregados, tais como ouvir as queixas e as demandas, dar respostas rápidas e feedback constante, além de apoiar nas dificuldades. Uma questão a ser tratada à parte, pela sua importância, é a atuação dos gerentes na defesa dos empregados. Se eles querem trazê-los para o lado das empresas, não é demais cuidar de trazer as empresas para o lado dos empregados. Além disso, a empresa deve cuidar permanentemente da comunicação com os trabalhadores. É muito ruim quando eles sabem por terceiros das coisas mais importantes que acontecem ou estão para acontecer. Também são muito relevantes os posicionamentos da empresa no campo das ideias e das filosofias. Para que isso ocorra, o gerente deve exercer seu papel de porta-voz, convicto de que a comunicação é fundamental na gestão do clima organizacional.

PESQUISAS DO CLIMA ORGANIZACIONAL

São componentes fundamentais para a gestão do clima. Com o objetivo de gerenciá-lo, é preciso medi-lo. É necessário realizar as proporções para saber o quanto os empregados estão satisfeitos ou insatisfeitos, o que os faz mais felizes ou infelizes.

O conteúdo da pesquisa pode ficar restrito a uma coleta de sentimentos a respeito da empresa e dos gerentes. Mas pode também incluir a opinião deles sobre salários, benefícios e serviços prestados pela empresa, como transporte e restaurante.

As pesquisas de clima podem ser feitas de forma periódica e em tempo real, além de forma presencial ou virtual. Existe ainda a possibilidade de fazê-la para cobrir determinado momento vivido pela empresa. Um exemplo disso são as negociações trabalhistas, uma fusão ou mesmo uma aquisição.

Pesquisas periódicas

Ao longo das décadas de 1970 e 1980, foi desenvolvida uma série de modelos de pesquisas de clima. Elas cobrem vários itens, como satisfação com lideranças; políticas e práticas de RH; qualidade dos serviços e benefícios; ambiente de trabalho; comunicação; remuneração; atendimento de queixas e reclamações; comprometimento da empresa com os empregados; e quantidade e qualidade do apoio que a empresa dá aos trabalhadores.

Normalmente, as empresas aplicam essas pesquisas a cada dois anos, onde preferem fazê-las por amostragem, alternando nesse período os empregados escolhidos para responder. Outras aplicam para toda a população. A pesquisa pode ser aplicada individualmente ou em grupos.

Uma questão importante é o cuidado com as condições de aplicação da pesquisa, que deve considerar a época, data e horário. Não é aconselhável que seja feita em intervalos em que os empregados estejam sob grande pressão por produção, em dias anteriores a fim de semana e feriados, no fim do expediente ou em momentos em que a empresa está passando por uma crise. O ambiente onde será aplicada a pesquisa deve ser reservado, silencioso, ter cadeiras e mesas confortáveis colocadas de forma a garantir a privacidade das pessoas.

O questionário deve ser bem claro e com um número de questões razoável. Há duas possibilidades: um questionário aberto ou de múltipla escolha. Ambos têm vantagens e desvantagens. É necessário que ele cubra todos os aspectos importantes, mas não seja muito extenso. Se o questionário for em papel, os participantes devem ter canetas ou lápis disponíveis. Deve haver um local adequado para eles serem depositados no fim da pesquisa, com garantia de sigilo. Assim como antes de começar a responder, as pessoas devem receber todas as explicações necessárias. Não devem restar dúvidas sobre objetivos, conteúdo, tempo disponível para preenchimento, forma e data da divulgação dos resultados e como a empresa usará os dados obtidos.

Outro ponto a resolver é quem conduzirá a pesquisa. Existem três alternativas para serem escolhidas. A primeira é utilizar uma consultoria; a segunda, pegar carona nas pesquisas feitas anualmente por jornais e revistas de negócios; e a terceira é entregar a tarefa para a equipe de Recursos Humanos. Nesse último caso, é bom refletir se os empregados ficariam à vontade para responder de forma sincera. Isso partindo do pressuposto que a empresa deseja saber a verdade e não receber elogios. Uma coisa é certa: quando o trabalhador se sente exposto, dificilmente diz exatamente o que está pensando.

Retratos da Realidade

Em uma grande fábrica, um gerente de Recursos Humanos decidiu fazer uma pesquisa de clima organizacional. Contratou uma consultoria e definiu com ela o conteúdo e o processo de realização da pesquisa. Como a fábrica tinha mais de 4.000 empregados, a coleta de dados, via entrevista individual, seria feita por amostragem, a qual deveria cobrir todos os setores da empresa, além de ser, estatisticamente, confiável. Ficou definido que seriam ouvidas 120 pessoas.

O gerente, além dos itens corriqueiros nas pesquisas de clima, decidiu incluir duas perguntas para conhecer o que os trabalhadores pensavam do sindicato.

Esta era uma de suas obsessões. A consultoria recebeu uma sala reservada para realizar as entrevistas. Cada setor indicou um certo número de pessoas para participar. É relevante destacar como as pessoas eram encaminhadas para as entrevistas. No horário designado, o chefe do trabalhador o conduzia até a sala de entrevista e o apresentava ao consultor: "Este é o senhor José da Silva, empregado da empresa desde 1981, nós confiamos muito nele". Dirigindo-se ao empregado, dizia: "José, responda direitinho tudo que a moça perguntar". As falas variavam um pouco, mas eram parecidas.

Depois de dois meses, o gerente de Recursos Humanos, orgulhoso, apresentou aos colegas os resultados da pesquisa. Dentre muitas conclusões, mostrava que 90% dos empregados confiava totalmente na empresa e 85% rejeitava completamente o sindicato. Três meses depois, os empregados entraram em greve. Ela durou três semanas e a empresa teve de fazer muitas concessões para encerrá-la.

Pesquisas em tempo real

Quando se trata de fazer pesquisas em tempo real, é necessário considerar alguns pontos: o que se quer saber, os recursos para se obter isso e, o principal, como será atuação das chefias.

É possível elencar uma série de dúvidas ou inquietações das empresas, a respeito da visão e dos sentimentos dos empregados, que podem ser esclarecidos por esta via. Alguns exemplos são se os empregados estão satisfeitos com as negociações, o que eles querem de verdade, até onde irão para obter o que querem, se existe a possibilidade de ruptura no relacionamento, como os empregados viram a fusão da empresa, se estão satisfeitos com o novo modelo de gestão ou se existe alguma coisa na nova cultura que os incomoda de verdade.

Essa abordagem tem um dilema implícito: muitas vezes os trabalhadores não querem ou não podem falar e os gerentes têm de buscar caminhos alternativos para obter a informação. Mas quais são esses caminhos?

O primeiro deles é o "faro". Se alguém está habituado à vida dentro de um ambiente social, ele percebe quando há algo estranho acontecendo. Um olhar, uma palavra solta, alguém com cara de "gato que comeu aranha" basta para o gerente perceber que há "algo de estranho no reino da Dinamarca".

Outro meio de se obter as informações é contar com "informantes" dentro da equipe. A palavra está colocada entre aspas para perder seu caráter negativo. Um gerente é sempre mais próximo de alguns dos membros da sua equipe e um deles pode simplesmente dizer: "É, chefe, a coisa está feia. Se a empresa não aumentar a proposta, vai ter confusão". Muito melhor que o caminho anterior é quando o gerente goza da confiança de sua equipe. Nesse caso, ele reúne a tropa e simplesmente pergunta: "O que está pegando?".

Entretanto, uma maneira de obter alguma percepção, é olhar os sinais no ambiente. Alguns indícios são se as pessoas se calam ou falam demais; se o gerente entra no local de trabalho e a conversa para; se o sindicalista aparece mais vezes do que o de costume; se o grupo sai mais vezes junto para o boteco do que o habitual; se há muito mau humor na equipe, trabalho mal feito ou muitos atrasos.

Há locais onde a informação habita. Os ônibus da empresa e o vestiário falam. É usual que os gerentes da base da pirâmide utilizem o transporte da companhia e frequentem o mesmo vestiário dos operários. É quase certo que em um dos dois lugares a verdade vai sair da moita.

Outra saída é obter a informação direto da fonte, por meio de um amigo sindicalista. Caso a fábrica esteja localizada em uma cidade pequena, as informações transbordam para as ruas e praças. Qualquer lugar serve para garimpar: o boteco, a barbearia, a padaria, a sapataria. No bairro do Rosário, em Ouro Preto, as pessoas batizavam os pequenos comércios e serviços de "rádios". Na hipótese de alguém perguntar onde tinha ouvido aquela novidade, o outro respondia que tinha sido, por exemplo, na rádio da padaria.

Será que é possível organizar um sistema na fábrica para medir o clima em tempo real, sem ter que ouvir todos os gerentes? É possível, pois a fábrica pode ser organizada em distritos. A coleta das informações pode ser feita usando alternadamente distritos verdes, azuis e amarelos, por exemplo. A qualidade da informação estaria sustentada pela representatividade estatística. O importante é que todos os gerentes façam seu trabalho nesse campo e tenham a informação sempre à mão.

Os gerentes estão preparados para operar esse sistema de coleta de informações? A resposta genuína é que eles estão desprevenidos, mas isso não deve ser encarado como um bicho de sete cabeças. Trata-se apenas de organizar, criar regras e treiná-los para que executem a "nova tarefa", a qual, aliás, já devia fazer parte de suas obrigações como profissionais. Eles sempre foram orientados a comunicar as coisas para a sua equipe, mas em geral era pouco solicitado que trouxessem informações sobre a visão, expectativas e reclamações das pessoas por eles chefiadas. Devem ser estimulados a conversar com os seus subordinados com frequência, criando a oportunidade para que estes expressem livremente suas ideias. Mais que isso, os gerentes precisam entender que tais conversas são uma parte muito importante de suas atividades como líderes de pessoas.

As conversas formam uma base para se criar uma relação de confiança que vai se consolidar com as posturas e decisões tomadas pelos gerentes. Quando uma equipe passa a confiar no seu líder, ela está sempre disponível para se abrir, dividindo com ele suas preocupações, receios, queixas da empresa e expectativas. Isso é vital nos momentos de crise, pois o chefe terá informações puras, vindas diretamente da fonte.

É claro que, em uma grande organização, é muito difícil se obter um comportamento uniforme de todos os gestores, principalmente se há a expectativa de um alto desempenho de todos ao lidar com suas equipes. Para piorar, existem até casos em que, ao analisar os resultados de uma pesquisa, percebe-se que a empresa é mal avaliada, enquanto os gerentes têm classificações excelentes. Isso denota que os gerentes não estão fazendo a defesa da empresa, mas somente guardando suas posições.

É por causa de tudo isso que as empresas não podem adotar uma postura conformista e deixar o assunto de lado. Elas devem insistir, fazendo treinamentos e acompanhamentos constantes. Repetindo, incessantemente, o que deve ser feito e as melhores formas de realizar a comunicação e manter a confiança. Ouvi há pouco tempo de um gerente de Recursos Humanos que na sua empresa eles não se cansam de treinar. Buscam um estágio de perfeição, no qual os gerentes antigos sejam capazes de ensinar os novos como devem se comportar. Esse é o caminho.

Para encerrar, passo a relatar uma experiência vivida na Rhodia. A empresa tinha duas fábricas vizinhas em Santo André, que se notabilizavam pela ocorrência constante de movimentações dos trabalhadores. Em uma delas, os sindicalistas se orgulhavam de ter feito oito greves em dez anos. Um deles, "mais abusado", chegou a dizer para mim que a empresa estava devendo duas greves. Era feito muito esforço para treinar os gerentes.

Em determinado momento, decidimos criar a função de Assessor de Relações Trabalhistas, ocupada por um antigo mestre geral que se destacava por saber lidar com suas equipes. Ele passava a maior parte do seu tempo dentro das fábricas, conversando com as pessoas. A partir daí, passamos a ter mais quantidade e qualidade de informações sobre as relações de trabalho nas duas plantas. Isso nos permitiu melhorar as decisões nesse campo, antecipar movimentos sindicais e trabalhar melhor no aperfeiçoamento dos nossos gerentes na gestão de pessoas.

Liderança e relações de trabalho

Quando se fala de liderança, é habitual pensar em grandes personagens históricos como Júlio César, Mahatma Gandhi, Alexandre Magno, Winston Churchill, Franklin Roosevelt, Napoleão Bonaparte, Abraham Lincoln e outros do mesmo naipe. Não ficam de fora personagens que exerceram a liderança provocando verdadeiros pesadelos para a humanidade, como Adolf Hitler, Benito Mussolini e Josef Stalin.

De qualquer modo, sempre se fala de pessoas com enorme dimensão histórica, independentemente de terem utilizado sua capacidade de liderança para o bem ou para o mal. Quando entramos no campo da literatura e do cinema, os líderes são sempre personagens destinados a alcançar a glória, sempre olhados com viés romântico e heroico.

No mundo dos negócios, desde os primórdios do capitalismo, muitos empresários se destacaram pela sua liderança. Entretanto, a partir do momento em que as empresas cresceram e passaram a precisar de gerentes para tocar as diversas frentes do trabalho na organização, descobriu-se que o estoque de líderes era bem menor do que se supunha.

A maioria dos gerentes é composta por pessoas normais, com alguns dotes que, em tese, as qualificam para comandar empregados nos diversos níveis das empresas. O trabalho que executam não tem nada de romântico e heroico. Se algum deles disser que pretende, por meio do seu trabalho, alcançar a glória, certamente, estará maluco.

Gerentes podem liderar os trabalhadores em tarefas desafiadoras. Mas, muitas vezes, fazem isso na realização de tarefas repetitivas e chatas, em ambientes sujos, insalubres e perigosos. Além disso, o trabalho, incluindo o do gerente, nem sempre é bem remunerado e muitas empresas não têm a mínima sensibilidade para tratar bem e respeitar seus funcionários. Como se vê, o romantismo não está presente.

Hoje, de modo permanente, os gerentes são colocados sob pressão, tendo que apresentar resultados cada vez maiores, com recursos cada vez menores. Dispõem-se, assim, de tempo reduzido para cumprir todas as exigências requeridas. Por sua vez, os trabalhadores não acham a mínima graça nas pessoas designadas para conduzi-los.

Antes de avançar no tema que estamos abordando, é importante falar um pouco sobre os trabalhadores, que representam a outra face da liderança: os liderados. Atualmente, ao contrário de outras épocas, esse grupo não aceita com facilidade os líderes de qualquer natureza. Criados em ambientes em que predominam o individualismo e o excesso de liberdade, em geral rejeitam ordens, venham de quem vier. Eles, que não obedeceram aos pais nem aos professores, chegam às empresas para, pela primeira vez, serem obrigados a acatar ordens dos superiores. É uma dura aprendizagem para gerentes e trabalhadores.

De volta à liderança, vamos ver algumas definições para saber exatamente do que se trata. No Dicionário Aurélio a palavra 'liderança' é definida como "função de líder; capacidade de liderar, espírito de chefia; forma de dominação baseada no prestígio pessoal e aceita pelos dirigidos". No Michaelis, como "função de líder; que revela autoridade; pessoa com espírito de ascendência, líder".

A despeito das diferentes nuances abordadas nos dicionários, liderança é conseguir seguidores. Pessoas que, por respeito ou temor, façam o que eles querem, seja na política, no mundo corporativo, no esporte, seja em qualquer campo da vida pessoal ou profissional.

Se olharmos para o mundo animal, vamos constatar que a liderança é disputada na força bruta. Um animal, apesar da espécie, conquista a liderança numa luta com o líder de plantão. Assim, mantendo-a enquanto tiver força para defendê-la.

Isso deve ter acontecido com os nossos mais antigos ancestrais, que devem ter disputado a liderança no braço, ou na paulada. Com o passar dos séculos, as maneiras e os costumes foram se abrandando. Mas há de convir que ainda hoje temos muitos líderes conquistando e exercendo a liderança por meio da violência. Não podemos esquecer que uma das referências mais antigas, a respeito da liderança, vem do Egito. Há seis mil anos, os egípcios acreditavam piamente que os faraós recebiam diretamente dos deuses o poder de liderar.

Quando se fala em liderança, é comum ouvir alguém perguntar se os líderes já nascem prontos. Essa pergunta esconde uma inquietação pela escolha errada de alguns gerentes, ou por alguns deles constatarem que não estão desempenhando bem a função. Realmente essa é uma boa desculpa: afirmar que tem gente que nasce para isso. No entanto, essa afirmação é completamente desprovida de qualquer base conceitual ou sustentação factual. Algumas pessoas podem até possuir dotes que facilitam o seu crescimento como líderes, mas mesmo esses dependem muito do contexto da sua formação teórica e prática para se transformarem em líderes respeitáveis. O filósofo espanhol Ortega y Gasset afirmou: "Eu sou eu e minha circunstância, e se eu não a salvar eu não posso me salvar"[1]. Logo, é possível afirmar que uma pessoa se transforma em líder como resultado do que é – e das suas circunstâncias.

Temos dois tipos de liderança. Na liderança natural, o líder é respeitado e acolhido pelos próprios méritos. Nesse caso, a liderança é exercida com desembaraço e leveza. O líder toma a frente das realizações de maneira tranquila, sem necessidade de afetações e exibições. A competência é desenvolvida ao longo do tempo e, muitas vezes, já é nítida na infância.

---

1 *Meditaciones del Quijote*, de Ortega y Gasset, 1914.

Retratos da Realidade

No começo da minha carreira, tive um gerente que reunia muitos dotes como líder: possuía um ótimo relacionamento com os colegas de todos os níveis e, ao mesmo tempo, era um personagem folclórico.

Chiquinho, como era tratado por todos, recebia constantemente gerentes de todas as áreas para dar conselhos sobre como deviam se comportar na gestão das suas equipes. Na época, não existia ainda a denominação, mas o que ele fazia na prática era o coach dos colegas, além de orientá-los em situações delicadas que tinham de enfrentar.

Poucos meses depois que fui trabalhar na sua área, ele passou a me convidar para assistir algumas dessas sessões de aconselhamento. Dizia: "Vem que você vai aprender muito com isso".

Certo dia, ele recebeu um gerente que estava apavorado. Afinal, como explicou logo de cara, tinha partido para o enfrentamento com seu superior, o diretor industrial, muito bravo e rigoroso. Chiquinho solicitou que o seu interlocutor descrevesse em detalhes a discussão e fez muitas perguntas adicionais. De repente, ficou em silêncio por algum tempo, o que para o outro gerente pareceu uma eternidade. Tanto que ele atalhou: "Chiquinho, pelo amor de Deus, o que devo fazer?" Chiquinho pontificou: "Se eu fosse você, na próxima reunião entraria na sala de marcha à ré e de calça abaixada".

O segundo tipo é a liderança outorgada, ou designada. Nela, alguma autoridade, seja o patrão ou diretor, escolhe um gerente, dando a ele o poder de comandar uma equipe. Apesar de não ser um líder natural, deve ser respeitado pelo seu cargo, pois foi escolhido porque reunia competências que o qualificavam para atuar como gestor. Ele poderá até alcançar bons resultados e ser estimado pelos subordinados, mas jamais terá a desenvoltura de um líder natural.

No exercício da liderança, seja natural ou designada, a qualidade deve ser constante. As pessoas nunca estão dispostas a conceder ao líder um crédito ilimitado. Ele tem de provar a todo momento sua competência e ter uma margem muito pequena de erros e equívocos no desempenho do papel.

No mundo do futebol, quando o técnico não é mais respeitado pelos jogadores do time, os comentaristas esportivos dizem que ele perdeu o vestiário. Isso acontece todos os dias nas empresas. Gerentes e mais gerentes perdem a condição de exercer a liderança, pois as equipes que comandam deixaram de respeitá-los.

Para mostrar que isso também acontece com os líderes naturais, podemos tirar da Bíblia o exemplo de Moisés. Quando desceu do Monte Sinai com as Tábuas da Lei e encontrou o povo judeu adorando um bezerro de ouro, percebeu que tinha perdido muito mais do que o vestiário. Para retomar a liderança, teve de agir rápido e com muita firmeza.

Quando os gerentes cometem erros ao exercer a liderança não é por falta de conhecimento, como se poderia supor. Em grandes empresas, se submetermos os gerentes a uma prova sobre o tema, não seria surpresa se a maioria tivesse notas entre oito e dez. A dificuldade é transformar o conhecimento em prática cotidiana.

Para melhor entender, é necessário fatiar o processo de liderança no mundo corporativo, tomar contato com o que é requerido de um gerente em seu exercício. Quando se observa tudo o que hoje é exigido, é fácil concluir que o trabalho dos gerentes, apesar de não ser heroico, é desafiador, requer muita competência e tenacidade.

CONHECER, COMPREENDER E RESPEITAR

O gerente precisa conhecer bem todos os empregados que estão sob seu comando. É necessário que ele saiba quais são as competências, as personalidades, as expectativas, o que agrada, o que desagrada, as manhas e a influência de cada colaborador. Ele deve estar convicto de que cada pessoa é um mundo à parte.

A partir do conhecimento, cabe ao gerente compreender os empregados. Ele precisa saber distinguir as diversas reações diante de um mesmo fato, conseguindo imprimir uma abordagem adequada a cada um, aceitando a sua individualidade e o respeitando sem reservas.

FOCAR OS SENTIMENTOS EM TEMPO REAL

O gerente não pode deixar de lado os sentimentos dos empregados. A cada dia podem ocorrer flutuações no humor de cada um e isso, certamente, afeta o desempenho. Essas variações de humor podem ser decorrentes de fatores conectados ao trabalho ou ao campo pessoal.

Cabe ao gerente administrar os fatores com origem no trabalho por meio do diálogo ou pela solução de eventuais problemas. É bom que se diga que existem casos em que a variação do humor é coletiva. Isso ocorre como reação à postura do gerente, dos diretores ou a uma decisão que incomoda a coletividade, tomada pela empresa. É um momento em que o gerente será exigido e terá de trabalhar com firmeza e destreza para recolocar o trem nos trilhos.

Quando o fator emana da vida pessoal do empregado, não há muito o que fazer, exceto ter paciência e esperar que ele consiga administrar a situação. O gerente só pode se envolver se for solicitado. Há casos em que a empresa pode fazer alguma coisa: dar ajuda financeira ou licença por alguns dias, dependendo da natureza do problema. Há empresas que mantêm uma área de serviço social para tratar desses casos. Se o gerente não dá atenção a tais questões, o clima organizacional pode se deteriorar pelo somatório das insatisfações e mal-estar decorrentes de questões pessoais ou profissionais.

GERENCIAR O CLIMA ORGANIZACIONAL

Esse tema já foi tratado de forma mais detalhada em um capítulo específico. No entanto, é sempre bom lembrar que a gestão do clima organizacional é uma das maiores responsabilidades dos gerentes. Eles devem avaliar o clima em tempo real e fazer intervenções para melhorá-lo de forma rápida. A qualidade do ambiente de trabalho tem influência direta nos resultados da empresa.

REGER COMPETÊNCIAS

Como os maestros, os gerentes têm de reger as competências colocadas à sua disposição. Cada empregado é capaz de realizar determinadas tarefas com perfeição. Cabe aos gerentes articular os desempenhos individuais para obter um resultado coletivo. Nessa abordagem, não é relevante que eles saibam mais do que os empregados, mas apenas que sejam capazes de articular os conhecimentos dos subordinados.

Em primeiro lugar, o gerente necessita fazer a orquestração, ou seja, distribuir os empregados pelas diferentes funções, atribuindo a cada um as tarefas a serem realizadas. Devem mostrar a importância do encadeamento dessas funções para alcançar os resultados. Em seguida, deve reger ou coordenar o trabalho de todos para que cada tarefa seja realizada dentro do planejado, começando e terminando nos prazos estabelecidos.

DEFINIR RESULTADOS ESPERADOS

O gerente deve estabelecer os resultados a serem entregues pelos diferentes empregados e mostrá-los, com clareza, para cada um. Essa definição deve considerar os conhecimentos, as habilidades e experiências. Na área de produção, geralmente, a distribuição das tarefas é preestabelecida por níveis dos operários, cabendo ao gerente simplesmente alocar os trabalhadores.

ACOMPANHAR E AVALIAR O DESEMPENHO EM TEMPO REAL

Seguindo a filosofia "o olho do dono é que engorda o boi", o gerente deve acompanhar e avaliar de perto o desempenho dos empregados na realização das diferentes tarefas. Esse acompanhamento é feito à medida que o trabalho avança, para evitar que as tarefas tenham de ser refeitas, o que sempre significa perda de tempo e materiais.

Ao realizar essa atividade, o gerente deve obrigatoriamente levar em conta a capacidade que cada funcionário tem para executar as tarefas. Os mais capacitados podem ser acompanhados mais de longe, ficando um olhar mais minucioso para os inexperientes. De qualquer forma, ele deve levar em conta que é o maior responsável pela obtenção dos resultados esperados pela empresa.

RECONHECER BONS DESEMPENHOS

Já ouvi, muitas vezes, trabalhadores dizendo: "Aqui nessa empresa a gente não recebe nem tapinha nas costas. Os gerentes não reconhecem o que fazemos". Pior que isso é quando o gerente adota a posição "Eu ganhei, nós empatamos, vocês perderam", na qual sempre fica com o lucro e os empregados com o prejuízo.

É função do gerente, ao realizar a avaliação dos resultados, reconhecer, de preferência de forma pública, a boa performance exibida pelos empregados. É muito ruim quando isso deixa de ser feito. Convivi com o presidente de uma organização global que, todos os anos vinha ao Brasil para avaliar o desempenho aqui obtido. Dizia aos gerentes que tinha sido fácil para todos alcançar os resultados e que, portanto, iria colocar a régua mais alta. Em pouco tempo, caiu em descrédito. Muitos gerentes arranjavam uma boa desculpa para não ficar para o coquetel.

APOIAR QUANDO O DESEMPENHO ESTÁ ABAIXO DO ESPERADO

Há momentos em que alguns empregados apresentam desempenho abaixo do esperado. Nessas situações, o gerente deve intervir para corrigir a forma como estão trabalhando, além de apoiá-los na execução das tarefas. O mau desempenho pode ter várias origens: falta de conhecimento ou habilidade, má compreensão dos resultados esperados, falta de foco nas tarefas ou insegurança e desmotivação. Para essa correção, o gerente precisa primeiro identificar o que está causando a má atuação. Só assim poderá intervir de forma correta. Essa identificação o ajudará a decidir como apoiar o empregado na busca de um melhor resultado. A ação vai desde observar à distância até praticamente "pegar na mão" do empregado para conduzi-lo ao caminho certo.

MANTER AS CONEXÕES NECESSÁRIAS PARA GARANTIR RESULTADOS

O mundo se organiza, se articula por meio de conexões, que podem ser econômicas, políticas, tecnológicas, culturais e humanas. As conexões sempre existiram. Foram elas que garantiram a evolução da humanidade em todos os setores, sentidos e relações. Quando povos de duas culturas diferentes se encontravam, era por meio das conexões que conseguiam aprender novas tecnologias e conhecimentos, a culinária e a arte. As conexões se davam em ambientes de paz, mas também no meio da guerra.

Com a evolução das tecnologias dos meios de transporte, as conexões tomaram novo rumo, ganharam impulso, se ampliaram e geraram conquistas em todos os campos.

Quando se olha para o ponto em que chegamos nos meios de comunicação, na evolução da informática com tecnologias e recursos digitais e na utilização das redes sociais, podemos dizer que as conexões ganharam dimensão sem precedentes.

O trabalho do gerente se assenta sobre vários vínculos, que se dividem em técnicos, administrativos, comerciais e humanos. As conexões técnicas dizem respeito aos produtos que a área do gerente tem de produzir. Elas se relacionam com os padrões e especificações dos produtos, os equipamentos e normas exigidas, as operações necessárias, as normas de controle de qualidade e a logística. Os gerentes estabelecem ou recebem um processo que articula as diversas conexões, desde o recebimento da matéria-prima e dos equipamentos até a entrega do produto aos clientes. Mesmo que o gerente atue em uma área que produz bens abstratos ou intelectuais, a dinâmica é parecida.

Já as conexões administrativas estão relacionadas com as políticas e práticas que devem ser seguidas no processo de gestão. Há uma série de normas e procedimentos para regular as conexões nessa área de atuação do gerente. São elas as políticas de RH, as normas financeiras, as regras de utilização dos serviços (transporte, informática, comunicação, manutenção e outros), as normas sobre viagens e as que especificam o poder de decisão dos diversos níveis gerenciais.

O gerente tem de atuar nesse campo articulando as diversas regras a fim de ter suporte para a sua área técnica. Não basta produzir. É necessário o uso correto das normas administrativas.

Outro campo no qual o gerente deve fazer conexões é o comercial. Aqui se trata das conexões voltadas para os clientes. Na dinâmica da comercialização, as empresas produzem bens materiais ou imateriais e os vendem para os clientes por determinado preço. Fazem a entrega em prazos estabelecidos de comum acordo. Assim, as conexões na área comercial são a política de preços, as relações com os clientes, os serviços de pós-venda, a competição e cooperação com os concorrentes, o marketing e a propaganda. O gerente deve articular todas essas variáveis para obter sucesso.

Hoje, a atividade comercial requer uma abordagem mais complexa e interligada, face aos custos elevados incorporados à produção, dentre eles o relacionado à pesquisa e desenvolvimento do produto. Na outra ponta, estão o preço de venda e os serviços prestados aos clientes. Tudo tem como pano de fundo uma feroz competição entre os concorrentes, uma briga de cachorro grande.

Há ainda o paradoxo da união entre concorrentes para investimento conjunto em pesquisa e desenvolvimento e na busca de apoio governamental para vencer a concorrência estrangeira. Muitas vezes esse apoio vem da redução de impostos e do fornecimento gratuito de infraestrutura para as instalações fabris e de logística.

O último domínio do estabelecimento de conexões está no campo das relações humanas. Esse campo é estratégico, pois perpassa e subsidia todas as outras conexões. Aqui se abordam os contatos com as pessoas presentes em todas as áreas, incluindo a comandada pelo gerente. As conexões são realizadas dentro e fora da empresa. Elas incluem a coleta e transmissão das informações, a negociação, a cooperação, a reflexão, o suporte e a articulação.

O gerente fica completamente órfão quando não dispõe de informações adequadas. Ele precisa saber o que os empregados pensam, conhecer a visão que os clientes têm dos produtos fabricados pela empresa e pela concorrência, entender as características e condições dos serviços prestados por fornecedores internos e externos, acompanhar a filosofia, as políticas e as práticas da empresa no campo de RH e finanças e, finalmente, manter-se informado sobre o país e o mundo, pois não pode se manter na ignorância.

Ele negocia em várias frentes, dentro e fora da empresa. Ao mesmo tempo, estabelece acordos variados de cooperação para obter redução de custos ou informações privilegiadas. Isso se dá, muitas vezes, por meio da articulação. Ele oferece e recebe suportes de naturezas variadas. Por último, não terá bons resultados nessa esfera se não refletir muito, antes e após fazer as conexões no campo das relações humanas.

MANTER A QUALIDADE DA COMUNICAÇÃO COM OS EMPREGADOS

Vamos passar para a comunicação, que é um ingrediente muito importante no campo das relações humanas, notadamente mantidas com os empregados. Nesse campo, já foi feita uma análise exaustiva em capítulo próprio, mas nunca é demais destacar que, junto com a gestão do clima, temos aqui uma das maiores responsabilidades do gerente: manter um processo de comunicação adequado e exitoso com todos os empregados.

ENTREGAR RESULTADOS SOLICITADOS PELA DIREÇÃO

Não adianta o gerente cumprir bem suas responsabilidades se no final de cada mês não entregar os resultados solicitados pela empresa. Nesse caso, não há apelação. O gerente tem de apresentar os resultados previamente negociados. Caso isso não ocorra, rapidamente ficará na corda bamba com a hierarquia, podendo, após ser entendido e perdoado uma primeira vez, ser demitido na segunda.

Para melhor resumir a quantidade de expectativas, exigências e resultados que as empresas esperam dos gerentes, vamos imaginar que uma delas divulgue, em um anúncio, tudo o que espera do profissional a ser contratado.

Este anúncio faz um resumo das exigências que as empresas pedem para um gerente no exercício do seu papel. Especifica as qualidades e competências que ele deve praticar e o que ela oferece em troca pelo desempenho da função.

Gerente de Produção

Nosso cliente procura engenheiro experiente na gestão de conexões. Deve dominar totalmente os processos produtivos e ser capacitado para articular a produção com as áreas de vendas, suprimentos e logística. Ele terá ainda de conhecer e aplicar os conceitos e práticas de RH.

O profissional deve ser capaz de:

- Respeitar as pessoas acima de tudo
- Facilitar o diálogo em qualquer circunstância
- Ser sensível na gestão da diversidade
- Dominar processos de sinergia
- Dominar o processo de feedback
- Ser um bom gestor do clima organizacional e da comunicação

Além de salário e benefícios, oferecemos:

- Grandes emoções
- Descobertas inacreditáveis
- Oportunidade de aprender a:

a) Explicar o inexplicável
b) Lidar com contrariedades
c) Não se surpreender com o inesperado
d) Manter sempre o bom humor

Figura 26 – Gerente de produção – competências e remuneração

A partir da década de 1990, as empresas passaram a esperar dos gerentes tudo e um pouco mais. Como a obtenção de resultados passou a ser muito mais difícil, um desempenho bom não era mais suficiente para agregar valor aos negócios. A competição passou a ser mais dura. Toda a estrutura hierárquica tinha de "tirar leite da pedra" para conseguir resultados à altura do esperado.

Os gerentes passaram a ter de conduzir os empregados ao teto do seu potencial de produção, seja intelectual ou operacional. Foram criados mecanismos para incentivar e premiar o desempenho individual e coletivo. As empresas passaram a buscar todas as alternativas para melhorar a performance das equipes de todas as áreas. Além disso, ampliaram as exigências no momento de recrutar e selecionar gerentes.

É bem provável que os gerentes que atuavam em 1979 não conseguiriam atender às demandas atuais. Colocados diante das novas exigências, eles poderiam ficar paralisados ou simplesmente se recusar a seguir as orientações de seus superiores. Alguns diriam que os dirigentes das empresas estão malucos e que o atual modelo de gestão vai levar todo mundo para o buraco. Isso não é verdade, pois mal ou bem os atuais gerentes adotam as novas posturas e conseguem entregar os resultados solicitados, sem grandes atropelos. Em tempo, os trabalhadores também se ajustaram aos novos tempos.

A seguir, faremos uma comparação entre o que era esperado em 1979 e o que hoje é requerido dos gerentes nas organizações. As diferenças são enormes.

Postura requerida dos gerentes

1979	2022
Sem limites	**Integrar no limite**

Em 1979, os gerentes trabalhavam com mais liberdade, estipulando seus próprios limites. Hoje, eles têm de atuar de acordo com rígidos limites que são estabelecidos e acompanhados pela organização. Esses limites cobrem todas as áreas de atuação dos gerentes

1979	2022
Uniformizar	**Individualizar**

Em 1979, os gerentes tinham de uniformizar o tratamento dado aos subordinados, que deveria ser dirigido de forma rigorosamente igual. Hoje, a expectativa é que os gerentes tratem os trabalhadores considerando as características individuais, ou seja, tratamento diferente para cada um.

1979	2022
Respeitar processos	**Trabalhar o emergente**

Em 1979, os gerentes estavam focados em seguir rigorosamente os processos de produção, evitando que houvesse desvios ou desconformidades. Hoje, há um consenso de que os gerentes, além disso, estejam prontos e aptos para trabalhar todas as questões emergentes, solucionando prontamente os problemas que surgem.

1979	2022
Minimizar riscos	**Assumir riscos**

Em 1979, os gerentes eram treinados para atuar minimizando os riscos, evitando assim efeitos negativos na produção dos resultados. As empresas preferiam ter menos resultados sem correr riscos. Hoje, os gerentes são orientados a assumir mais riscos, visando obter mais resultados. As eventuais perdas são relativizadas, desde que obtenham resultados cada vez mais robustos.

1979	2022
Contemporizar	**Contrariar**

Em 1979, os gerentes deviam sempre contemporizar as coisas, evitando desgastes com os seus interlocutores, fossem clientes, fornecedores ou empregados. Atualmente, a orientação é que eles não hesitem em contrariar quem quer que seja, desde que mantenham o foco e produzam melhores resultados. Os gerentes não têm medo de dizer não e o fazem sempre que é necessário. Não deixam para amanhã se podem fazer hoje.

1979	2022
Centralizar	**Delegar**

Em 1979, era praxe os gerentes centralizarem as decisões, acompanhando de perto o trabalho dos subordinados e intervindo sempre que algo ameaçava sair do controle. Nos tempos atuais, os gerentes só conseguem entregar bons resultados por intermédio da delegação, que está cada vez mais presente. São estabelecidas metas para os diversos empregados, que trabalham com muita liberdade, e o gerente acompanha tudo a distância.

1979	2022
Dominar Conhecimentos	**Integrar conhecimentos**

Em 1979, era usual e esperado que os gerentes dominassem completamente todos os conhecimentos e habilidades necessários para os subordinados realizarem suas tarefas. Os gerentes eram nomeados por possuírem esses conhecimentos. Hoje, ao contrário, os gerentes são escolhidos por serem capazes de integrar os conhecimentos e habilidades dos seus subordinados na produção de resultados. Os subordinados, portanto, muitas vezes têm mais conhecimentos do que os gerentes.

Figura 27 – Postura requerida dos gerentes – visão comparada entre 1979 e 2022.

Retratos da Realidade

Quando trabalhava na Rhodia como gerente de treinamento. A pedido do diretor de RH, montei, com apoio de um consultor externo, um seminário de desenvolvimento gerencial. Por ele deveriam passar todos os gerentes estratégicos e os diretores, que estariam na última turma.

A cada turma o seminário ganhava muitos elogios e se notabilizava por permitir uma discussão profunda dos problemas que afetavam a ação dos gerentes. Na penúltima, o debate pegou fogo. Aconteceu o que pode ser chamado de "briga de cachorro grande". Não restou pedra sobre pedra. Os elogios ao seminário foram maiores e muito representativos, pois vinham de pessoas mais próximas da cúpula da empresa.

Na semana seguinte, o diretor de RH me comunicou que a turma da diretoria não seria realizada. Quando perguntei por que, ele informou que era uma determinação direta do presidente. Fiquei passado. Não consegui entender, pois, na minha visão, o debate entre os diretores seria muito bom para a empresa. O presidente Edson Vaz Musa se notabilizara pela agenda de mudanças que vinha implantando nos últimos três anos.

Inconformado com a decisão e achando que ela não era coerente com a postura do presidente, procurei novamente o diretor de RH. Disse que gostaria de discutir o assunto pessoalmente com o presidente. Ele concordou e disse que marcaria a reunião, mas que eu deveria ir sozinho.

No dia marcado, entrei na sala e encontrei um presidente atencioso e com muito bom humor. Assim que nos acomodamos, ele me disse: "Quer dizer que você não aprovou a minha decisão. Vamos suspendê-la provisoriamente até o fim da nossa conversa. Quero ouvir seu ponto de vista". Comecei dizendo que gostaria que ele entendesse a minha concepção a respeito do assunto e argumentei. Esgrimi todos os meus argumentos na defesa da realização da última turma. Quando terminei, ele disse que gostaria que eu entendesse a posição dele sobre o que poderia acontecer, caso o seminário fosse realizado.

Assim, para meu espanto, explicou em detalhes todos os problemas que tinha com os diretores. Disse que alguns deles resistiam fortemente às mudanças que vinha implantando e que, se ficassem em uma situação de igualdade com ele (como aconteceria no seminário), seus problemas aumentariam. Não consegui entender porque ele não hesitou em dividir comigo, um gerente do terceiro escalão, suas preocupações e dificuldades. Certamente ele, que conversava comigo pela primeira vez, confiou em mim.

Após terminar suas explicações, me disse: "Então, Emídio, vamos tomar a decisão. O que você acha? Vamos realizar o seminário?". Obviamente, respondi que não. Ao sair da sua sala, estava perplexo e consciente de que tinha recebido uma aula de liderança. A primeira das muitas que ele me deu.

O TRABALHADOR E AS IDEOLOGIAS GERENCIAIS

Trabalhadores não ligam muito para ideologias, modelos e estilos gerenciais. Eles estão mais interessados nas coisas concretas que os gerentes fazem no dia a dia. Querem ser tratados com justiça, respeitados e reconhecidos. É o quanto basta. De tempos em tempos, notam-se mudanças nos gerentes depois que eles foram participar de um treinamento. Às vezes, as mudanças são boas, mas sempre têm duração efêmera.

Isso não significa que os trabalhadores ficam completamente alienados diante das posturas e crenças dos gerentes. Eles sabem muito bem distinguir quando os gerentes saem da linha, adotando posturas e comportamentos antiéticos, abordagens imorais ou predadoras. Nesses momentos, criticam os gerentes, os denunciam para os sindicatos e, hoje em dia, expõem nas redes sociais seus comentários a respeito das derrapadas.

As empresas muitas vezes criam modelos gerenciais, treinam os gerentes e pensam que eles estão seguindo as recomendações. Isso nunca é completamente verdadeiro, pois a real adesão da hierarquia aos valores das organizações é de média para baixa. Recentemente, um executivo aposentado, que só trabalhou em grandes empresas, relatou que muitas vezes os gerentes não só deixavam de lado o modelo gerencial, mas também ao comunicar as decisões e posições da empresa, faziam exatamente o contrário do que era pedido.

Para garantir que suas vontades prevaleçam, as empresas têm de acompanhar de perto as ações e pregações gerenciais. Já vi casos em que, na pesquisa de clima, os gerentes eram muito bem avaliados e a empresa recebia nota baixa. Certamente estava diante de situações em que os gerentes, ao se comunicarem com os trabalhadores, afirmavam ter se posicionado contra a decisão da empresa, mas que "os homens não se importaram e mandaram seguir em frente". Esse pode ser considerado um fato recorrente no mundo corporativo.

Para consolidar sua cultura nas relações com os empregados e sindicatos, as empresas têm de fazer um trabalho permanente de acompanhamento e gestão dos gerentes. Com isso, obterão uma forma de liderança que, mesmo, sem ser heroica ou charmosa, dê conta de garantir que os trabalhadores permaneçam comprometidos com os objetivos organizacionais.

ÉTICA: O VERDADEIRO ALICERCE DA LIDERANÇA

Já tratamos em profundidade das qualidades de um líder, do que o gerente precisa ser e fazer para liderar verdadeiramente sua equipe. Repetimos, com ênfase, que isso não é nada fácil e que as empresas esperam que os gerentes façam verdadeiros milagres na gestão das pessoas, guiando-as para alcançar resultados excepcionais.

No entanto, por mais que façam, ainda não é o suficiente. Há algo mais a acrescentar: a necessidade de incorporar a ética às qualificações dos gerentes, na busca da liderança. É impensável imaginar que um grande e verdadeiro líder não atue balizado por uma postura ética, que vale para todas as conexões que mantém para realizar seu trabalho. Isso vale para as relações mantidas com os clientes, fornecedores internos e externos, outros membros da hierarquia, incluindo superiores e subordinados.

Para obter bons resultados, os gerentes não podem se valer de recursos ilegais ou imorais, não devem enganar. A máxima que diz que os fins justificam os meios não pode ser invocada, nem usada para sustentar práticas desleais. O gerente que pauta suas ações pelos princípios éticos está construindo o alicerce para se tornar um líder na expressão da palavra.

TREINAMENTO DOS GERENTES NAS RELAÇÕES DE TRABALHO

É necessário que as empresas treinem seus gerentes para lidar com as relações de trabalho, envolvendo os vínculos com empregados, com os sindicatos e com a comunidade.

Tal treinamento não se destina a transformá-los em líderes, pois a formação de um líder não é algo que se consiga em sala de aula. Decorre de um desenvolvimento em que se juntam características pessoais com um processo vivencial. Trata-se de fornecer conhecimentos e informações necessárias para que os gerentes exerçam a liderança formal dos empregados, considerando o tratamento adequado de todos os atores que intervêm nas relações de trabalho.

Como disse, o treinamento não é destinado a ensinar a ser líder, mas a mostrar que ser líder, mesmo com limitações, é preciso. Esse treinamento deve abordar o histórico, os conceitos, a estrutura e funcionamento das relações de trabalho, a comunicação, a gestão do clima organizacional, a liderança, a demografia e a gestão de conflitos e confrontos. Além disso, deve incluir a preparação para seguirem à risca a política de relações de trabalho da empresa. Dessa maneira, não pode ser teórico, apoiando-se exclusivamente em exposições dialogadas. Deve ser feito utilizando variadas metodologias em que os participantes possam adquirir os conhecimentos por meio de vivências, debates, simulações e estudos de caso. Outro aspecto fundamental é a construção de uma ponte entre o treinamento e a realidade vivida pelos gerentes, nas suas áreas. Eles devem receber orientação sobre como utilizar os conhecimentos e informações adquiridos no dia a dia.

Por último, a hierarquia superior tem de acompanhar de perto a ação dos gerentes para ver se prevalecem as políticas da empresa ou as ideologias próprias de cada um. Quando estão deixando de seguir as políticas da empresa, devem ser orientados, corrigidos e, em última instância, punidos e até demitidos. As empresas que deixam os gerentes à vontade para coordenar pessoas a seu bel-prazer mais cedo ou mais tarde sofrem as consequências, pagando caro por isso.

O gerente como porta-voz da empresa

Inúmeras vezes os gerentes têm que exercer o papel de porta-vozes. Mesmo quando estão em uma reunião interna com sua equipe, tudo o que apresentam e defendem deve ser obrigatoriamente consistente com a ideologia, as políticas e as normas da empresa. Eles não podem colocar suas posições pessoais em xeque, já que estão a serviço de uma organização que os contratou para representá-la na gestão de pessoas.

É importante definir o que é ser porta-voz. É uma pessoa que fala em nome de outra. Ela deve sempre expressar exatamente a ideologia, as razões de um posicionamento assumido ou de uma decisão tomada pela pessoa representada. Ela não pode substituir as ideias e a visão de quem representa pelas próprias ideias. O indivíduo pode até esclarecer pontos que não ficaram nítidos, mas nunca introduzir suas próprias ideias ao se comunicar com o público, seja interno ou externo.

Quando os gerentes assumem o papel de porta-voz, seu público cativo são os seus subordinados. Eles devem manter com os trabalhadores um relacionamento que favoreça a motivação, a confiança e o comprometimento. Isso trará maior facilidade na hora de lidar com a comunicação de temas espinhosos.

Retratos da Realidade

Eu e minha esposa Isa estávamos em Uberaba, poucos meses depois do nosso casamento, para participar de uma festa de Bodas de Ouro. Era a primeira vez que muitos parentes dela tinham contato comigo. Isa estava muito preocupada com a impressão que eu poderia causar. Ela queria que todos vissem que fez uma boa escolha.

Numa das noites que antecederam a festa, fomos convidados para um encontro na casa de uma prima. Quando chegamos, vimos que estava formada uma roda de cadeiras numa grande sala, onde os convidados foram acomodados e passaram a ser servidos de comes e bebes.

A conversa rolava solta, pulando de um assunto para outro. Eu me mantive discreto, concentrado somente em escutar aquela animada conversa. No meu plano, eu esperava "ficar rouco de tanto ouvir", mas de repente uma moça, que estava do outro lado da roda, dirigiu-se a mim, perguntando o que achava de determinado assunto. Entendi que era inevitável entrar na conversa, mas Isa se antecipou, decidida a ser minha porta-voz. Em alto e bom som, ela falou: "Nisso, o Emídio acha isso mais aquilo, mas dependendo do enfoque ele discorda de forma veemente". E, virando-se para mim, ela arrematou: "Não é?". E eu, como ela esperava, consenti: "Sim!".

Assim, devem estar conscientes de que uma boa comunicação exige preparação adequada e execução cuidadosa, seguidas de um bom acompanhamento nos dias seguintes para verificar se os resultados foram alcançados. E, por último, devem seguir um roteiro que os oriente na hora de fazer a comunicação, para evitar pecados que possam colocar tudo a perder.

AÇÕES BÁSICAS NO DIA A DIA

Os gerentes precisam construir no dia a dia uma relação sustentável com suas equipes. Nessa relação devem prevalecer o respeito, a confiança e, acima de tudo, um clima de abertura em que todos se sintam à vontade para dizer o que pensam.

Aqui se entrelaçam ações no campo da comunicação com outras associadas à gestão do clima organizacional. Não há preocupação em citar certas questões de modo recorrente, pois o importante é reforçar os comportamentos desejados nas abordagens gerenciais adotadas nas relações com os empregados.

Ao adotar essas ações, os gerentes ganham a confiança de seus subordinados e são melhor aceitos como pessoas qualificadas para falar com eles e ouvi-los.

A seguir, serão apresentadas as ações que os gerentes devem adotar para conseguir esse objetivo.

1. Conhecer as pessoas

O primeiro passo nesse rumo é conhecer as pessoas que integram suas equipes. Os gerentes não devem passar a maior parte do tempo, como hoje é habitual, voltados para obter resultados e olhando para fora da empresa.

É necessário que dediquem tempo para acompanhar o trabalho dos subordinados, para conversar com eles, para verificar quais são os seus interesses, para entender suas demandas, críticas e expectativas em relação à empresa.

É perfeitamente possível realizar resultados e, ao mesmo tempo, alcançar conhecimento mais profundo a respeito das pessoas. O cuidado integrado das duas preocupações por parte dos gerentes, ao contrário do que se pensa, vai gerar resultados.

2. Criar um clima de confiança

A partir do conhecimento das pessoas, os gerentes devem se preocupar em criar um clima de confiança no ambiente de trabalho. Fazer isso não é simples, nem rápido. É algo que exige tempo e deve se alicerçar no diálogo e na exibição, por parte dos gerentes, de comportamentos que funcionem como indicadores práticos das boas intenções, da ética e do respeito pelos empregados.

A confiança permite que as pessoas assumam mais riscos e desafios, o que não é possível sem ela. Um bom exemplo disso é o trabalho de uma equipe de trapezistas. O risco que os componentes do grupo correm é muito grande. Eles trabalham em grande altura e muitas vezes sem a proteção de redes. Para que se sintam seguros, têm de confiar na precisão e firmeza uns dos outros.

Os funcionários necessitam confiar nos gerentes e nos colegas. Na maioria das vezes, eles não correm riscos de vida, mas existe sempre a possibilidade de erros que trazem prejuízos para as empresas e danos à autoimagem dos trabalhadores.

Lembre-se de que há duas preocupações em relação à confiança. A primeira é conquistá-la, o que leva muito tempo. A segunda é mantê-la, o que exige preocupação constante, pois perdê-la pode ser muito rápido e depende apenas de uma palavra ou um gesto.

Existem dois pontos relevantes para trabalhar a confiança: fazer o que diz e cumprir o que promete.

3. Fazer o que diz

Os gerentes não podem ter um discurso diferente da prática. É muito comum profissionais que falam, orientam e até mesmo determinam certos comportamentos para os subordinados e adotam posturas e práticas diferentes. Isso tem um efeito negativo enorme nas relações com suas equipes, pois os empregados ficam em dúvida sobre o que devem realmente fazer: seguir as instruções ou imitar os comportamentos.

Note-se que a tendência será de adotar a imitação como prática, pois as palavras vão e as imagens ficam, mas certamente haverá condutas diferentes na equipe. Cada um de acordo com a leitura que for feita pelos subordinados. Essa dicotomia fará com que os empregados mais críticos digam aos colegas que o gerente não merece confiança, em função da sua postura oscilante e de seus comportamentos contraditórios.

A tendência é que um gerente, que tenha esse tipo de prática, perca em pouco tempo a condição de atuar como porta-voz da empresa.

4. Cumprir o que promete

Os gerentes devem avaliar com cuidado o que prometerão aos empregados. Uma vez feita a promessa, é obrigatório que a cumpram. Se foi criada a expectativa, os empregados ficarão em suspense até que ela se concretize. Caso o comprometimento não seja cumprido, a frustração será enorme. Se um gerente deixar de cumprir várias promessas, será imediatamente rotulado como um enganador e os empregados deixarão de confiar nele. Cada vez que ele passar uma informação, ela será colocada em xeque pela equipe. A sua eficácia como porta-voz será nula. É muito difícil que ele recupere a confiança dos empregados.

Outro cuidado é que ele deve ter está relacionado às políticas, normas e diretrizes da empresa, que devem ser rigorosamente seguidas quando as promessas forem feitas.

Logo, as empresas devem orientar os gerentes para manterem seus discursos permanentemente coerentes com a prática e só fazerem promessas que efetivamente poderão cumprir.

5. Conhecer as políticas e normas do RH

Todos os gerentes devem conhecer as políticas e normas do RH. Mais que isso, precisam respeitá-las e compartilhá-las com toda a equipe. As políticas e as normas de RH são a expressão factual da visão das empresas a respeito do tratamento que os empregados devem receber. Seu valor é determinado pela aplicação rigorosa no cotidiano. Só assim os trabalhadores sabem o que a empresa pensa a seu respeito e a forma como os valoriza.

Não basta ter boas políticas e normas. É preciso usá-las. As empresas não podem adotá-las simplesmente para fazer jogo de cena para o público externo. Muitas vezes, no meu trabalho, encontro negócios que têm ótimas políticas e normas de RH, mas que não são seguidas à risca ou valem para uns empregados e não para outros.

As diretorias das empresas devem zelar pelo cumprimento das políticas e normas. Se elas não fizerem isso continuamente, os gerentes acabam definindo suas próprias regras. As empresas necessitam de normas escritas na área de RH. Na condição de não existirem, haverá o risco de ter uma regra em cada área ou unidade.

6. Avaliar o impacto social das decisões

Avaliar o impacto social das decisões é parte importante das preocupações das empresas que querem manter boas relações com seus empregados. Todos os gerentes devem tomar esse cuidado no seu âmbito de atuação sempre que forem implementar mudanças que afetarão a vida dos trabalhadores. No caso dos gerentes de equipes, tais modificações estão relacionadas com a organização e com os processos de trabalho.

Geralmente as transformações que trazem mais impacto estão análogas a alterações de benefícios e serviços prestados aos empregados, tais como restaurante, transporte, vestiários, plano médico e plano odontológico. Outras mudanças significativas podem estar ligadas a demissões coletivas, troca do local de unidades ou encerramento de atividades de uma unidade.

Nesses casos, as decisões são tomadas pela cúpula da empresa, cabendo aos gerentes o papel de comunicá-las as suas equipes. No entanto, eles não podem se furtar de expor à hierarquia superior seus pontos de vista a respeito das decisões. Devem transmitir, também, as reações dos empregados captadas durante o compartilhamento.

7. Monitoramento do ambiente de trabalho

Os gerentes têm uma responsabilidade muito especial que é a de monitorar o ambiente. As empresas, constantemente, precisam dispor de informações a respeito dos sentimentos dos empregados, das percepções deles diante do tratamento que recebem, das expectativas que têm para o futuro.

São os gerentes que precisam fiscalizar o âmbito, para avaliar como está a motivação e o comprometimento da equipe. Sem essas informações, as empresas atuam no escuro no campo das relações de trabalho, tornando a gestão de pessoas muito mais difícil.

É comum pensar que é muito complicado fazer o monitoramento, mas não é o que acontece na prática. Os gerentes que mantêm contato regular com suas equipes para abordar questões técnicas e comportamentais já têm meio caminho andado. Certamente, os subordinados vão se manifestar, caso exista algo os incomodando. Além disso, eles poderão também observar sinais que indicam que algo esteja fora dos padrões: pessoas parando de conversar quando o gerente se aproxima; pichações em banheiros e vestiários; presença mais constante dos sindicalistas; resistência a pedidos dos gerentes.

COMO REALIZAR A COMUNICAÇÃO

A seguir, serão apresentadas orientações sobre como deve atuar o gerente no papel de porta-voz da empresa, na comunicação grupal e na comunicação individual. A separação é necessária porque o processo a ser adotado em cada uma delas requer abordagens bem diferentes, merecendo, por parte do chefe, encaminhamentos sob medida.

Outra separação necessária é a que divide a comunicação que se destina a tratar de temas relacionados somente com os assuntos internos da área e aquela que aborda temas de uma diretoria ou de toda a empresa.

Quando o gerente está tratando das coisas da sua área, ele está no domínio da situação, pois conhece o assunto e as pessoas que participarão da reunião. Isso é diferente de quando ele precisa abordar um tema inexplorado e falar para pessoas que não conhece direito.

Os gerentes não podem tratar as reuniões com os empregados como algo corriqueiro e que pode ser resolvido na hora. É necessária uma preparação para as reuniões, de forma que os gerentes fiquem completamente à vontade para conduzi-las. É importante um bom planejamento para que, durante a reunião, a maioria dos aspectos a serem abordados esteja sob controle, pois sempre surge alguma surpresa. Assim, o gerente terá mais facilidade de lidar com ela. Quando não está pronto para coordenar uma reunião, o risco é ter de lidar com várias surpresas ao mesmo tempo.

1. Reunião de comunicação grupal

A condução de uma reunião para grandes grupos, seja com a própria equipe, seja com trabalhadores de outras áreas, deve merecer o mesmo tipo de tratamento. A preparação, a condução e as medidas após a reunião são as mesmas, o que muda são as dificuldades e as exigências. Vamos abordar a seguir a forma de preparar e conduzir uma reunião para um grande grupo.

» *O tema*

Se o gerente foi quem convocou a reunião para tratar de um tema de interesse da área dele ou demandado pela empresa, a situação é bem mais confortável. Ele teve tempo de se preparar, pois certamente só marcou o encontro após estar completamente familiarizado com o assunto.

Já se a reunião foi provocada por um subordinado ou por um grupo de empregados da equipe, a situação é um pouco mais complicada por várias razões. Pode ser que ele não domine completamente o tema. Pior ainda se pedirem a reunião e não sinalizarem sobre o que desejam falar. Outro aspecto delicado é quando o tema está fora do âmbito de poder do gerente.

Em todos esses casos, talvez seja necessário tratar do assunto em duas etapas: ter uma primeira reunião para ser dedicada exclusivamente a ouvir; e a segunda para apresentar uma resposta, ou solução. O gerente não pode, em nenhuma hipótese, responder sem entender completamente o assunto e, muito menos, decidir por seus superiores.

Existem casos em que o suporte de um especialista será necessário para falar de detalhes sobre o tema que não é de domínio do gerente. Nenhum gerente deve se expor falando sobre temas que não são de seu ramo. Ele pode coordenar a reunião, mas a palavra final sobre o conteúdo será do especialista.

De qualquer maneira, o gerente deve buscar conhecer em pormenores o tema que será abordado, procurando dominar as normas da empresa a respeito. A seguir, deve destacar os principais pontos que serão elencados, relacionar e avaliar prováveis reações do grupo. Por fim, deve providenciar o material de apoio que pode ser constituído por uma apresentação de slides, folhetos, relação de exemplos, relação de cálculos e roteiro de perguntas e respostas.

» ***Suporte***

O gerente deve buscar todo o suporte necessário para tocar a reunião. Isso é mais exigido onde abordará temas afastados de sua área, mas que não estão fora de questão.

A primeira preocupação deve ser definir a necessidade do suporte técnico. O gerente carece olhar para alguns pontos que começam com a avaliação do seu domínio sobre o tema. Se chegar à conclusão de que o domínio não é bom, deve procurar ajuda para melhorar seus conhecimentos a respeito. Ele pode se reunir com especialistas, fazer leituras, conversar com outros gerentes que já trataram do assunto, etc.

No entanto, quando o tema é muito complexo e envolve muitas implicações de acordo com a necessidade de cada empregado, isso não será suficiente. Em muitas reuniões, há que se definir a necessidade de suporte comportamental. A exigência está ligada a exercícios de aquecimento ou a eventuais ocorrências de pessoas que fiquem fortemente abaladas pelo conteúdo e precisem de um especialista que as ajude.

Quando o tema é referente a pessoas, muitas vezes é bom fazer uma reunião prévia com a equipe de RH para acertar os ponteiros no que se refere a políticas e normas ligadas ao tema. Nela pode-se definir que pessoas do RH participem da reunião para apoiar o gerente.

Outra medida que pode ajudar é uma reunião prévia com a chefia superior. Com ela, o gerente buscará orientação sobre os limites que terá para atuar e será definido se ele ficará restrito à sua esfera de poder ou se poderá tomar decisões dentro de uma margem diferente autorizada pela empresa.

Por último, é exigido fixar as necessidades de suporte material. Aqui se trata de questões logísticas, tais como definição do local, tipo de arranjo das cadeiras, equipamentos, transporte de participantes, serviço de copa e cozinha. Eu tive um caso de fechamento de unidade em que foi tomada a decisão de manter uma ambulância UTI com equipe na porta do local da comunicação, por exemplo.

» ***Planejamento***

O planejamento de cada reunião deve ser coerente com a complexidade do tema envolvido, bem como o seu impacto para os trabalhadores. A reunião só deve ser marcada quando o planejamento estiver concluído, com a apresentação pronta e os papéis dos diferentes apresentadores já definidos. Essa organização deve envolver a apresentação, a escolha do lugar ideal para a reunião, a avaliação sobre a necessidade de suporte de um especialista e o estabelecimento dos recursos necessários (equipamentos, material a ser distribuído, questionários de avaliação).

O primeiro passo é definir o roteiro da reunião, que deve prever todas as etapas, incluindo a convocação dos participantes e as ações a serem realizadas após o encontro. Ele deve ser checado com os especialistas no tema e com o superior que demandou a reunião.

A segunda etapa do planejamento é destinada a detalhar esse roteiro. Nela, cada item passa por um pente fino, destinado a esmiuçar o que deve ser feito, como os cuidados a serem tomados, os responsáveis por conduzir os diferentes passos, os recursos necessários e os documentos a serem produzidos contendo exemplos e cálculos que detalhem impactos nos diferentes casos.

Sem avaliar o estado de espírito dos subordinados, é impossível preparar e fazer a apresentação. Caso os ânimos estejam exaltados, os cuidados a serem tomados deverão ser bem maiores do que no caso de reinar entre os empregados um ambiente tranquilo, sem a presença de grandes animosidades com relação à empresa e aos chefes. Para apresentar um tema que, pelas suas características, irá incomodar os trabalhadores, a empresa deve escolher um momento no qual a paz reine nas fábricas e escritórios. Porém, nem sempre isso é possível. Então, o mínimo que se espera é que os chefes tenham consciência das dificuldades adicionais que irão encontrar.

Uma informação que ajuda a prever o grau de dificuldade que será encontrado será obtida ao se avaliar o histórico dos subordinados em reuniões da mesma natureza. Se os empregados são aguerridos e não aceitam com facilidade as mudanças que os contrariam ou incomodam, tal fato deve ser adicionado às preocupações. Deve-se prever um ambiente ruim e hostil durante toda a apresentação. Por outro lado, na condição de serem mais tranquilos e tiverem histórico de reações moderadas às mudanças, haverá mais facilidade na condução da reunião.

Definir a forma de abordagem do tema é o próximo passo. Para tanto, há que se considerar o conteúdo, o perfil dos participantes, as condições do clima organizacional do momento, a complexidade do tema e seu impacto previsto sobre os empregados. Já a abordagem, pode ser exigida uma atividade de aquecimento, antes de entrar no assunto, para promover o relaxamento das tensões.

Outra medida que pode ser necessária é ter uma apresentação formatada de maneira mais leve, amigável e reforçada por material de apoio que sustente a argumentação a ser feita. Além disso, outro cuidado é fazer uma divisão dos apresentadores, respeitando a sincronização entre a natureza dos subtemas e as características de cada um, tais como leveza, objetividade e flexibilidade.

Com a abordagem já definida, chega o momento de cuidar dos detalhes operacionais da reunião. Antes de tudo é necessário preparar e/ou selecionar o material de apoio que será um recurso relevante durante a reunião. Parte dele pode integrar o acervo da empresa ou ser fornecido por outra contratada para prestar esse serviço, como transporte, restaurante ou saúde. Contudo, é quase certo que algum material precisará ser produzido para ilustrar ou documentar as normas próprias da empresa. Durante a preparação, é bom lembrar que o material deve ajudar a apresentação e não atrapalhar, por não ser funcional ou chamar muita atenção. Às vezes, a simplicidade surte mais efeito.

A definição do dia da reunião tem que ser cuidadosa para garantir a presença de todos, com um dia útil na véspera para corrigir eventuais problemas. Outro cuidado é não marcá-la na véspera de feriados ou às sextas-feiras, pois o pessoal pode estar com a atenção voltada para viagens ou outros programas, o que não é bom.

Quanto à hora, o ideal é que as reuniões sejam realizadas pela manhã, mas muitas vezes é necessário seguir os horários dos turnos de trabalho. Nesses casos, é bom marcar no início dos turnos para evitar que o pessoal fique desatento no final, com medo de perder o ônibus no horário da saída.

Já sua duração não pode ultrapassar duas horas, uma vez que, além desse tempo, o encontro torna-se cansativo e perde a funcionalidade. Se o tema exigir mais tempo, é preferível escolher uma abordagem para que a reunião contemple os pontos mais importantes e manter, após a reunião, um plantão de atendimento para prestar mais esclarecimentos.

No momento de definir o local, muitos aspectos têm de ser considerados, dentre eles o deslocamento dos participantes, a proximidade da área de trabalho e o custo de aluguel e de transporte. Muitas vezes, a opção da empresa é utilizar as suas próprias instalações. Dentro do possível, o lugar deve ser arejado, bem iluminado, amplo para evitar que as pessoas fiquem acotoveladas, com cadeiras confortáveis e situado em área isolada, à prova de som.

Para definição do convite, a primeira preocupação deve ser garantir que todos os convidados o recebam e possam comparecer à reunião. Qualquer que seja o meio utilizado, o convite deve ser curto e claro, definindo local, dia, hora e duração da reunião. Exceto nos casos em que a empresa opte por manter o tema em sigilo, esse deve ser citado em primeiro lugar.

Certa vez, em um processo de fechamento de fábrica, uma empresa decidiu realizar a reunião fora, em um salão alugado no centro da cidade, sem citar o tema na convocação. Isso foi feito porque a unidade estava localizada na área industrial de outra empresa e o conhecimento prévio muito provavelmente traria transtornos. O sindicato faria uma paralisação geral dos empregados na única entrada da fábrica, salvo de qual empresa pertenciam.

Ao definir as ações a serem realizadas após a reunião, alguns objetivos devem ser considerados, a saber: descobrir se os trabalhadores assimilaram a mudança ou decisão, começar a preparação para a implantação, reportar à diretoria sobre o que ocorreu no encontro, principalmente, quais foram as reações dos trabalhadores, sugerir alterações na modificação e obter um posicionamento da diretoria a respeito.

» *Realização*

Durante a realização da reunião, o gerente que a está coordenando deve manter o roteiro previsto no planejamento. Garantir, se for o caso, a entrada dos outros apresentadores na ordem preestabelecida, pedindo aos empregados para, dentro do possível, guardar as perguntas para o final.

O gerente precisa estar atento às manifestações dos participantes que exijam alguma alteração do que foi pensado. Nesse tipo de reunião, dependendo da gravidade do tema e do impacto sobre os empregados, é bastante comum que os nervos estejam à flor da pele e que as emoções prevaleçam, tornando o ambiente bastante delicado.

O responsável deve fazer a abertura, dizendo do que tratará a reunião, mesmo que isso já tenha constado na convocação. Necessita também pedir para todos ficarem à vontade e se sentirem completamente livres para se manifestar a qualquer momento quando não entenderem alguma coisa. Dado que isso aconteça, ele chama a pessoa que vai fazer o aquecimento e a apresenta. Informa que o que o aquecimento se destina a descontrair as pessoas, para que a reunião seja mais produtiva.

Com o grupo estimulado, o gerente deve começar a exibir os objetivos e o roteiro da reunião. Nesse momento, a clareza da exposição é absolutamente necessária. Os participantes devem compreender o que se pretende comunicar por completo, quais pontos serão abordados, a preferência de deixar as perguntas para o final, ressalvados os momentos em que eles poderão intervir por não ter entendido uma palavra ou frase. É preciso tomar muito cuidado com as palavras e com a linguagem usada.

Retratos da Realidade

Na década de 1970, eu estava dando um curso de uma semana para enfermeiras de um hospital em Botucatu. Tudo estava correndo tranquilo.

Ao começar a aula no quarto dia, disse para as alunas: "Hoje eu acordei gripado e bastante afônico. Peço desculpas pelo meu tom de voz". Logo após, virei de costas para fazer um gráfico no quadro negro quando ouvi uma aluna perguntar para a outra: "O que é afônico"?

Fiquei muito surpreso porque eu imaginava que qualquer enfermeira devia saber o que é afônico.

O gerente só deve passar para a próxima etapa da reunião quando tiver certeza de que tudo está bem claro para os participantes. Por consequência, deve apresentar o tema em detalhes, cuidando para que cada aspecto do conteúdo esteja claramente compreendido. É bem provável que já aconteçam perguntas. Por isso, deve ser feita uma separação entre perguntas de esclarecimento e aquelas que se refiram aos efeitos do assunto para os empregados. As primeiras devem ser respondidas, as outras anotadas para serem abordadas no momento do debate. Um ponto a ser lembrado é a necessidade de o apresentador dispor de uma pessoa para anotar todos os detalhes da reunião.

À medida que toda a informação prevista no planejamento for passada, o apresentador deve convidar o público para debater o tema, registrando reações, elogios, reclamações e reivindicações. Os participantes pedem a palavra e se manifestam de acordo com a ordem de inscrição.

A discussão é fundamental para garantir a compreensão do assunto e, consequentemente, facilitar a aceitação das mudanças previstas. Essa é a hora de usar toda a reserva de argumentos, dar exemplos, apresentar cálculos para reforçar o entendimento de uns e ganhar a adesão de outros. O gerente deve estimular a participação de todos. Uma forma de garantir que isso ocorra é fazendo perguntas e pedindo comentários aos mais discretos ou tímidos. Claro que haverá muitos participantes que sairão da reunião ainda reativos ou com dúvidas, só adotando outra postura após alguns dias.

Sendo assim, o encerramento do debate só deve ser feito quando o apresentador sentir que a plateia está satisfeita, aparentemente não tendo mais perguntas ou comentários a fazer. Tal etapa deve ser feita perguntando se alguém tem mais alguma dúvida ou comentário. Diante da ausência de manifestação, o apresentador encerra a fase, passando imediatamente para a outra.

Ao posicionar-se sobre as intervenções dos participantes, o gerente tem a oportunidade de fechar as portas para que os trabalhadores construam hipóteses contrárias à implantação da decisão. Sempre que a empresa deixar espaço para a ambiguidade, imediatamente os trabalhadores passarão a acreditar nas coisas que lhes são mais favoráveis, onde muitas vezes as mudanças são muito negativas para eles.

Na verdade, o que o gerente irá fazer é encerrar o assunto, dizendo o que acontecerá dali para frente. O que será feito e o que não será. Ele deve informar aos participantes que levará à hierarquia superior todas as queixas, reclamações e reivindicações que foram feitas, além de poder haver acertos de última hora, mas que dependem de decisões da diretoria.

Esse é o momento de distribuir o material que resume todo o processo de mudança para os participantes, recomendando, se for o caso, que o levem para casa e discutam com suas famílias.

Em seguida, o gerente deve explicar as próximas etapas no tratamento das demandas dos participantes. Serão esclarecidos os passos que acontecerão no encaminhamento, na análise e na tomada de decisão a respeito dos esclarecimentos dos participantes. Serão informadas as datas e o prazo final para a comunicação de prováveis alterações. Nesse momento, é oportuno comunicar a data de implantação da mudança.

Ao encerrar a reunião, o gerente agradece a todos e informa que está disponível para atender os que ainda tiverem dúvidas. Se houver um plantão de especialistas para conversar com os empregados, informar local, dias e horários.

» *Ações após a reunião*

Após finalizada a reunião, o gerente deve se concentrar em fazer um resumo escrito, registrando as principais fases e as reações dos participantes. Serão anotadas as queixas, reclamações e reivindicações. As colocações dos empregados sinalizam as mudanças que eles gostariam de ter no conteúdo e na forma da decisão tomada pela empresa.

Só assim, depois de analisar todas os relatos encaminhados pelos diferentes gerentes, a direção da empresa poderá promover eventuais alterações no projeto. Os chefes, a partir do que sentiram na reunião, podem e devem sugerir aos superiores hierárquicos alterações no processo e no conteúdo da mudança.

Para encaminhar o assunto com a hierarquia, os gerentes devem preferir uma outra reunião. Poderão melhor esclarecer tudo o que ocorreu na divulgação do tema, incluindo as manifestações e justificando, de forma mais consistente, as modificações propostas.

Feito isso, aguardam o posicionamento do superior, o que pode demorar algum tempo. A colocação pode ser positiva, indicando aquilo que foi mudado, ou negativa, dizendo que o projeto inicial será mantido da forma como havia sido previsto.

De posse da decisão do chefe, o gerente precisa comunicá-la aos trabalhadores. Deve ser avaliado se é o caso de marcar uma nova reunião. Isso só necessita ser feito em hipóteses muito especiais. Na maioria vezes, a informação pode ser repassada por e-mail ou colocada em quadros de aviso. Qualquer processo de comunicação adotado tende se revestir de dois aspectos: apresentar eventuais mudanças no posicionamento da empresa e reforçar as posições originais que estão sendo mantidas.

Registrar e avaliar reações é obrigatório, tanto nas comunicações presenciais quanto naquelas feitas de outras formas como e-mails, quadros de aviso ou TV do restaurante. Tudo o que for registrado tem que ser reportado à diretoria. Se houver uma reunião, é necessário reportar um resumo para a hierarquia.

2. Reunião individual

As reuniões individuais têm semelhanças e diferenças das grupais. A principal distinção refere-se ao formato. Nelas, é uma reunião é feita com um indivíduo ou, em casos mais raros, com um pequeno grupo de funcionários. Os participantes são sempre da equipe do gerente, sendo seus subordinados diretos ou indiretos.

No que se refere às etapas de realização, elas são as mesmas. Os cuidados com a preparação da reunião são bastante próximos, distinguindo-se apenas de alguns pontos referentes às particularidades e exigências próprias dos grupos.

Geralmente, o gerente se encarrega sozinho da comunicação. Se ele não for habilitado para o tema e necessitar de um especialista para conduzir a reunião, fica mais fácil mandar o empregado conversar com a autoridade da área.

Os temas tratados nesse tipo de reunião dependem de quem a solicita. Se for o gerente, os temas estão relacionados ao desempenho, mudanças de função, promoções, disciplina, entre outros. Ao convocá-la, ele sabe perfeitamente do que vai se tratar e certamente já domina o assunto. Porém, se for o empregado, são pedidos relacionados ao aumento salarial, pagamento de programas educacionais pela empresa, licenças de trabalho, incluindo períodos sabáticos, etc. Assim, em tal reunião pedida pelo subordinado, o gerente saberá qual será o assunto, devendo estudar o tema para conhecê-lo em detalhes. No dia da reunião, ele já deve estar a par das normas referentes ao assunto, para que possa se posicionar de acordo com elas.

Em alguns casos, será necessário estudar com a equipe de RH a situação e definir uma posição a respeito. Em outros, pode se obter uma autorização prévia do seu superior para fazer uma eventual concessão. Cotejar o episódio com outras situações existentes na empresa poderá ser bastante útil, pois permitirá justificar a decisão a ser tomada, tanto no fato do atendimento do pleito do empregado quanto para negar o pedido.

Da mesma forma que nas reuniões grupais, as deliberações necessárias podem estar dentro ou fora da esfera de poder do gerente. Se estão fora, ele deve receber autorização prévia para atuar dentro dos limites estabelecidos pela hierarquia. Em todos os casos, o gerente planeja, faz a comunicação, avalia e, se necessário, reporta o resultado à hierarquia.

CUIDADOS AO REALIZAR A COMUNICAÇÃO

1. Não assumir compromissos fora dos limites de poder do cargo

O gerente não deve e nem pode assumir compromissos fora dos limites de poder do cargo, por mais que as reclamações ou reivindicações dos empregados pareçam justas e ele julgue que deveriam ser consideradas. Quando a decisão for tomada pelas instâncias superiores, somente elas podem fazer mudanças no conteúdo ou na forma estabelecida inicialmente.

Todo gerente pode e deve fazer sugestões de modificações, apoiado pelas manifestações dos empregados ocorridas durante e após a reunião. Certamente a direção da empresa, após receber as informações de todos os gerentes que conduziram as reuniões, poderá fazer as alterações necessárias, ressalvando os casos em que a decisão está tomada de forma definitiva em todos os seus aspectos e não pode ser retocada.

Ainda assim, algumas providências podem ser tomadas para minimizar os efeitos negativos sobre a moral dos empregados. Muitas decisões, como por exemplo o fechamento de uma unidade ou uma demissão em massa, deixam marcas que demoram muito tempo para serem apagadas da memória dos trabalhadores, gerando insegurança e desmotivação.

2. Não deixar transparecer suas discordâncias com as posições da empresa

Os gerentes não devem nem podem deixar transparecer suas discordâncias em relação às posições da empresa. Isso vale para o momento da condução da reunião, para qualquer contato com os empregados e até mesmo aqueles realizados com a comunidade. Se o gerente tem discordâncias, ele tem que se posicionar a respeito junto aos seus superiores, mas uma vez que a empresa ratifique sua decisão ou posicionamento, tem a obrigação de defendê-los em todas as circunstâncias.

Pode ocorrer que um gerente descubra, ao longo do tempo, que tem discordâncias tão profundas com as posições da empresa que não há condições de nela permanecer trabalhando. A decisão da ruptura da relação, nesses momentos, tanto pode ser tomada pelo gerente quanto pela empresa.

O fato é que, enquanto um gerente permanecer na empresa diante dessas circunstâncias, há um prejuízo claro para ambos: a empresa e o profissional. No caso da empresa, deve ser levado em conta que mais cedo ou mais tarde a equipe percebe a situação e fica sem saber em quem acreditar. No caso do profissional, há de considerar o custo emocional de se manter na defesa de posições que são contrárias a sua visão ideológica e, até mesmo, a sua índole.

3. Estabelecer limites de acordo com as normas

Em muitas decisões tomadas pela empresa, os limites são estabelecidos de forma clara e precisa. No entanto, podem ocorrer margens não previstas. Desse modo, os gerentes devem determinar os limites de acordo com as políticas e normas da empresa. Essas demarcações devem ser seguidas com rigor, pois se a empresa costuma permitir que certas regras sejam flexibilizadas, decididamente isso não poderá ser feito em uma reunião. Com certeza, a empresa deve ter um sistema de consulta aos superiores para obter aprovação.

4. Dar amplas possibilidades para os subordinados expressarem suas posições

Durante o transcorrer da reunião, os gerentes devem dar amplas oportunidades para os subordinados expressarem suas posições sobre o tema abordado, bem como a outros assuntos conectados a ele. Essa expressão engloba insatisfações, reclamações e reivindicações sobre a decisão ou mudança que será adotada pela empresa. Tal postura vai reforçar nos empregados o sentimento de que a empresa se preocupa com eles, que suas opiniões são relevantes, que ela deseja administrar com eles e não apesar deles.

Os gerentes devem se manter abertos para ouvir as posições dos trabalhadores. Precisam também procurar fazer com que os mais tímidos e reservados se manifestem, dirigindo a eles perguntas e pedindo diretamente a opinião deles sobre um ou outro tema debatido.

Nesse aspecto, fica caracterizado que a comunicação que está em curso é feita com duas mãos, a da empresa e a dos empregados. Que não se trata apenas de um momento para se fazer uma declaração, mas uma oportunidade para o debate.

5. Posicionar-se somente após ouvir amplamente os empregados

Os gerentes necessitam se posicionar de maneira mais categórica e definitiva somente após ter ouvido amplamente os subordinados. Ao responder às questões formuladas, busca-se o esclarecimento das dúvidas, englobando todos os contornos da situação e dimensionando com clareza os impactos que a situação trará para a empresa e para os empregados.

Ao passo que os gerentes adotem uma postura de rebater as falas dos participantes, cada vez que houver a intervenção de um deles, as portas para o diálogo estarão pouco a pouco se fechando. Os empregados perderão o interesse em se manifestar, o que é exatamente o contrário do que a empresa deseja.

Portanto, os gerentes devem procurar abrir as portas para que o debate prossiga e vá o mais longe possível. Quando os gerentes perceberem que o assunto já foi esgotado, é que devem fazer um pronunciamento. Ao retomar os pontos mais importantes da reunião, deixarão claros os próximos passos até a implantação da mudança. Esse torna-se o momento para se esgotarem dúvidas, impedindo que os empregados possam pensar que a decisão ainda pode ser revista ou reinventada.

6. Não deixar que se criem falsas expectativas

Essa é a hora de não deixar que se criem falsas expectativas e todos os espaços da comunicação têm de ser preenchidos. Se isso não for feito, restarão brechas para serem completadas por outros interlocutores dos empregados, seja o sindicato, os amigos ou a família, a fim de levantar mais hipóteses e possibilidades.

Isso pode contribuir para que a decisão não seja assimilada pelos empregados. Depois da implementação da decisão, é fundamental que eles a encarem como definitiva e convivam com a realidade estabelecida por ela. Isso só é possível se eles entenderem que já foi tomada a última sentença.

7. Atuar apoiado nos fatos, políticas e normas da empresa

Os gerentes devem agir sobre os fatos, políticas e normas da empresa. É uma postura que mostra o vínculo e o comprometimento com a filosofia e os objetivos da organização. Isso repercute de forma muito forte entre os empregados, fazendo com que eles saibam qual caminho devem tomar para serem reconhecidos, recompensados e fazerem carreira na empresa.

As empresas, por sua vez, não devem perder a oportunidade de reforçar a importância das suas diretrizes. Assim como precisam insistir que os gerentes são os principais veículos e intérpretes das mesmas.

Quando os empregados veem os gerentes defendendo e aplicando as políticas e normas, convencem-se de que elas são para valer e não algo para ser citado na mídia ou mostrado em palestras nos congressos de Recursos Humanos. Há um reforço do valor das normas, abre-se a oportunidade de serem consideradas parte importante da visão ideológica da empresa, no campo da gestão de pessoas.

8. Não deixar que os empregados levem as questões para o lado pessoal

O gerente tem de tomar cuidado para não deixar que os subordinados levem as questões para o lado pessoal. Para que isso aconteça, a condução deve sempre ser feita falando de forma impessoal, não dando exemplos que permitam que algum participante pense que o caso dele está sendo abordado. Se algum participante manifestar tal preocupação, tudo deve ser imediatamente esclarecido para que não pairem dúvidas a respeito. A apresentação é voltada para o grupo e não para uma pessoa específica.

9. Não levar a questão para o lado pessoal

Por outro lado, o gerente tem de entender que as manifestações dos empregados dizem respeito exclusivamente ao tema e não a ele. Caso um participante faça alguma referência ao chefe, deve ser conduzido para tratar do tema exposto – e não de questões pessoais com a liderança. O gerente jamais pode levar a questão para o lado pessoal.

10. Manter a empresa plenamente informada a respeito dos sentimentos expressos pelos empregados

Após a reunião, o gerente deve manter a empresa plenamente informada a respeito dos sentimentos expressos pelos subordinados. Essa providência é necessária para que a direção da empresa possa ter uma visão dos resultados de todas as reuniões realizadas nos diferentes setores e adote medidas para fazer os possíveis acertos antes da implantação da decisão.

A COMUNICAÇÃO NAS RELAÇÕES DE TRABALHO E NOS SINDICATOS

As empresas têm de se comunicar com os seus empregados sem se preocupar com os sindicatos. Elas devem manter seus funcionários bem informados a respeito dos assuntos que lhes interessam. As empresas precisam manter os sindicatos informados a respeito das decisões que ela toma na área de gestão de pessoas. Tal comunicação é importante e necessária, mas ela não deve, em hipótese alguma, transferir para os sindicatos a responsabilidade de informar os empregados sobre uma decisão que ela tomou.

Os sindicatos, por sua vez, dialogam com os trabalhadores para manifestar suas posições a respeito das decisões e políticas das empresas. É um direito e um dever deles. Entretanto, sua comunicação com os trabalhadores é um caso à parte. Ela foi concebida para ser leve, direta e divertida. As charges são muito boas e certamente conseguem prender a atenção e fixar posições.

Durante as negociações trabalhistas é muito comum que os sindicatos peçam para a empresa não informar os empregados sobre o que foi acordado, deixando que eles façam a comunicação nos seus boletins e assembleias. As empresas não devem aceitar, mas sim insistir que cada um faça a sua comunicação. Outra coisa que as empresas devem evitar firmemente é bater boca com os sindicatos por meio de comunicações feitas para os empregados.

O Poder e as Relações de trabalho

O poder, na sua essência, é um dos temas menos estudados no campo da administração. Quase sempre é tratado de forma periférica ou subliminar. Na maioria das vezes, aparece submerso em tratados sobre liderança ou modelos de gestão. É bom que se diga que as abordagens são sempre sobre o poder domesticado ou civilizado.

Para melhor situar a questão, vamos ver a definição: "**Poder é o direito de deliberar, agir, mandar e, dependendo do contexto, exercer autoridade, soberania, a posse de um domínio, da influência ou da força.**

Poder é uma palavra que pode ser aplicada em diversas definições e áreas, um termo que se originou do latim *possum* e significa 'ser capaz de'. **Segundo a sociologia, é a habilidade de impor a sua vontade sobre os outros".**

Neste capítulo vamos abordar o poder relacionado à gestão de pessoas para produzir determinados bens ou serviços, mediante condições específicas previamente estabelecidas. Trataremos, portanto, do poder nas relações de trabalho.

Na concepção ideológica do trabalho, alguém que tem o poder define quem vai fazer a tarefa e, consequentemente, chegar a um resultado. Esse resultado irá beneficiar quem detém esse poder. No sistema capitalista, uma recompensa é atribuída a quem trabalha. É geralmente dada em dinheiro e se denomina salário.

Ao longo do tempo, a partir da Revolução Industrial, o trabalho foi organizado no formato de emprego para o qual se estabeleceram regras que abrangem responsabilidades e direitos. Essa formatação do trabalho beneficiava aqueles que detinham o controle dos meios de produção, ou seja, os capitalistas.

No período que antecede esse momento de avanço industrial, o trabalho era dividido em duas partes: trabalho no campo e trabalho nos ofícios, que tinham natureza distinta e regras separadas. No campo prevalecia a servidão, em que os trabalhadores rurais serviam nas terras dos senhores e tiravam uma pequena parte dos resultados em benefício próprio. O dono das terras só controlava os resultados, não intervindo na produção.

Já no ofício, os trabalhadores começavam como aprendizes até chegarem ao domínio da profissão. Enquanto eram iniciantes, trabalhavam de graça. Todos atuavam em um ambiente geralmente ligado à casa do dono do ofício, havendo algo parecido com um ambiente familiar profissional. Existia um sistema de controle sobre essas profissões, organizado por categorias profissionais, que estabeleciam como os ofícios deveriam ser exercidos e qual o preço a ser cobrado. Eram as corporações de ofício, de onde vem o termo corporativismo.

A Revolução Industrial estabeleceu um novo padrão em que o patrão controla a produção e os resultados – e o trabalho é realizado em instalações próprias. Não serão abordadas aqui as condições de trabalho, mas de qualquer forma é bom que se diga que elas eram definidas exclusivamente pelos patrões e não atendiam às normas mínimas de segurança e higiene. A rigor, não era dada aos trabalhadores a mínima oportunidade para opinar ou reclamar. Tudo foi mudando com o passar do tempo.

Com a Revolução Industrial, o trabalho passou a ser mais estruturado, mas perdeu a qualidade das relações, que só começou a ser recuperada em meados do século XX.

Até quarenta anos atrás era comum encontrar, nas pequenas cidades, "ilhas" onde persistiam as regras das corporações de ofício. Esse era o caso da Rua Bernardo Guimarães, em Ouro Preto, onde o formato das relações de produção seguiam regras vigentes no século XV. Eram sapatarias, alfaiatarias, barbearias e até açougues que mantinham um modelo de convivência quase familiar entre o "dono da oficina" e a sua equipe. Nesse caso, é necessário dizer que todos tinham carteira assinada, direito a férias remuneradas e outras vantagens garantidas pela CLT.

Entretanto, na mesma época, prevalecia nas grandes organizações um modelo de gestão que pressupunha um severo controle do trabalho pelos gerentes, de todos os níveis, e a manutenção de padrões de disciplina estabelecidos no início do século XX. Quando os sindicatos reclamavam, era citado com ênfase um trecho da CLT que falava do poder de mando da empresa.

Decididamente, era melhor trabalhar na Bernardo Guimarães. Mas nunca é demais lembrar que as pessoas, quando começavam a trabalhar, já chegavam preparadas para isso. Tinham sido educadas para o que iriam encontrar nas grandes empresas pelos pais, professores e clérigos que tradicionalmente aplicavam uma severa e disciplinadora educação.

A propósito, nenhuma criança queria ouvir sua mãe dizer: "Espere o seu pai chegar" ou ver a professora mandar ficar em pé no canto da sala de costas para os colegas. Muito menos queriam pensar em "queimar no fogo do inferno", conforme prometia o padre para os pecadores.

As mudanças nos padrões de gestão só vieram em meados da década de 1980 quando surgiram os primeiros times autogerenciados e a negociação de padrões de produção com os trabalhadores. Em 1988, fui surpreendido quando visitei a fábrica da FIAT, em Turim, e tive o prazer de conhecer o primeiro robô. Ele era auxiliar de produção na montagem de motores e se entendia diretamente com os operários que, por meio de um acordo coletivo, estavam livres dos "capas pretas", como eram chamados os supervisores de produção na empresa.

Até então, o exercício do poder era exibido com toda a força por patrões, gerentes e sindicalistas, cada um querendo "tirar a sua casquinha" dos trabalhadores. O que mudava era apenas o argumento usado por eles na defesa de um estilo de liderança que se notabilizava por utilizar parâmetros situados entre o autoritarismo e a truculência.

Os patrões detinham o poder da posse; os gerentes, o poder das regras; e os sindicalistas, o poder da ideologia. O fato é que, independentemente dos argumentos, ninguém dava refresco aos trabalhadores.

"Alto lá, isso é um exagero", podem dizer alguns leitores, discordando dos comentários. Mas aqui não estamos tratando das exceções e sim das posturas que predominavam. Para quem duvida disso, sugiro que assistam com atenção ao filme do cineasta italiano Elio Petri, realizado em 1971, *A Classe Operária Vai ao Paraíso*[1].

As alterações que propiciaram as mudanças nas relações de trabalho, e consequentemente do uso do poder, foram provocadas por vários fatores, alguns já citados: a Segunda Guerra Mundial e o Plano Marshall; as iniciativas de parte dos gerentes mais educados; a influência dos professores e especialistas; os efeitos da Guerra Fria; as lutas sindicais; o crescimento da classe média; o aumento da informação.

Na segunda metade da década de 1980 começaram a surgir condições que aceleraram o processo. As mudanças na economia, o processo de globalização, a radical democratização da informação, além das novas posturas da sociedade proporcionaram uma lufada de ar fresco para arejar o mundo corporativo.

Outro fato que contribuiu de maneira decisiva foi a disseminação de processos e práticas de trabalho em grupo, oriundas do modelo japonês de gestão. Na verdade, simultaneamente, virou moda adotar filosofias e costumes asiáticos para dar sustentação conceitual às novas abordagens gerenciais.

---

1 Basta dar poucos passos para superar a distância que distingue o céu do inferno ou é só atravessar um muro para descobrir que nada isola a razão da insanidade. É o que demonstra com precisão o cineasta Elio Petri em *A Classe Operária Vai ao Paraíso*, filme de 1971 sobre a trajetória de um trabalhador cujo nome, Massa, carrega consigo as questões políticas protagonistas da obra do diretor. Massa (Gian Maria Volonté) é um operário assediado, de um lado por forças esquerdistas que pregam a radicalização, e, de outro, pelas seduções da sociedade de consumo, da qual seus magros rendimentos o mantêm apartado. (Folha de S.Paulo, Ilustrada, edição de 14 de junho de 2009, trechos da crítica de Cássio Starling Carlos).

O fato é que, independente da adoção do hinduísmo ou do budismo como filosofia de sustentação das ações dos gerentes, as empresas se deram conta de que tinham de agradecer os bons serviços prestados pelo Taylorismo e o Fordismo. Assim, eles foram colocados num panteão e foram adotadas novas posturas na gestão de pessoas. Era como ouvir um locutor muito entusiasmado, anunciando pelos alto-falantes do "estádio corporativo": "Atenção gerentes, sai o taylorismo e entra o toyotismo".

Começam as mudanças na concepção do uso do poder. A ideia que ganhou força foi a de que a concentração de poder nas mãos de poucos era improdutiva nos tempos que estavam chegando. A ideia contrária é que à medida que o poder fosse distribuído por toda a pirâmide organizacional, a produção, a qualidade e os resultados aumentariam. As empresas constataram que, até então, vinham utilizando muito pouco da capacidade de trabalho dos empregados. Sendo assim, esses, passando a atuar em modelos de gestão mais abertos e horizontais, iriam aumentar a produtividade.

Em paralelo à reengenharia organizacional e de processos, as empresas iniciaram uma reengenharia dos modelos de gestão. Foram criados grupos de trabalho fora das estruturas existentes para "balançar o coreto" das organizações. Os nomes desses grupos ou seus objetivos explicitados variavam, mas, na verdade, tinham como missão mudar a forma de gerenciar o trabalho.

Falou-se muito em democracia no trabalho, parecendo discurso de sindicalistas. Mas essa denominação era inadequada, já que o objetivo era apenas distribuir melhor o poder. Ninguém pensou em decidir no voto cada iniciativa que as empresas quisessem tomar.

As novas regras da economia global reforçaram a necessidade de mudanças organizacionais. Alguns temas passaram a pontificar nos livros, na imprensa especializada e nos congressos. Eles davam o tom do que as empresas deveriam buscar para melhorar seus resultados: produtividade, meritocracia, produção integrada. Reduzir custos passou a ser o mais importante mandamento das leis do mercado. A competição se acirrou, tanto entre as empresas quanto entre as pessoas.

Um novo personagem entrou em campo: o capitalismo do conhecimento. Nele não basta dispor de recursos financeiros e materiais. A partir daquele momento, as empresas que quisessem vencer a competição teriam de dispor de uma reserva de conhecimentos para desempatar o jogo. Cresceu a demanda por profissionais mais qualificados e, mais que isso, as empresas definiram como objetivo dispor de empregados capazes de aprender continuamente.

Mais recentemente, o processo de mudanças econômicas, sociais e tecnológicas se acelerou de forma vertiginosa. Hoje, ninguém sabe dizer qual será a próxima mudança, mas todos têm certeza de que ela já está a caminho. Isso significa que as empresas passaram a ter de lidar, a cada dia, com o inesperado. Nada mais é sagrado, tudo pode ser mudado, desde que seja para produzir melhores resultados.

Atualmente as empresas exigem cada vez mais das pessoas que, por sua vez, precisam estar prontas para receber a bola quadrada e devolvê-la redonda. Tudo fica obsoleto com mais rapidez como conhecimentos e tecnologias.

A educação ganhou um novo status: mais valor e mais procura. Como ela significa aumento da renda e da participação, as pessoas passaram a buscá-la em todos os lugares e oportunidades. A escola deixou de ter o monopólio da formação. As empresas posicionaram a educação no centro de suas preocupações estratégicas, pois ela é uma das principais portas de entrada no capitalismo do conhecimento.

A informação passou a ser outro bem importante para as empresas. Com ela, é possível fazer quase tudo. Sem ela, nada. A questão central não é a presença de informações, pois elas existem e estão disponíveis, mas sim como acessá-las, organizá-las e utilizá-las. Elas passam a ser uma nova fonte de poder. A pergunta passa a ser: "O que fazer com elas?". Qual o melhor caminho? Dominar ou compartilhar? As empresas têm de definir o seu rumo, escolher a sua estratégia. As pessoas percebem o valor da comunicação e manobram, em paralelo, para dominá-la.

Com tantas informações disponíveis, fica decretada a falência do autoritarismo. Começa nas empresas o ciclo de distribuição de poder.

Inicia-se um processo de busca por formas de distribui-lo, já que o que se sabia era como concentrá-lo.

O primeiro debate que se instala é **democracia vs. participação.** Apesar da animação, essa é uma discussão que nasce morta, pois as empresas podem ser várias coisas, menos democráticas. Democracia é uma condição do Estado, em que o poder é definido na base do voto. Nas empresas, o poder pertence a alguém que o divide de acordo com alguns critérios. Durante mais de um século, tivemos nas empresas a era do poder concentrado. Agora, começava a era do poder diluído.

A questão passa a ser como dissolver esse poder, como entregá-lo para mais pessoas. Existem várias abordagens, que foram praticadas simultaneamente. Uma delas foi a redução dos níveis organizacionais, provocando a redistribuição do poder entre mais pessoas.

Um exemplo disso foi um projeto de redução de níveis hierárquicos que trabalhei e uma das coisas que mais me impressionou foi a perda da funcionalidade da organização provocada pelo excesso de chefias. Elas se amontavam, umas sobre as outras, na pirâmide organizacional. Em muitos casos, era um chefe gerenciando somente outro chefe. A falta de poder e liberdade causava prejuízo no desenvolvimento dos empregados. Isso ocorria em quase todos os níveis, mas era mais evidente no grupo que estava mais próximo da base da pirâmide.

Outra abordagem utilizada para organizar o trabalho de forma mais horizontal foi a criação de times autônomos, ou grupos interdisciplinares, como as equipes de negócios. As pessoas passavam a criar mais e elevavam o seu nível de comprometimento.

Muitas outras abordagens foram adotadas com muito sucesso. Uma das primeiras foi a criação de mecanismos de consulta aos empregados. Quem não se lembra da antiga caixinha de sugestões, tomada emprestada do modelo japonês? Esses mecanismos foram evoluindo para tratar de aspectos específicos. A evolução dependeu da existência de novas formas de comunicação disponíveis. Podem ser citados como temas de consulta: como a empresa deve comemorar seus cinquenta anos; o que você espera da festa de Natal; escolha do novo horário de trabalho, dentre outros.

Muitas empresas criaram uma ouvidoria para conhecer fatos que preocupavam, incomodavam os empregados ou eram abusivos e intolerantes. Outra opção foi a criação de grupos de estudo por área de trabalho ou profissões. Em paralelo, as empresas trabalharam para melhorar os processos de comunicação e informação.

Quando se olha para as experiências de distribuição do poder não devemos atribuí-las unicamente à iniciativa das empresas, como acabamos de mostrar. Existem outras que se inserem na categoria de mudanças forçadas. Normalmente são decorrentes de iniciativas do Estado, provocadas por uma lei ou decreto. São exemplos o sistema de representação dos trabalhadores no local de trabalho (previsto na Constituição e regulamentado pela nova CLT) e a CIPA.

Há ainda as iniciativas dos sindicatos de trabalhadores, como as redes de trabalhadores, as Comissões de Fábrica e os acordos internacionais (Federação Sindical Mundial).

Por último, devem ser citados alguns processos e iniciativas do mercado, ou seja, em algum segmento econômico as empresas decidem criar algo que vale para todas. Um bom exemplo disso é do setor de plásticos, em São Paulo, que criou um modelo de acompanhamento de prensas para evitar acidentes de trabalho. Esse sistema funciona com a participação dos sindicatos.

ARREMATES

No momento da implantação dos novos modelos de gestão houve muitas reações contrárias. Inicialmente, elas partiram dos gerentes, que viram nas mudanças uma manobra para retirar parte do poder que detinham, o que, de fato, era verdade.

Os sindicatos seguiram os gerentes e se opuseram às mudanças. Eles viam nelas algo para combater as ações sindicais e os sistemas de participação por eles preconizados. O curioso foi a linha de sustentação da posição dos sindicatos: as empresas queriam que os trabalhadores resolvessem os problemas delas, aumentando, consequentemente, o comprometimento com as organizações onde trabalhavam.

Isso ocorreu em todo o mundo. Na França, certa vez, um dirigente da CGT[2] me disse que o trabalhador não tinha que ficar preocupado com a empresa depois do expediente, pois isso ia prejudicar o convívio familiar.

Já que estamos falando da França, numa ocasião, fui visitar a unidade de Arras, na região norte do país. Lá começou a experiência de times autônomos, que foi um sucesso. Perguntei ao diretor de RH qual era o limite da participação dos trabalhadores. Ele me disse que não havia limite, desde que a empresa mantivesse o controle.

Para finalizar, afirmei anteriormente que o autoritarismo tinha tido sua falência decretada. Não quero rever essa afirmação, mas devo lembrar que, apesar disso, ainda existem muitas empresas em que esse sistema persiste; muitos gerentes são autoritários por natureza e há muita gente que morre de saudades do tempo em que ele era endêmico.

---

2 A Confederação Geral do Trabalho (em francês, CONFÉDÉRATION GÉNÉRALE DU TRAVAIL) é uma confederação sindical criada em 23 de setembro de 1895, em Limoges. É uma das seis confederações de sindicatos de assalariados do país reconhecidas pelo Estado.

Negociações nas relações de trabalho

As negociações nas relações de trabalho são vistas como algo obscuro, como se fossem realizadas por membros de uma sociedade secreta. Muitas pessoas que não sabem do que elas tratam podem pensar dessa maneira. Porém, essas negociações nada ficam devendo aos seus "colegas" de outras áreas, além de cumprirem um papel social de alta relevância.

Nos dois últimos anos da década de 1970 e praticamente por toda a década de 1980, as relações de trabalho exerceram um papel muito importante. Bem como também tinham muita visibilidade, já que eram realizadas a portas abertas.

O que precisa ser compreendido é que elas têm certas peculiaridades, inerentes à sua própria natureza, que as distinguem de outras modalidades de negociação. A primeira delas é que são voltadas integralmente para as pessoas, suas percepções e seus sentimentos, face ao que o patrão ou seus representantes estão decidindo, incluindo o conteúdo e o processo. A segunda é que sofrem a influência da vida cotidiana da empresa, das relações mantidas com os empregados e das posturas e comportamentos do patrão e dos gerentes.

Já a terceira peculiaridade é que há sempre consequências para os envolvidos quando não são bem conduzidas e podem afetar os interlocutores. A quarta, mas nem por isso a menos importante, é que elas são realizadas quase sempre em situações de conflito entre os negociadores ou seus representados. Quando o conflito não está presente, ele paira como uma alma penada no ambiente de negociação, ameaçando mostrar sua face a qualquer momento.

Feita essa distinção, passamos a abordar as questões de fundo que norteiam a negociação em relações de trabalho. Duas delas já foram bem detalhadas no Capítulo 3. No processo de negociação, elas têm sua força e influência ampliadas frente a necessidade de rapidez e à tensão sempre presente nesse campo.

Trata-se, primeiro, do **conflito vs. convergência**. Devemos fazer uma observação sobre o fato exposto acima, que coloca a negociação predominantemente no ambiente de conflito. Para superar o embate, a negociação precisa buscar a convergência. Isso significa restaurar na empresa um espaço propício para que as coisas caminhem bem e os resultados sejam alcançados.

A outra é **emoção vs. lógica**. Cabe lembrar que a emoção reina no ambiente negocial. Ela pode ser um trunfo ou uma ameaça, a depender do lado em que o negociador está e do um momento específico que está sendo vivido. Nota-se que o controle das emoções, que também está em jogo, não é obtido com ajuda da lógica, como os mais apressados poderiam supor. Isso será tratado mais adiante.

Vamos tratar da terceira que é **habilidade vs. esperteza**. Aqui estamos perante algo que, para alguns, pode parecer tentador. É comum ouvir, em conversa de boteco, pessoas se vangloriando de serem espertas. Pode ser uma boa característica para um corredor ou ala no futebol, usada como sinônimo de rapidez. Nas negociações trabalhistas, a esperteza é inaceitável. Ela é o melhor atalho para respostas rancorosas, frustração e desconfiança. Já uma característica a ser celebrada é a habilidade, que permite usar as oportunidades para costurar acordos sustentáveis.

É bom lembrar que negociar acordos e convenções coletivas não é a mesma coisa que comprar um tapete em Marrakech. Já fiz isso uma vez e foi bastante divertido. Os marroquinos adoram barganhar. Adoram a disputa dos preços. O tapete está na minha sala de visitas.

É bonito, mas até hoje, não sei se fiz um bom negócio. Nunca mais vi o vendedor.

Na negociação trabalhista, você vai reencontrar muitas vezes o sindicalista e seus representados. Não dá para trapacear impunemente. O objetivo é construir relações sustentáveis com os sindicalistas e os trabalhadores das empresas. Aqui, estamos na companhia de uma negociação que tem passado, presente e futuro. Assim, a palavra de ordem é ser hábil sempre e ser esperto jamais.

Dito isso, a última questão de fundo é **verdade vs. mentira**. Dentro das negociações realizadas nas relações de trabalho, muitos fatos vêm à tona para serem usados como argumentação de uma das duas partes. Nem todos são verdadeiros. Nas negociações de convenções coletivas, é sempre difícil se certificar de que o que um sindicalista ou negociador patronal diz é verdadeiro. Quando é citado um fato que ocorreu em determinada empresa para identificar como os patrões tratam os empregados, na maioria das vezes, poucos conhecem aquela organização ou tiveram notícia do fato, mesmo entre os sindicalistas. Por outro lado, muitos negociadores patronais usam uma história de outra empresa como resposta. Isso também não é inquestionável.

Esse tipo de atitude se enquadra no argumento de que os fins justificam os meios. Para os sindicalistas, eles têm o direito de falar o que quiserem. Caso contrário, estão sendo tolhidos na sua liberdade de expressão e argumentam: "Isso não é democrático". Democracia é coisa muito diferente. No fundo, o que eles querem não é liberdade democrática, mas liberdade poética.

Quando termina a negociação, o que acontece é muito parecido com a comemoração em um boteco dos jogadores de dois times de subúrbio. Todo mundo se põe a dizer: "Desculpe a nossa falha".

O artifício é mais difícil de ser usado nas negociações em empresas, porque é fácil apurar a veracidade do fato. Esse tipo de jogada é totalmente desaconselhável. As empresas devem dissuadir seus representantes de fazerem manobras na mesa de negociação. Além disso, cada vez que um sindicalista fizer uma manobra, impõe-se que os representantes patronais manifestem sua contrariedade com tal comportamento.

Não é para se ter dúvida na hora de optar entre a verdade e a mentira. Até porque, como se diz no interior de Minas Gerais, "a mentira tem perna curta".

Antes de prosseguir, é necessário que nos detenhamos à análise dos fatos que nos encaminham para negociar e algumas respectivas definições de negociação.

NEGOCIAR É:	
Buscar alternativas	Focar os objetivos a serem alcançados no processo negocial. É necessário lembrar que tais alternativas devem agradar aos dois lados da mesa e devem ser obtidas pelo diálogo, não pela imposição ou sedução.
Gerenciar emoções	Aborda um dos pontos críticos da negociação, que é o momento em que afloram as emoções. O bom negociador é aquele que não se deixa levar, mantendo a situação sob controle.
Diminuir diferenças	Conectada com os objetivos da negociação, parte do princípio de que a melhor alternativa está no centro. Os negociadores começam com posições muito distantes e depois, por aproximações sucessivas, chegam a uma posição comum.
Construir uma relação duradoura	Estabelece como objetivo da negociação a construção de uma relação a longo prazo entre a empresa e os empregados representados pelo sindicato. Isso só é possível se a negociação for vista em três dimensões: o passado, o presente e o futuro, tendo de prevalecer a verdade e a habilidade.

Com algumas definições de negociação postas à nossa disposição, é necessário compreender a sua utilidade. A seguir, estão algumas explicações de por que é preciso negociar:

1. Organizações, pessoas e grupos sociais querem coisas diferentes: as expectativas que cada organização tem são diferentes daquelas dos empregados e sindicatos. É importante

ajustar a espera para que todos os atores aceitem caminhar juntos. Negociar é a única forma de chegar a um ponto comum.

2. As pessoas pensam de formas diferentes: duas pessoas não pensam exatamente da mesma maneira. Cada uma tem suas crenças, seus valores, suas verdades. No caso das pessoas jurídicas, é a mesma coisa. Elas possuem filosofias, políticas e práticas diferentes. Para achar um caminho compartilhado, é necessária a negociação.
3. Os recursos são limitados: se os recursos fossem ilimitados, poderiam ser distribuídos, a fim de que todos pudessem satisfazer suas vontades. Esse é um sonho, ou na verdade um delírio, que jamais será realizado. O socialismo tentou repartir por igual os recursos existentes, mas fracassou. A saída é transacionar a distribuição desses recursos.
4. Obrigação legal: no Brasil, a legislação trabalhista define que as empresas e os trabalhadores negociem as convenções coletivas ou os acordos coletivos todos os anos, na época da chamada data base.

PILARES DAS NEGOCIAÇÕES NAS RELAÇÕES DE TRABALHO

O que não pode faltar em uma negociação? Para responder, precisamos avaliar do que é preciso necessariamente para ter sucesso. Poderíamos chamar esses elementos de pilares da negociação, pois são neles que os negociadores devem se apoiar na condução do seu trabalho.

1. Planejamento:

Esse é um recurso fundamental para as negociações. Não há lugar para improvisações, é necessário que o negociador e sua equipe façam um planejamento rigoroso antes de entrar em cena. Tive um colega que gostava de brincar revisitando a frase de Arquimedes[1]. Ele dizia: "Dai-me uma palavra e eu moverei o mundo". Os colegas se divertiam fornecendo as palavras e ele fazia discursos memoráveis. Nas negociações, isso não resolve. A eloquência pode até ser usada, mas o negociador carece conhecer o terreno onde está pisando e se preparar para enfrentar a realidade. Ele deve buscar as informações necessárias e traçar o caminho que seguirá. Surpresas acontecerão, mas a maioria dos assuntos a serem tratados estará sob controle.

2. Política:

O processo negocial tem uma natureza totalmente política. Não se trata da política partidária, mas da essência das relações. Poderíamos trocar a palavra 'política' por 'delicadeza, jeito, cuidado ao falar e agir'. Não estamos diante de algo completamente definido e esperado, mas de fatos que poderão ocorrer se os negociadores tiverem a sensibilidade para não provocar desgastes desnecessários. Vivi um caso em que um gerente da empresa se levantou da mesa de negociação e enfiou o dedo na cara de um sindicalista, dizendo: "Você não entende isso porque é burro". Isso já não é falta de habilidade política, mas ignorância pura. Desafio o leitor a encontrar várias maneiras educadas de tentar fazer o sindicalista compreender o ponto de vista da empresa, que era o que estava em questão. O melhor caminho político não é o mais curto. Muitas vezes, ele exige que se dê muitas voltas. Há momentos de se calar diante de uma observação mais ríspida, ou ouvir com atenção algo absolutamente inútil.

3. Respeito:

Esse aspecto tem muita conexão com a questão política. Os negociadores não podem escolher seus interlocutores, tendo que lidar com os que aparecem. Nem todos são brilhantes, competentes, corteses, oportunos e simpáticos. Entretanto, todos merecem respeito. Estão lá

---

1 Arquimedes de Siracusa (287 a.C. – 212 a.C.) foi matemático, físico, engenheiro, inventor e astrônomo grego. Proferiu a célebre frase "Dê-me uma alavanca e um ponto de apoio – e levantarei o mundo".

para representar os trabalhadores da empresa ou as empresas para as quais o negociador trabalha. Eles não podem ser censurados, tolhidos ou humilhados. O negociador tem de se munir de toda sua paciência para ouvir muita baboseira com atenção e cortesia.

4. Comunicação:

O último pilar do processo negocial é a comunicação, que tem várias facetas e é primordial para garantir o sucesso da negociação.

A primeira delas é a comunicação com os interlocutores, que deve ser permanente durante todo o período das negociações. Em alguns momentos, é exigido que seja feita uma comunicação fora da mesa, com parte dos sindicalistas, a chamada comunicação em off. Nesse caso, tudo é feito com base na confiança. O que acontece na reunião em off é mantido em segredo pelos participantes. Essa é a vantagem da conversa, pois todos podem falar livremente e apontar eventuais saídas para impasses na negociação.

A outra faceta é a comunicação com os clientes, que são os gerentes e diretores da empresa ou das empresas contratantes. Aqui, o cuidado é para garantir que todos tenham informações uniformes sobre o que está ocorrendo, para que possam repassá-las para as equipes. Aqui há também a chamada comunicação reversa, na qual esses gerentes e diretores passam para os negociadores como está o ambiente nas fábricas.

Para finalizar, tem de ser mantida uma comunicação direta ou indireta com os trabalhadores que serão afetados pela negociação. Tal interlocução exige sutilezas para ser eficaz. Ela é um processo de "vai e vem" e deve permitir aos negociadores que conheçam os sentimentos dos trabalhadores. Não se pode perder de vista que os sindicalistas também estão se comunicando com os mesmos trabalhadores. Nesses tempos modernos em que vivemos, muitas dessas conversas são feitas por WhatsApp, o que exige cuidado redobrado.

Retratos da Realidade

Na empresa onde era responsável pelas relações de trabalho, tomamos a decisão de envolver alguns gerentes de segundo escalão das fábricas nas negociações com os sindicatos. Nosso objetivo era familiarizá-los com o processo para estarem preparados quando tivessem que ocupar a direção de uma unidade de produção. Os escolhidos eram aqueles considerados de alto potencial de crescimento na carreira.

Em uma das nossas maiores fábricas, foi escolhido um gerente bastante competente para participar de uma difícil negociação. O sindicato local poderia ser reenquadrado facilmente na categoria dos radicais. No entanto, o sindicalista que liderava as negociações era moderado e bastante hábil no processo negocial.

Após algumas reuniões, mesmo num clima bastante agressivo, nosso "gerente trainee" vinha se saindo muito bem. Fazia poucas intervenções, mas todas muito apropriadas.

Diante disso, decidimos levá-lo para uma reunião em off com o coordenador das negociações e o advogado do sindicato. A reunião foi bastante produtiva. Informados de qual concessão contribuiria decisivamente para fechar a negociação, ficamos de colocar na mesa uma proposta inicial para ser trabalhada na mesa.

Quando retomamos a negociação, seguimos o roteiro combinado e em determinado momento colocamos a nova proposta. O coordenador do sindicato tomou a palavra e criticou com firmeza o que havíamos proposto, o que foi apoiado pelo advogado. Os outros sindicalistas aproveitaram a oportunidade para "tirar uma casquinha" e bateram firme exigindo muito mais dos que estava a nosso alcance. Inesperadamente, o "gerente trainee" tomou a palavra e interpelou o coordenador sindical: "Não foi isso que combinamos na reunião em off".

Depois de rápido e sepulcral silêncio, a confusão se instalou na sala. Houve um bate-boca interminável entre os sindicalistas que, depois de um intervalo, pediram para encerrar a reunião. A negociação prosseguiu na outra semana, mas foi muito difícil chegar a um acordo.

O TERRENO ONDE PISAMOS: A CULTURA DAS RELAÇÕES DE TRABALHO NO BRASIL

Não se pode dizer, sem risco de cometer um erro grosseiro, que há uma uniformidade cultural nas relações de trabalho no Brasil. Existem muitas distinções que variam de acordo com as localidades onde estão as empresas, o fato de serem nacionais ou multinacionais (no caso dessas, dependendo de qual for o país de origem), se são públicas ou privadas e até o tipo de negócio. De qualquer forma, existe um conjunto de fatos, posturas e comportamentos dos atores que nos permitem definir alguns aspectos gerais.

No Brasil, o trabalhador sempre foi visto como um ser carente de proteção. Essa visão remonta há várias décadas e sempre foi reforçada pela legislação trabalhista e pela postura dos atores sociais: Estado, patrões e sindicatos. O Estado, desde Getúlio Vargas, tem se dedicado a prover, proteger e defender os trabalhadores, que não conseguem se cuidar sozinhos. Isso não é um privilégio do Executivo, envolve também o Legislativo e o Judiciário. Os sindicatos dizem que eles são a vanguarda da classe operária. Os patrões e os gerentes dizem que os trabalhadores não podem ficar soltos, pois dependem de supervisão permanente para desenvolver bem suas tarefas. Esses discursos são antigos e hoje não encontram eco na realidade.

O que temos na área trabalhista é muita legislação e pouca negociação. Essa foi uma reclamação manifestada durante décadas pelos profissionais das relações de trabalho. Quando a reforma trabalhista definiu em um dos seus artigos a prevalência do negociado sobre o legislado, havia a expectativa de que ocorreria no Brasil um verdadeiro surto de negociações, o que ainda não aconteceu. Alguns fatores contribuíram para isso.

O primeiro é que a maioria das empresas sempre terceirizou a negociação para os sindicatos patronais. Agora, elas, que não estão habituadas a negociar, também não estão preparadas para fazê-lo. E suas demandas certamente não podem ser atendidas, via convenção coletiva de trabalho.

Outra questão diz respeito aos sindicatos de trabalhadores. Eles não estão motivados para negociar somente os temas desejados pelas empresas. Se forem indagados, só o farão se houver uma troca de interesses, o que é normal em uma negociação. Quando um ator cede em um ponto, espera que o outro também atenda a uma de suas expectativas. Os sindicatos patronais, que têm nas mãos uma grande oportunidade de se valorizar diante das empresas, ainda não perceberam isso e não se oferecem para apoiá-las.

Em síntese, as empresas que já negociavam continuam a fazê-lo, mas não há outras tomando essa iniciativa. Houve ainda a paralisação de muitas transações de convenções coletivas. Os sindicatos de trabalhadores se recusavam a avançar enquanto não tivessem uma solução para seus problemas financeiros, decorrentes da mudança feita na legislação referente ao imposto sindical.

Ao longo dos anos, a negociação muitas vezes tem funcionado como uma "lavanderia". O que isso quer dizer? Durante o ano inteiro, as empresas cometem uma enorme série de erros na gestão de pessoas. Tais erros têm forte impacto nas relações de trabalho, comprometem a imagem das empresas nessa área e, durante as negociações, eles são enumerados pelos sindicalistas, como chagas das organizações.

Isso obriga os representantes das empresas a desenvolverem um enorme esforço para cuidar desses temas, promovendo uma limpeza na imagem das corporações para as quais trabalham. No fim das negociações, eles entregam as empresas "limpinhas". Em poucos dias, os mesmos erros voltam a ser cometidos. Os sindicalistas vão fazendo o registro para, nas próximas negociações, colocarem tudo na mesa novamente.

É reconhecida a falta de preparo de grande parte dos gestores de todos os níveis para lidar com as questões sociais. Nas universidades, mesmo nas faculdades da área de humanas, o tema não é abordado com a profundidade que merece. A questão ainda é tratada no modelo da década de 1950, com o título Relações Humanas no Trabalho. Os professores, apoiados principalmente em conhecimentos da Psicologia, falam de liderança, recomendam algumas posturas para os futuros chefes e ficam só nisso.

Nada é dito sobre o funcionamento das relações de trabalho, os papéis dos atores sociais, o diálogo, os direitos e responsabilidades dos trabalhadores e sindicalistas. Quando esses profissionais chegam nas empresas, a maioria dos programas de treinamento também não cobre o tema. Eles só vão ter contato com o assunto quando, no calor de uma greve, tiverem que passar pelo piquete na portaria.

A maioria das empresas adota uma visão taylorista para as relações de trabalho com muita estruturação, divisão e ordenação de tarefas. O trabalhador, colocado como o centro das atenções dos vários profissionais das empresas, é administrado "aos picadinhos". Os gerentes se ocupam da gestão técnica. A equipe de Recursos Humanos cuida deles como pessoas. Os profissionais das relações trabalhistas se encarregam do quesito "trabalhador revoltado".

Desse modo, não há uma percepção, nem uma gestão integrada dos empregados. Fazer isso permitiria que as empresas tratassem melhor esses trabalhadores, obtendo como resultado mais satisfação e produtividade. Para adotar essa gestão abrangente só há uma forma de se estruturar: o gerente cuidar dos empregados, apoiado pela equipe de recursos humanos e pelos profissionais das relações de trabalho, com cada um deles na sua especialidade.

É notória a baixa participação dos trabalhadores e empresários nos seus respectivos sindicatos. A maioria não se associa – e os que são associados ficam distante do dia a dia das suas entidades. Isso traz implicações para as relações de trabalho, já que os sindicatos laborais e patronais não têm suficiente lastro de apoio na condução das negociações.

Quando são comparadas as assembleias de hoje com as dos anos 1980 e 1990, é visível a olho nu o desinteresse atual pelo tema. Porém, quando as negociações são concluídas, ouve-se reclamações de todos os lados. Parece o morador que não foi à reunião do condomínio esbravejando contra uma despesa que nela foi aprovada. Como diria aquele antigo locutor esportivo, "não adianta chorar, a bola está lá dentro".

Temos no Brasil um grupo de pessoas que não é grande, mas também não é pequeno, que é partidário de uma ideologia de confronto nas relações de trabalho. Esse grupo, composto por diretores de recursos humanos, profissionais das relações trabalhistas e dirigentes empresariais, entende que a melhor maneira de lidar com os sindicalistas é mantê-los permanentemente acuados, por meio de ações agressivas. Essas ações situam-se entre processos judiciais e o uso da força policial. Não que esses procedimentos não sejam eventualmente necessários e corretos do ponto de vista técnico, mas quando são utilizados simplesmente como "birra ou pirraça", tendem a gerar um efeito negativo para as empresas.

Todos saber que não se pode "espremer um gato deixando-o sem saída". As consequências podem ser graves. A mesma ponderação vale para sindicalistas ensandecidos por provocações das empresas ou sindicatos patronais. O radicalismo é sempre o pior caminho a ser trilhado, não importa de quem ele parta.

Retratos da Realidade

Na década de 1980, quando havia greves e negociações por todo lado, uma fábrica do setor químico era sempre escolhida para as manifestações do sindicato. Os sindicalistas levavam o carro de som para a portaria nos horários da troca de turnos, impediam a entrada dos trabalhadores e faziam longos discursos atacando a empresa. As manifestações duravam até duas horas.

O gerente de relações trabalhistas ficava furioso com as manifestações e reclamava com o sindicato, mas elas continuavam a ocorrer com frequência. Até que ele resolveu tomar uma iniciativa. Mandou comprar uma potente aparelhagem de som e colocá-la na portaria com as caixas voltadas para a rua.

Na primeira manifestação, ele ligou a aparelhagem, pegou o microfone e passou a responder, uma por uma, as falas dos sindicalistas. Para exemplificar, quando os sindicalistas diziam que a política salarial da empresa era ruim, ele respondia que aquilo era mentira e que a empresa pagava no terceiro quartil do mercado. Quando um sindicalista dizia que os vestiários eram precários, ele rebatia dizendo que era mentira, que eles eram muito melhores que os banheiros do sindicato.

Foi uma manhã febril. A notícia do fato se espalhou, provocando gargalhadas entre os profissionais das relações trabalhistas das empresas vizinhas.

Além do efeito caricato, a atitude do gerente pouco contribuiu para mudar a situação. O fato certamente motivou ainda mais os sindicalistas a se manifestarem na frente da empresa. Por conta disso, o gerente não podia estar na portaria todas as vezes em que o sindicato decidia "visitar" a fábrica.

Hoje, no Brasil, assistimos a tempos ruins para sindicatos e sindicalistas. Cresce no seio da sociedade civil um sentimento negativo a respeito de sindicatos e sindicalistas. Isso pode ser atribuído a uma possível reação da classe média aos sucessivos governos petistas, mas isso não é suficiente para explicar o rancor manifestado em conversas sociais. Afinal, a maioria dos sindicalistas não é ligada ao Partido dos Trabalhadores. As observações feitas oscilam entre a falta de utilidade dos sindicatos e o oportunismo dos sindicalistas. Passam por críticas ao uso de dinheiro público e a falta de empenho na defesa dos trabalhadores. A pergunta padrão é: para que servem os sindicatos?

Durante a discussão e após a reforma trabalhista, houve um recrudescimento da questão e as críticas se avolumaram. As diversas mídias ecoaram as opiniões contrárias de forma generalizada, o que contribuiu para a queda de mais um patamar no prestígio dos sindicatos. Chegou-se a um ponto em que parecia ser de bom tom criticar os sindicatos – e as pedradas vieram de todos os lados.

Eu me lembro que em um dos programas da Fundação Dom Cabral, logo após eu apresentar uma tabela com os quatro tipos de sindicatos (oportunistas, rústicos, modernos e radicais), fui interpelado por um aluno dizendo que nunca tinha visto um sindicato moderno. Para não entrar em disputa ideológica com o aluno, simplesmente recordei-me que a amostragem que ele tinha não era comparável com a minha, que lido com dezenas e mais dezenas de sindicatos há muitos anos.

É obvio que não se pode colocar todos no mesmo balaio ou afirmar que "sindicato é assim mesmo, farinha do mesmo saco". De qualquer forma, os próprios sindicatos têm um pouco de culpa nesse cartório, pois não fizeram uma leitura dos cenários que já indicavam mar revolto pela frente. Se fizeram, não a levaram a sério e não passaram a usar uma nova estratégia de comunicação com seus representados e a sociedade.

Todos aqueles que já tiveram de enfrentar e resolver uma greve selvagem, certamente não têm dúvidas a respeito do papel e da utilidade dos sindicatos. Que eles precisam melhorar, mudar seu modo de vida e se expor mais para o público, não existem dúvidas, mas, certamente, a sua extinção não fará bem para a sociedade.

QUEM SÃO OS INTERLOCUTORES DOS NEGOCIADORES PATRONAIS?

Atualmente, é necessário dizer que há muitas diferenças na qualidade e na postura das equipes de negociação laborais, da mesma forma que nas patronais. As diferenças dizem respeito à competência técnica; compreensão da realidade econômica e seu impacto no negócio; compreensão da realidade do mundo corporativo, incluindo uso de tecnologias e modelos de gestão; e visão ideológica a respeito das relações de trabalho. Tudo isso é resultado da evolução dessas relações a partir de 1978, como veremos a seguir. Como essa evolução não foi acompanhada de maneira uniforme pelos dirigentes sindicais, surgiram as diferenças.

Na retomada das negociações, nos anos de 1978 e 1979, nos dois lados da mesa, havia muito despreparo para lidar com algo novo, já que durante o período da ditadura, não havia muita negociação. Negociadores laborais e patronais ainda davam seus primeiros passos.

Os sindicalistas, que geralmente eram trabalhadores do "chão de fábrica" ou do "carpete dos escritórios", tinham educação mediana e ainda se embaralhavam com algumas questões sofisticadas do mundo corporativo. O que faltava na educação, sobrava no voluntarismo e na intuição. Para assessorá-los, lá estavam os advogados dos sindicatos, que usavam suas armas jurídicas em contraposição com as dos colegas que apoiavam os dirigentes patronais.

Na década de 1980, os economistas do Dieese (Departamento Intersindical de Estatística e Estudos Socioeconômicos) já estavam incorporados no apoio aos negociadores sindicais. Assim, a equipe de negociação laboral estava em condições de enfrentar de igual para igual os patronais, que também tiveram de incorporar especialistas às suas equipes.

A novidade seguinte ocorreu quando, nas duas bancadas, alguns negociadores se especializaram em temas mais relevantes das pautas de negociação, como segurança e medicina do trabalho, trabalho da mulher, jornada de trabalho, salários e benefícios.

Outro ponto que merece destaque é que os negociadores patronais não escolhem seus interlocutores. Pelo contrário, a negociação é feita, obrigatoriamente, com aqueles que aparecem para representar os trabalhadores. E aparece todo tipo de gente. Nesse mesmo quesito, as alianças patronais nas negociações colocam na mesa, e nas assembleias, negociadores e empresários que estudaram cartilhas diferentes. Em função disso, professam crenças muitas vezes opostas e têm competências que não se nivelam.

Os negociadores patronais devem conhecer, entender e respeitar os interlocutores. O conhecimento deve abranger dois aspectos: o pessoal e o ideológico. No campo pessoal, o que só é obtido ao longo do tempo, como postura, hábitos e idiossincrasias. No campo ideológico, a visão das crenças faz com que o sindicalista adote determinadas posturas e comportamentos. Além disso, pode ser identificado seu poder de liderança e sua influência no grupo.

Adquirido o conhecimento, cabe ao negociador patronal procurar entender o interlocutor, para que seja possível ter o melhor trânsito com ele. O conhecimento permite novas formas para abordagem na mesa ou, no mínimo, antecipar as dificuldades que terá ao tratar certas questões. Outro ponto importante é poder decidir com mais segurança quem chamar para as conversas fora da mesa.

Os negociadores necessitam estabelecer limites durante o processo negocial. Esses limites são de dois tipos. Um diz respeito ao grau de intimidade que desejam manter com os interlocutores. Há várias preferências no meio dos negociadores e dirigentes patronais. Existem alguns que gostam de manter relações próximas a alguns sindicalistas, participando de almoços, jantares e confraternizações, notadamente durante o período das negociações. No outro extremo, existem os que optam por manter uma postura mais reservada, evitando o que acham ser "excesso de intimidade". A posição mais funcional está no meio do caminho. Almoços ou jantares podem ser úteis, mas não dá para viver em festa.

Outro limite diz respeito à forma de tratamento admitida durante as negociações. Os sindicalistas precisam saber que devem ser mantidos as divisas éticas, de respeito, quando fazem seus discursos. Ofensas, provocações, brincadeiras inoportunas e linguagem chula não acrescentam em nada as negociações. Nesse aspecto, os negociadores patronais devem começar a estabelecer demarcações pelo próprio comportamento, mas existem casos em que é necessário explicitar que certas posturas não são bem-vindas. A questão de se manter maior ou menor intimidade com os sindicalistas nos remete para o fato de que a confiança entre os interlocutores deve ser estabelecida na prática.

Essa confiança não é algo que se disponha à primeira vista, mas algo que se constrói ao longo do tempo. Quando se negocia por muitos anos com os mesmos sindicalistas, conseguindo equacionar situações muito difíceis, cria-se condições para que ela seja adquirida com alguns deles. Dificilmente será estabelecida com todos, porque a construção da confiança depende de outros fatores como a personalidade do interlocutor, a empatia, a intuição, os comportamentos exibidos ao longo do tempo e a coerência entre prometer e cumprir.

Retratos da Realidade

No final da década de 1980, eu participava de uma difícil negociação em uma fábrica. Estavam na mesa comigo o diretor da fábrica, o gerente de RH e um dos advogados da empresa. Do lado do sindicato, além dos principais dirigentes da categoria, estava um assessor que era dirigente da CUT no Estado. Tudo indicava que poderia acontecer uma greve. Os trabalhadores estavam mobilizados e a empresa já tinha colocado na mesa tudo o que havia sido negociado e aceito nas outras fábricas.

Em uma das reuniões, numa sexta-feira, depois de duas horas de desacertos, o diretor da fábrica dirigiu-se ao assessor da CUT, que na prática liderava a negociação no lado sindical, e disse: "Eu vou colocar na mesa uma proposta aditiva, que é o máximo que conseguimos junto à diretoria. Peço uma gentileza, se você entender que ela vai ser decisiva para a aprovação da proposta da empresa na assembleia de hoje, pode usá-la. Caso contrário, não o faça, pois é tudo o que temos".

Depois disso, a reunião se encerrou. Comentei com o diretor que ele tinha feito uma loucura, pois o que deveria acontecer era aquele aditivo ser colocado na assembleia e não ocorrer a aprovação e o sindicato voltar pedindo mais, se a greve não fosse aprovada.

Na reunião seguinte, logo na abertura, o dirigente da CUT tomou a palavra e, dirigindo-se ao diretor da fábrica, disse: "Aqui está a sua proposta adicional, virgem como me entregou. Ela não resolveria a questão. Sugiro que vocês conversem com a diretoria e obtenham algo mais". Dedicamos o resto da reunião para obter dos sindicalistas algumas sugestões sobre concessões que poderiam ser feitas pela empresa para encerrar de forma positiva o processo de negociação.

A partir das sugestões, fizemos uma conversa com a diretoria, conseguimos uma nova proposta adicional e a negociação foi encerrada com sucesso.

MODALIDADES DAS NEGOCIAÇÕES TRABALHISTAS NO BRASIL

No Brasil, existem várias modalidades de negociações, com finalidades e abrangências diferentes, conforme mostra o quadro abaixo.

NEGOCIAÇÕES TRABALHISTAS NO BRASIL	
Negociações de convenções coletivas	São realizadas entre um ou mais sindicatos patronais e um ou mais sindicatos de trabalhadores. Definem salários, benefícios e as condições de trabalho para uma categoria profissional na área de abrangência das entidades envolvidas. Podem ser anuais ou bianuais.
Negociações de acordos coletivos	Realizadas entre uma empresa e um ou mais sindicatos de trabalhadores. Definem os salários, os benefícios e as condições de trabalho para essa empresa. Podem ser anuais ou bianuais.
Negociações no cotidiano	São realizadas no dia a dia em uma empresa, representada por um ou mais gerentes, com um ou mais empregados. Definem condições de trabalho e direitos específicos desses empregados.
Negociações com os empregados	A reforma trabalhista previu para alguns temas a possibilidade de haver uma negociação direta das empresas com seus empregados. Essa negociação pode ser individual ou coletiva.
Negociações com comissões de fábrica	Algumas empresas têm comissões de fábrica, que representam os empregados no local de trabalho. Com as comissões, são negociadas condições de trabalho e direitos específicos nas áreas de abrangência cobertas por elas.
Negociações com redes de trabalhadores	Algumas empresas têm redes de trabalhadores, que são um sistema de organização dos empregados em todas as fábricas e escritórios. Com as redes, são negociados temas estratégicos de relações de trabalho.

O quadro a seguir compara as duas modalidades de negociação mais amplamente utilizadas nas relações de trabalho no Brasil, mostrando vantagens, desvantagens e para quais empresas cada uma delas é mais indicada.

MODALIDADES DE NEGOCIAÇÃO COLETIVA NAS RELAÇÕES DE TRABALHO

	Vantagens	Desvantagens	Indicação para empresas
Acordo Coletivo	Customização; proximidade com a realidade; limites da própria empresa; conhecimento da realidade; maior margem de negociação; ritmo definido pela empresa	Exposição aumentada; menos disponibilidade para recuo; margens expostas; posições menos defensáveis; mais animosidade sindical; emoção à flor da pele; mais riscos; mais expectativas dos trabalhadores	Grandes; poderosas; dispostas a correr riscos; sem medo de exposição; com boa competência instalada em relações de trabalho
Convenção Coletiva	Maior disponibilidade para recuo; exposição reduzida; animosidade sindical reduzida; posições mais defensáveis; menos riscos; menos emoções; menos expectativas dos trabalhadores	Menos poder de decisão da empresa; limites coletivos; ritmo coletivo; exposição coletiva; limitação para negociar temas de interesse ; aceitação de cláusulas indesejadas	Pequenas e médias; menos poderosas; que não querem se expor; sem disposição para correr riscos; sem competência instalada em relações de trabalho

Retratos da Realidade

Era uma quinta-feira, por volta do meio-dia, quando recebi uma ligação de um diretor de uma empresa de montagens industriais. Ele se apresentou e mencionou que havia uma greve na empresa no Mato Grosso do Sul, onde trabalhava na implantação da nova fábrica de um cliente importante. Perguntou se eu estaria livre no dia seguinte e nada mais falou, além de informar que, no final do dia, o presidente da empresa ligaria para detalhar o que esperava de mim.

Às 17h da tarde, o presidente ligou. Disse que tinha ótimas referências a meu respeito e que esperava que eu fosse para o Mato Grosso do Sul na manhã seguinte. Lá, eu me encontraria com o diretor financeiro e um advogado e participaria de uma mesa redonda na representação local do Ministério do Trabalho. Resumiu as demandas dos trabalhadores e definiu os limites que eu teria para negociar. Passou o número do seu telefone para caso necessitasse de algo mais – e disse que precisava que o pessoal voltasse a trabalhar na segunda-feira.

Cheguei à cidade às 10h do dia seguinte e me reuni com o advogado e o diretor para me inteirar dos fatos. Era uma greve selvagem, conduzida por uma comissão de trabalhadores.

O sindicato da Força Sindical, com o qual a empresa negociava um acordo coletivo, foi atropelado pelos acontecimentos. Um sindicato da CUT estava por trás da greve, em uma competição para tomar a base territorial. Era uma briga entre o Sindicato dos Trabalhadores na Construção Civil (FS) e o Sindicato dos Trabalhadores na Construção Pesada (CUT). Naquele momento, o setor de construção civil ia "de vento em popa" e as greves pipocavam em todo o país.

As nossas margens de negociação eram boas. Praticamente, poderíamos atender a todas as demandas dos grevistas. Porém, mais tarde, no Ministério do Trabalho, descobrimos que o nosso problema era outro. Não houve tempo, nem dispúnhamos de informações suficientes para planejar a negociação. Tivemos de resolver tudo durante a mesa redonda.

Essa mesa, convocada pelo Ministério do Trabalho, começou às 19h. Estavam presentes quatro entidades sindicais. Os dois sindicatos já citados, além das respectivas federações, assim como a representação da empresa e a comissão dos trabalhadores. Além desse grupo, tínhamos a presença de cinco advogados: um representando cada entidade e o nosso. A coordenação do Ministério decidiu fazer a mesa redonda de uma forma diferente, com a ata da reunião elaborada simultaneamente. Não funcionou. Os advogados questionavam cada vírgula colocada.

Logo vi que aquilo não ia dar em nada. Informei aos meus colegas da empresa que eu iria resolver o assunto nos bastidores. Eles continuariam na mesa redonda e eu atuaria do lado de fora da sala. Passei a conversar separadamente com os sindicalistas e os advogados, deixando claro que eu estava autorizado pelo presidente da empresa a fazer as concessões necessárias. Não informei quais eram meus limites, mas disse que tinha "bala na agulha" para fechar o assunto. Os representantes da CUT me perguntaram se eu aceitaria que eles participassem do acordo. Respondi que, como eles já estavam na mesa redonda, não haveria problema.

Conversei com todos, deixando por último a comissão de trabalhadores. Falei o mesmo que falara para os outros e disse mais. Expliquei que, na hora certa, a conversa final na mesa redonda seria entre eu e eles. Disse: "Nós vamos liquidar o assunto".

Quando a coordenação do Ministério nos deu a palavra, eles repetiram as demandas da pauta. Eu disse o que poderia atender e de que forma o faria. Acertamos tudo, a ata foi concluída. No dia seguinte, às 8h, houve uma assembleia que aprovou a proposta da empresa.

A negociação nas relações de trabalho tem várias fases. Essas fases são essenciais para se obter bons resultados no processo.

1. **Convicção:** nesta fase, a empresa ou o sindicato patronal tem de adquirir a convicção de que a negociação é necessária e é o melhor caminho a ser tomado. Esta parte só existe em negociações inesperadas ou emergenciais. Isso ocorre quando surge um novo e enorme conflito ou, ainda pior, já há uma situação de confronto. Nesse momento, é necessária uma reflexão para avaliar o que fazer – e o resultado dela mostra que a negociação é o melhor caminho. Pode, então, afirmar que se alcançou a convicção.

2. **Planejamento:** é a fase de diminuição das margens do imprevisto, dos fatos inesperados. O planejamento permite que o negociador mantenha sob controle as variáveis.
3. **Preliminares:** momento de definir, em conjunto com os interlocutores, como será o processo, o tempo necessário, as regras do jogo. Hora da aproximação. Nessa fase, há a necessidade de muita delicadeza.
4. **Processo:** em resumo, aqui está contida toda a negociação. Envolve as etapas, as circunstâncias, as aproximações e escaramuças, o que ocorre no espaço formal e fora da mesa, os movimentos de comunicação com os empregados (feitos pela empresa e pelo sindicato) e, por último, a totalidade do acordo realizado.
5. **Formalização:** hora de glória dos advogados dos interlocutores. Eles vão dar forma final e registrar o acordo em um documento que será assinado pelas partes. Às vezes acontecem alguns desacertos, que podem gerar mais ou menos tensão, dependendo da qualidade dos comandantes das duas bancadas.
6. **Consolidação:** após a assinatura do acordo, é preciso que as duas partes ajam para fazer com que ele seja praticado em sua totalidade. A comunicação com gerentes e empregados, por parte da empresa, é vital. Os sindicatos devem fazer o mesmo com sindicalistas, militantes e trabalhadores.

O PLANEJAMENTO

Vamos abordar, de forma bem abrangente, a questão do planejamento das negociações nas relações de trabalho, pois é extremamente relevante para se obter sucesso.

Para introduzir o tema será utilizada uma série de perguntas para caracterizar o que envolve esse planejamento e seus impactos nas negociações.

1. Quando se fala em planejar a negociação, do que exatamente estamos falando?

Trata-se de antecipar todos os passos que serão dados no processo de negociação. Estudar com cuidado conteúdo, processo e características das pessoas envolvidas. Fazer todos os ajustes necessários para facilitar o trabalho da equipe negociadora.

2. É algo simples ou complexo?

Isso dependerá do tipo de negociação que será feita, da quantidade de itens colocados na pauta e das características de cada um deles. Pode ser muito simples e não requerer mais do que uma pequena reunião preparatória. Pode ser complexo, se a quantidade de itens for grande ou se, apesar de poucos, exigirem muito pelo seu custo ou sofisticação.

3. Exige muito ou pouco dos negociadores?

A exigência está relacionada com a complexidade, custo e emoção envolvidos. Certamente, não é algo que possa ser levado na brincadeira ou colocado de lado como se não tivesse valor.

4. É dispensável ou imprescindível?

Jamais é dispensável. Na imensa maioria das negociações, é imprescindível. Ao planejamento, precisam ser dedicados tempo, paciência e cuidados.

5. É possível negociar sem planejar?

Não é impossível, mas, certamente, alcançar resultados é muito mais difícil. É como navegar no escuro sem uma bússola.

» *Etapas do Planejamento*

Para começar, os negociadores têm de estudar a pauta. O estudo compreende entender cada demanda, avaliar seu custo social, econômico e político, além de verificar se a cláusula é dos trabalhadores ou do sindicato. Outro aspecto a ser analisado é se existem cláusulas que estão sendo atendidas por outros segmentos econômicos. Ou seja, caso a negociação seja de uma empresa, se elas foram atendidas por empresas vizinhas ou do mesmo setor.

Para completar a análise, os negociadores têm que avaliar, junto aos clientes, quais cláusulas serão atendidas, as que serão atendidas parcialmente e as que não serão. Ainda há a possibilidade de reservar uma ou mais itens para serem utilizadas na hora de fechar a negociação.

Avaliar o histórico das negociações é a próxima etapa. É importante verificar o que correu ao longo do tempo, mapeando: quais as cláusulas mais valorizadas pelos sindicatos; quais as trocas de cláusulas que propuseram; do que não abriram mão; com o que concordaram, sem resistência, em deixar de lado; o que mais conquistaram e o que nunca conquistaram. Verificar também como foi o clima das negociações anteriores, os incidentes relevantes, as saídas encontradas para eles, quais os sindicalistas que buscaram soluções e facilitaram as negociações e quais os sindicalistas que procuraram o impasse ou, no mínimo, dificultaram as coisas.

Também é extremamente importante avaliar o contexto em que se darão as negociações, pois é muito mais fácil negociar em um contexto favorável. Ao contrário, quando o clima é ruim ou estamos no meio de uma temporada de greves, a situação é outra.

Essa análise deve abranger o máximo da realidade que cerca a empresa ou as empresas envolvidas na negociação. Deve cobrir uma série de itens, tais como qualidade do clima organizacional, situação econômica das empresas e fatos relevantes nas relações de trabalho. Aí se incluem demissões coletivas, mudanças na organização do trabalho, cortes ou mudanças significativas dos benefícios, trocas de dirigentes, mudanças culturais significativas como as que acontecem nas fusões e aquisições, mudanças do local da fábrica ou escritório e mudança das datas de pagamento dos empregados.

Além da análise do contexto interno da empresa, é necessário aferir o externo, considerando a região onde a empresa está localizada. O mesmo deve ser feito considerando as empresas do mesmo setor econômico. É bom verificar se o sindicato vive um momento em que possa impelir seus dirigentes a adotar posições mais agressivas, como o período eleitoral, em que a diretoria é desafiada por uma chapa de oposição aguerrida.

Analisar os interlocutores também é uma etapa significativa do planejamento. Muitos pontos devem ser observados. Os mais relevantes são o papel e o cargo de cada sindicalista; quais atuam na mesa e os que preferem os bastidores; quais defendem que a melhor negociação é com fábrica parada; quais preferem o caminho da conciliação; quais são os mais preparados e os mais despreparados; a ligação de cada um com as tendências internas das centrais sindicais; e quais os cargos ocupados na condição de trabalhadores nas respectivas empresas.

O estágio seguinte dos negociadores patronais passa por definir a Comissão de Negociação. Essa comissão deve ser integrada por negociadores e especialistas. Ao definir a delegação, é preciso avaliar todas as condições que cercam a negociação em questão. A complexidade do acordo determina o tamanho da comissão e a diversidade necessária na sua composição, envolvendo negociadores e especialistas. Existem alguns pontos a considerar na definição da estrutura do Comitê Negociador:

- **Não existe um modelo único de estrutura para esse comitê;**
- **O porte e os objetivos da negociação definem o modelo de comitê;**
- **A estrutura deve prever:**
    - **a)** Quem trabalha com informações;
    - **b)** Negociadores com estilos e habilidades diferentes;
    - **c)** Visão técnica;
    - **d)** Visão jurídica;
    - **e)** Visão econômica;
    - **f)** Logística necessária;
    - **g)** Especialista em comunicação.

Em sua formação, todo cuidado deve ser tomado para evitar que o grupo que representa a empresa crie dificuldades, e não facilidades.

- **O que considerar:**
  - **a)** O que vai ser negociado?
  - **b)** Com quem será negociado?
  - **c)** Expectativas quanto à negociação;
  - **d)** Clima reinante;
  - **e)** Que mensagem a empresa quer passar.
- **O que prever:**
  - **a)** Diversidade;
  - **b)** Especialistas;
  - **c)** Papéis;
  - **d)** Quantidade;
  - **e)** Canais;
  - **f)** Integração.
- **O que evitar:**
  - **a)** Incluir desafetos dos sindicatos;
  - **b)** Incluir inábeis;
  - **c)** Incluir radicais;
  - **d)** Cuidado com os ingênuos;
  - **e)** Cuidado com excesso de alinhamento entre os membros.

Com a comissão definida, é possível atribuir os papéis que serão desempenhados pelos membros. Há papéis técnicos e políticos. Essas funções estão diretamente relacionadas com a condução das negociações na mesa e com as articulações que ocorrem nos bastidores. É um equívoco imaginar que é necessário ter uma comissão muito grande em todas as negociações. Muitas vezes, as coisas se resolvem com só um negociador e um advogado.

OS DIFERENTES PAPÉIS DOS NEGOCIADORES	
Papel	Competências e Desafios
Coordenador	Controle; liderança; perspicácia; firmeza; poder e senso de medida.
Financeiro	Domínio dos números; visão clara dos negócios; visão de custos e transmissão de informações de forma clara para todos.
Relações Públicas	Delicadeza; habilidade de enxergar pontos positivos; contemporização; cuidado com o social e busca de parcerias.
Articulador	Abordagem política; construção de alianças; trabalho em off; resolução de impasses e busca de saídas para erros sociais e políticos da empresa.
Debatedor	Ataque; fixação e manutenção de posições; foco nos limites; resistência às mudanças e enfrentamento.
Apoiador	Recebimento de missões; trabalho no *backoffice*, o "fazer" acima do "falar"; análise de posturas e reações dos negociadores e registro.

A etapa subsequente é a definição da estratégia e das táticas a serem adotadas no processo negocial. Antes de abordá-las, melhor esclarecer que nem sempre são necessárias. Há casos em que as negociações ocorrem e têm bons resultados focadas apenas na transparência entre os interlocutores.

As estratégias e táticas são necessárias em negociações mais complexas, com muitas dificuldades relacionadas tanto com o conteúdo quanto com o processo. Nelas, muitas vezes são necessárias inúmeras trocas e compensações até a sua conclusão. Isso impõe a definição dos diferentes passos a serem dados no processo.

Um aspecto bastante recorrente é o fato de os interlocutores prolongarem as negociações somente para dar uma satisfação aos seus representados, usando o argumento de que lutaram muito e que "isso foi tudo o que conseguiram". As estratégias corriqueiras são: "colocar o bode na sala"; superdimensionar as demandas; não aceitar sequer debater certos temas – e depois ceder; impor dificuldades para vender facilidades; apresentar e investir tempo em pauta fictícia; e a clássica retirada da mesa de negociação.

ESTUDAR O CRONOGRAMA

Pode parecer algo muito banal, mas um cronograma bem construído pode facilitar muito as negociações. Geralmente, propor um cronograma é uma responsabilidade que cabe aos negociadores patronais. O cronograma deve ser feito prevendo duplicidade de reuniões, intervalos regulares entre as reuniões, cláusulas que serão discutidas e datas para margens mais estreitas.

REALIZAR AÇÕES PRELIMINARES

Trata-se de um passo muito importante, notadamente em negociações mais longas e complexas. Essas ações se destinam a preparar o terreno para que o processo negocial ocorra de forma mais tranquila e organizada. A seguir, um resumo das ações mais importantes.

1. Reunião Inicial – Preliminares

a) **Definir o cronograma**: aqui se trata de apresentar o cronograma e negociá-lo com os sindicalistas. Geralmente não há maiores controvérsias nesse processo. Os negociadores patronais devem ser flexíveis.

b) **Definir os locais**: essa é uma questão que oferece abordagens bem diversas. Há negociadores patronais que não aceitam fazer reuniões fora do seu território. Outros, não dão a mínima importância a isso. Do ponto de vista prático, é uma questão secundária.

c) **Definir a agenda**: aqui se aborda um aspecto relevante que é a distribuição das cláusulas pelas reuniões. É preferível começar pelos itens mais fáceis, estabelecendo um crescimento da importância na medida que se avança. Neste momento tem de ser feita uma negociação. Não há como impor os pontos de vista. Todos devem ceder. Quando há um *modus vivendi* entre os interlocutores, a questão perde força e significado. Quanto a isso, em negociações que ocorrem com regularidade para renovar acordos e convenções coletivas, os negociadores patronais comunicam que enviarão a relação de cláusulas que pretendem renovar.

d) **Definir o processo**: essa questão ganha importância quando os interlocutores não se conhecem. Nesse caso, o tema merece ser tratado com mais tempo e muita troca de informações.

e) **Buscar sinalizações**: uma das perguntas básicas refere-se à duração esperada do processo de negociação. Outra, à maior ou menor dificuldade de se chegar a um acordo. Uma terceira pode abordar o clima existente entre os trabalhadores. No fundo, o que se deseja obter são algumas “deixas” de como a negociação ocorrerá.

f) **Sinalizar**: é a hora de passar recados. Em alguns momentos, essa parte poderia ser chamada de “vale de lágrimas” ou “como eu era feliz e não sabia”.

g) **Conversa em off**: ela é realizada antes ou depois, mas sempre próxima da reunião inicial. É feita com dois ou três sindicalistas. A comissão patronal está em igual número. Afinal, não é um comício. Eles têm de estar dispostos a trocar ideias livremente, sinalizando de forma efetiva o que pode solucionar a negociação e quais são as questões que podem gerar impasses. Os negociadores patronais expõem suas dificuldades, possibilidades e intenções.

O PROCESSO DE NEGOCIAÇÃO

A seguir, será feita uma análise do processo de negociação, considerando todas as suas etapas e variáveis.

1. **Duração**: a duração do processo varia em função da complexidade da negociação, do contexto mais ou menos favorável, de manobras estratégicas dos interlocutores, da cultura da empresa, do setor econômico ou dos sindicatos. Pode durar um dia, uma semana, um mês. Existem negociações que duram meses.
2. **Duração das reuniões**: o ideal é que elas durem, no máximo, quatro horas. Quando se estendem além disso, a tendência é que se perca o foco e a concentração. Existem casos em que é necessário ter reuniões mais longas para atender a questões logísticas, mas sempre que possível, é bom evitar que isso aconteça.
3. **Intervalo entre as reuniões**: deve-se oferecer um espaço para que sindicalistas e negociadores patronais estabeleçam contatos com os seus representados, realizem reuniões para acertar abordagens e estabeleçam contatos com pessoas que estão trabalhando em negociações simultâneas. É também um espaço para descanso e reflexão.
4. **Debate das cláusulas**: como todos têm cópia da pauta de negociação, não é necessário ler o conteúdo antes do debate. Os sindicalistas fazem a defesa de cada nova cláusula ou das mudanças que pretendem fazer nas já existentes. Os negociadores patronais contrapõem seus argumentos. O debate termina quando há uma aceitação das demandas dos sindicalistas, por parte dos negociadores patronais, ou quando há um posicionamento firme, negando o pedido. Nesse caso, os sindicatos podem manter formalmente o pedido.
5. **Conversas de intervalos**: os intervalos que ocorrem nas reuniões se constituem numa excelente oportunidade para conversas, na tentativa de buscar adesões. É um período muito usado por ambos os lados. Nesses momentos, as pessoas que

estão na mesa, geralmente, procuram os interlocutores com os quais têm mais afinidade.

6. **Incidentes:** não são raros os incidentes ocorrerem durante as negociações. No calor dos debates, muitas vezes um interlocutor se torna agressivo, bate na mesa ou ofende os representantes da outra parte. Há também agressões verbais entre os interlocutores do mesmo lado. A posição dos negociadores patronais deve ser sempre a de evitar que isso ocorra e, quando ocorrer, não reagir. Se é um membro da equipe patronal que adota essa postura, ele deve ser retirado da negociação.
7. **Fechamento:** esse é um momento importante da negociação. Os dois lados precisam estar convencidos de que é a hora de completar o acordo. Nesse dia, é possível, e às vezes necessário, que o tempo disponível seja maior do que nas reuniões normais. Os interlocutores devem utilizar todas as suas reservas para possibilitar a conclusão do acordo ou convenção coletiva. Nessa etapa são feitas as últimas concessões.

O coordenador da comissão patronal tem de garantir que a atuação da sua equipe na mesa seja a partir de um posicionamento estratégico. Ele se inicia pela distribuição dos negociadores na mesa, passando pela representação e troca de papéis, chegando ao uso das informações do cenário externo. O coordenador age como se fosse o maestro de uma orquestra.

MESA DE NEGOCIAÇÃO: POSICIONAMENTO ESTRATÉGICO

1. **A distribuição dos negociadores na mesa:** a distribuição dos negociadores não é aleatória. O coordenador de cada comissão se posiciona no centro da mesa. As pessoas que o ladeiam, quase sempre, são um advogado e um economista. Essa distribuição é técnica, mas tem também um componente político. Quando há mais de uma liderança na comissão,

é natural que elas ocupem o centro da mesa, vindo a seguir os assessores. O responsável por Relações Públicas e o apoiador, que cuida da observação dos interlocutores, ficam nas pontas da mesa. Eles ocasionalmente são mandados para missões fora da sala de negociação.

2. **A sequência do planejado na abordagem dos temas:** o que foi planejado deve ser mantido. Tanto no que se refere à ordem de inclusão no debate, quanto à posição referente ao conteúdo previamente assumida com os clientes. Não é conveniente fazer mudanças a todo momento. Elas ocorrem, mas precisam ser poucas.
3. **Atuação de acordo com os papéis:** os componentes da mesa necessitam seguir rigorosamente seus papéis. Isso mostra para os interlocutores quem toca cada instrumento, levando-os a esperar sempre uma mesma abordagem. O coordenador deve sempre manter uma postura mais política e conciliatória, porque haverá quem cuide das abordagens mais duras.
4. **Mudança de papéis:** é feita para causar impactos nos interlocutores. Se o conciliador parte para o ataque, os interlocutores sentem o efeito. Isso causa o mesmo impacto se o atacante insistente falar algo conciliatório. Nessa mudança, incluem-se os raros momentos em que o coordenador tem que adotar uma posição mais dura.
5. **O olhar e a utilização do cenário externo:** os negociadores patronais não podem perder de vista o cenário externo, que envolve: outras negociações da temporada; como anda a economia; decisões governamentais que afetam as relações de trabalho; ocorrência de fatos nacionais e internacionais que impactem as relações de trabalho, como o fechamento de fábricas, pedidos de concordata e demissões em grande escala. Sublinhar tais circunstâncias na mesa é uma forma inteligente de passar recados.
6. **O uso dos intervalos para influir o ritmo e clima da negociação:** existem dois tipos de intervalo. Os intervalos entre as

reuniões e os que ocorrem durante as reuniões. Agora vamos tratar do segundo tipo. Os outros serão abordados no próximo segmento. Temos algumas formas de usar os intervalos. Uma é encurtar o intervalo, ou colocar o lanche na sala, para manter ritmo e produtividade. Outra é aumentar o intervalo para diminuir a tensão e a agressividade; construir alguma saída nos bastidores; chamar os "nervosinhos" para uma conversa conciliadora ou diminuir o ritmo e deixar um tema espinhoso para a próxima reunião.

7. **Antecipar ou retardar as etapas**: com a antecipação de uma reunião ou a realização de duas reuniões na mesma semana, obtém-se mais ritmo, ficando mais próxima a reunião de encerramento. Ao contrário, se uma reunião é adiada, arranja-se mais tempo até o fim das negociações, o que pode ser benéfico para arregimentar as forças internas do patronato. Os interlocutores fazem protestos formais quando isso ocorre, mas acabam concordando, pois eles mesmos vão utilizar a mudança para realizar suas ações de comunicação. Os motes serão: "a empresa não dá tempo para um debate mais produtivo" ou "ela não está levando a sério a negociação".
8. **Introduzir temas e abordagens acertadas nas "reuniões em off"**: tais reuniões são feitas para chegar a soluções que não seriam fáceis de se obter na mesa de negociação. Pode ser uma nova demanda a ser atendida ou abordagem para uma reivindicação já debatida. Quase sempre, o lucro com a solução encontrada deve ser usufruído pelos sindicatos laborais.
9. **Utilização inteligente dos recursos disponíveis**: aqui estamos tratando dos recursos técnicos, bem como dos humanos – que estão à disposição do coordenador da comissão de negociação. Esses recursos têm de ser usados de forma comedida e na hora certa. Não dá para sair queimando recursos com questões menores ou pessoas sem importância. Os melhores precisam ser guardados para a hora "da onça beber água". Para se ter ideia do que são esses recursos, exemplifico

alguns: apresentação de um documento que dá forte sustentação para uma proposta da empresa; fazer uma denúncia de um comportamento errado de um ou mais interlocutores; oferecer uma concessão inesperada; questionar se uma demanda preciosa para os sindicalistas é relevante para os trabalhadores e trazer para a mesa o dono da empresa ou um pequeno grupo de empresários.

10. **Utilizar as oportunidades que surgem na mesa**: as oportunidades aparecem inesperadamente. Uma fala de um interlocutor pode ser a deixa vital para fechar uma negociação ou se livrar de um tema desgastante. Convivi com um sindicalista que era especialista em cometer gafes que abriam a porta para fechar a negociação. Certa vez, ele falou que a empresa não devia terminar a reunião porque faltava só pouquinho para se chegar a um acordo. Eu pedi que ele dissesse o que era "um pouquinho" e conseguimos fechar. Mas há também propostas inesperadas feitas pelos interlocutores. A empresa precisa aproveitar as brechas.
11. **Expectativas dos trabalhadores e sindicalistas**: os negociadores devem estar atentos a quais são as expectativas dos trabalhadores e quais são as do sindicato, em uma negociação específica. Não adianta concordar em atender às cláusulas que são do interesse do sindicato, se os trabalhadores tiverem outros interesses.
12. **Atenção para quem tem poder na mesa**: os negociadores patronais não podem ficar desatentos em relação aos que têm o poder na mesa. Como são muitas pessoas de cada lado, muitas vezes a atenção pode ser concentrada em quem faz mais barulho, o que não é relevante. Barulho é muito fácil fazer. O difícil é tomar e bancar as decisões. Isso é para poucos.

Retratos da Realidade

Em uma negociação no início da década de 1990, no setor químico do Estado de São Paulo, a plateia da sala que ocupávamos no Centro de Negociações da Fiesp (Federação das Indústrias do Estado de São Paulo) estava lotada. Era o dia de debater cláusulas muito importantes da nossa convenção coletiva, dentre elas a que se tratava do auxílio-maternidade. A reivindicação feita pelos sindicatos era alta. Eles queriam aumentar substancialmente o valor estabelecido, além de alterar outros artigos da cláusula.

Quando um representante dos sindicatos começou a leitura do pedido, ouvimos em alto som crianças cantando uma música infantil. A leitura prosseguiu e o som ficava cada vez mais forte e próximo, até que a porta se abriu e algumas dezenas de crianças entraram e se acomodaram pelos corredores e em outros espaços vazios da sala.

A vice-presidente do Sindicato dos Químicos, que chegara com as crianças, ocupou o microfone e fez de forma enfática a defesa da cláusula, sugerindo que o pedido dos sindicatos deveria ser totalmente acolhido. Ela encerrou dizendo que os negociadores patronais deveriam olhar nos olhos daquelas crianças antes de pensar em rejeitar o pedido.

Certamente, não cedemos tudo, mas a concessão foi muito maior do que imaginávamos fazer antes daquele verdadeiro espetáculo.

A comissão patronal tem de estar atenta a todos os movimentos que ocorrem na sala de negociação. Falas, posturas, deslocamentos dos interlocutores e da plateia sindical. A leitura desses movimentos pode produzir informações muito valiosas para serem utilizadas na mesa.

LEITURA E PERCEPÇÃO DAS REAÇÕES DOS NEGOCIADORES LABORAIS

1. **Atenção para os gestos e as falas**: todos os negociadores patronais devem ficar muito atentos à postura dos sindicalistas

na mesa, a despeito de haver um membro do grupo cuidando especialmente disso. A postura sinaliza o que se pode esperar de cada interlocutor, além de mostrar se as posições da empresa estão sendo bem ou mal recebidas. A mesa não é o único espaço onde as coisas acontecem. O intervalo muitas vezes é precioso.

2. **Ter pessoas encarregadas da leitura fina**: a pessoa encarregada disso é o apoiador, mas ele poderá ter a ajuda do articulador e do responsável pelas Relações Públicas, pois a matéria-prima do trabalho de ambos é a percepção e o conhecimento a respeito dos interlocutores.
3. **Não perder as sutilezas**: os negociadores patronais não devem perder nada. Uma fala, uma frase e até uma palavra podem oferecer sinais importantes na hora de manter posições, revê-las ou lançar algo novo na mesa.
4. **Lançar iscas para pescar reações**: elas podem ser comentários sobre algo que ocorreu em outra negociação, a situação econômica do setor e do país ou a necessidade de que a negociação seja feita olhando não só para o passado, mas vislumbrando o futuro no qual terá impacto, daí em diante.
5. **Analisar alvos selecionados (pessoas e temas)**: às vezes, os negociadores patronais precisam reunir percepções específicas a respeito do impacto de um tema ou do comportamento de um sindicalista.
6. **Avaliar com cuidado comportamentos inusitados**: um sindicalista que é calmo e negociador adota uma postura muito agressiva. Parte dos interlocutores sai da sala onde ocorre a negociação e passa um longo tempo fora. A plateia se manifesta de forma agressiva. Tudo isso aponta para fatos que precisam ser descobertos pelos negociadores patronais.
7. **Observar as reações de grupinhos na mesa e na plateia**: durante a negociação ocorre a formação de pequenos grupos na mesa e na plateia que trocam ideias de modo separado. Isso pode ser um indício de que novidades virão para a mesa.

Os diversos intervalos existentes no processo de negociação podem contemplar momentos especiais, servindo como instrumentos destinados a fazer intervenções no ambiente de negociação.

A IMPORTÂNCIA ESTRATÉGICA DAS INTERRUPÇÕES E DO RECESSO

1. **Dosar o clima**: aquecer ou esfriar: muitas vezes, o clima da negociação não é o que desejam os negociadores patronais. Ele pode estar aquecido demais com os sindicalistas extrapolando os limites nas falas e gestos. A plateia, quando existe, se manifesta de forma ruidosa, intervindo para fazer comentários deselegantes. Outra circunstância é quando há um certo ar de desânimo que beira a apatia. Isso pode denotar que os sindicalistas perderam a confiança de que a empresa vá fazer uma proposta que beire suas pretensões – e desanimaram. É momento de fazer uma pausa. Dependendo do tamanho da encrenca, pode ser um intervalo ou um recesso. Há casos em que o melhor é encerrar a negociação naquele dia e marcar uma nova data para retomá-la.
2. **Oportunidade de "reordenar a tropa"**: quando o coordenador sente que seus colegas da comissão estão agindo de forma impensada, aceitando e rebatendo provocações, "saindo do script", é necessário parar para colocar ordem na casa.
3. **Rever estratégias ou limites**: fazendo a leitura do andamento da negociação, o coordenador percebe uma oportunidade para avançar, mudando o limite de uma ou mais cláusulas. Outra circunstância é a constatação de que a estratégia não está funcionando e precisa ser mudada.
4. **Manter conversas em off**: os posicionamentos e as posturas dos sindicalistas não estão coerentes com o que foi acertado nas reuniões em off, ou os caminhos escolhidos por eles sinalizam a proximidade de uma ruptura. É necessário fazer

uma pequena conversa privada com os interlocutores mais próximos. Uma parada para um cafezinho.

5. **Analisar as reações dos sindicalistas:** essa interrupção é sugerida pelo apoiador que registrou um conjunto de posturas, comportamentos e retalhos de conversas vazadas na mesa, ou na plateia, que indicam fatos fora de ordem ou mudanças significativas dos sindicatos. É bom parar para refletir.
6. **Avaliar e corrigir posturas:** o coordenador não está gostando das posturas dos membros da comissão. Essa situação está irritando visivelmente os sindicalistas. Hora de parar e corrigir.
7. **Conhecer e avaliar o clima entre os trabalhadores:** as informações sobre a avaliação da reação dos trabalhadores, a respeito de como estão caminhando as negociações, não batem com aquelas fornecidas pelos gerentes das empresas. Se a negociação está em um momento crítico, é melhor paralisá-la para avaliar a questão, checando com as empresas como está o ambiente nas fábricas ou escritórios.
8. **Reunião ou contato com a direção da empresa:** os negociadores percebem oportunidades ou ameaças no ar e não dispõem de margens para intervir. Nesse caso é preciso uma conversa com a direção da empresa ou com o sindicato patronal.

Os impasses ocorrem com certa frequência nas negociações. Nesse momento, algumas abordagens podem ser utilizadas para que as negociações retomem seu caminho normal.

TÁTICAS PARA REAPROXIMAÇÃO NA OCORRÊNCIA DE IMPASSES

1. **Reunião de avaliação do processo negocial:** se a negociação chega a um impasse, a primeira coisa a ser feita é sugerir aos sindicalistas que seja feita uma reunião entre um grupo

menor de cada lado, destinada a analisar como e por que se chegou a tal ponto. Deve-se avaliar também o que pode ser feito para que a negociação possa continuar.

2. **Contato com interlocutores de confiança**: caso essa reunião especial não tenha sucesso, o coordenador, ou o articulador, pode fazer contato com algum interlocutor de confiança e avaliar saídas para o impasse. Essa comunicação pode ser por telefone.
3. **Conversa em off**: se o impasse não for superado, é melhor marcar uma reunião em off para discutir com a coordenação sindical quais caminhos tomar.
4. **Ações junto aos trabalhadores**: quando nenhuma das saídas resolve o impasse, a empresa pode fazer uma abordagem de comunicação com os trabalhadores, mostrando a eles os rumos que estão sendo seguidos na negociação, o que já foi concedido e em quais cláusulas é possível avançar. Nessa comunicação é sempre bom lembrar que o que deve ser avaliado é o pacote final a ser ofertado, não uma ou outra cláusula separadamente. Esclarecer também qual é a expectativa de data para o fechamento.
5. **Utilização de mediação**: esse é o último recurso. Até 2019, o principal mediador era o Estado, representado pelas Superintendências Regionais do Ministério do Trabalho. Com o fechamento desse ministério, é preciso verificar se o serviço vai ser mantido. Há outros mediadores possíveis, como um sindicalista aposentado, um político ou um líder religioso. A postura dos negociadores patronais é fundamental para se obter uma boa qualidade nas relações entre eles e seus interlocutores, de forma a garantir o sucesso das negociações. Se eles não se comportam de forma adequada, o nível de atrito aumenta, levando a negociação para um lado no qual as instabilidades podem prejudicar o andamento e o resultado.

Retratos da Realidade

Numa segunda-feira que terminava com o dia dos pais, fui chamado por uma empresa para assessorá-la na solução de uma greve.

Às 18h, na primeira troca de turno do dia, os empregados que chegaram para fazer o revezamento não entraram para trabalhar, foram parados pelo piquete colocado pelo sindicato. A empresa decidiu reter o pessoal que estava trabalhando até que a situação se resolvesse.

Ao longo do dia, os gerentes, usando entradas alternativas, conseguiram admitir na fábrica todos os trabalhadores possíveis. O total de empregados dentro da unidade ficou próximo de duas turmas. Os trabalhadores foram divididos em dois grupos que fariam um revezamento a cada 12 horas para tocar a fábrica. A ideia era tentar colocar mais gente para dentro.

O sindicato entregou uma pauta de reivindicações com muitas exigências. Atender tudo que pediram sairia muito caro, avaliando que o que fosse cedido ali teria de ser feito nas outras fábricas também.

Na parte da tarde, recebemos o sindicato para começar as negociações. A postura dos sindicalistas indicou que o acordo não seria fácil. Avançamos muito pouco. Foi mais uma reunião de estudos de parte a parte. Marcamos uma nova para o dia seguinte.

Nos bastidores da comissão negociadora da empresa havia gerentes que queriam ceder mais, atendendo alguns dos itens mais caros. O diretor da divisão que se reuniu com a comissão mostrou-se disposto a ceder às expectativas dos gerentes mais generosos. Numa reunião fechada com ele, eu e o diretor da fábrica o provocamos a seguir aquele rumo.

No dia seguinte, o sindicato colocou militantes em praticamente todas as entradas alternativas. Por volta de vinte operários entraram nos caminhões de carga. Os empregados estavam instalados no centro de treinamento e tinham um relativo conforto. A comida era caprichada.

A negociação foi novamente difícil, mas fizemos as primeiras concessões. Coisa miúda. O líder dos sindicalistas resumiu: "Deste jeito vamos levar um mês para chegar a um acordo". A comissão de negociação fez uma avaliação para definir quais seriam as concessões necessárias para se chegar a uma concordância.

A outra questão avaliada era até quando o pessoal que estava dentro conseguiria trabalhar sem riscos da segurança. Chegou-se à conclusão que o dia limite seria a sexta-feira. Nesse dia, teríamos de chegar a uma conclusão ou, pelo menos, trocar uma turma. Com o andar da carruagem, seria difícil cumprir essa decisão.

Na quarta-feira, avançamos um pouco na discussão das cláusulas econômicas, ainda sem falar em números, mas debatendo o formato de correção de salários ou abono. No final da reunião, acertamos que faríamos um novo encontro na sexta-feira e que, no dia seguinte, iriamos discutir a possibilidade de trocar uma das turmas.

Nesse dia seguinte, depois de quatro horas de reunião, o sindicato não concordou em trocar uma turma. O líder dos sindicalistas disse que eles estavam em greve e se trocassem uma turma a greve terminaria. Arrematou dizendo que cada um, empresa e sindicato, continuariam cumprindo seu papel para colocar e impedir que mais trabalhadores entrassem na fábrica. Cada um faria o que fosse possível.

Nós nos reunimos para avaliar a situação e concluímos que estávamos diante de um grave problema. Os gerentes disseram que não tinham mais como colocar gente para dentro. Um deles afirmou que só seria possível entrar de helicóptero. Decidimos seguir esse caminho. Consultamos o presidente da empresa e ele autorizou. Planejamos tudo, desde como levar o pessoal, onde seriam os pontos de onde partida dos helicópteros que receberia os trabalhadores e os convenceriam a entrar na empresa. Escolhemos vários pontos, todos de difícil acesso para os sindicalistas.

Levar o pessoal até esses locais foi fácil, pois todos os dias no horário da troca de turnos os trabalhadores pegavam os ônibus para substituir os colegas no piquete. Bastou determinar aos motoristas as novas áreas para onde levar o pessoal.

A operação foi um sucesso. Colocamos uma turma nova dentro da unidade. Quando começamos a reunião de negociação, um dos sindicalistas mais radicais disse que nós tínhamos subido para baixar o nível. Eu respondi: "Ontem vocês disseram que cada um faria o possível. Nós fizemos o possível". Os helicópteros contribuíram muito para a assinatura do acordo.

NEGOCIADOR PATRONAL: POSTURAS E COMPORTAMENTOS RECOMENDADOS

1. **Manter a calma**: o negociador patronal não pode se dar ao luxo de bater na mesa, advertir os interlocutores, manifestar irritação, nem usar palavras duras ou chulas.
2. **Não aceitar provocações**: o negociador tem de se manter dentro de uma postura tranquila, sem aceitar provocações. Quando for provocado, há dois caminhos: ignorar ou solicitar educadamente que os interlocutores evitem tal caminho.
3. **Não provocar**: aos negociadores patronais é vetado provocar os sindicalistas. É também proibido entrar em bate-bocas. Se algum dos membros insistir nesse tipo de comportamento, ele deve ser afastado.
4. **Estabelecer limites**: é importante que, logo de início, o coordenador estabeleça em conjunto com as lideranças sindicais os limites comportamentais a serem mantidos durante a negociação. Depois disso, as lideranças dos dois grupos se encarregarão de manter a ordem.
5. **Não ser arrogante**: os negociadores patronais não podem agir com arrogância. Eles não devem se julgar superiores aos sindicalistas e devem tratá-los de igual para igual. Cada membro da comissão deve se autovigiar, medindo bem as palavras e as frases que vai usar. Assim evitar que, mesmo involuntariamente, pareça arrogante.
6. **Não demonstrar medo**: serenidade e firmeza devem ser mantidas o tempo inteiro pelos negociadores. Em nenhuma circunstância, eles devem aparentar medo. A defesa da posição da empresa necessita ser expressa sem receios.
7. **Respeitar os interlocutores**: negociadores patronais não podem escolher seus interlocutores. Quem faz isso são os trabalhadores, ao eleger os sindicalistas. Assim, têm a obrigação de lidar com todos que estiverem na mesa, mantendo o

respeito independentemente da qualificação e das condições sociais que cada um ocupe.

8. **Manter-se concentrado e focado**: quem está negociando não pode, em nenhuma hipótese, perder o foco. Os negociadores devem esquecer o mundo lá fora e só cuidar de outros temas durante os intervalos, ou quando a reunião terminar.
9. **Ser claro e pedir clareza**: as negociações não são, ao contrário do que muitos pensam, um lugar para exibir dotes culturais, nem são um concurso de oratória. Clareza e economia de palavras devem ser a regra a ser seguida. Quando alguém está falando e os interlocutores fazem cara de paisagem é porque estamos diante de um excesso teórico. É melhor refazer a forma do discurso.

As negociações nas relações de trabalho são delicadas, exigindo dos negociadores muitos cuidados para alcançar bons resultados. Eles têm a responsabilidade de manter todos os aspectos sob controle para que os resultados e as relações entre os atores sociais agradem a todos.

Até agora se falou da organização, condução e das boas práticas nas negociações, mostrando como deve ser a postura dos negociadores patronais na mesa. Foram destacados os recursos e abordagens que eles devem utilizar para obter resultados, sem perder a relação de confiança e respeito que deve ser mantida com os interlocutores. A seguir, estão nomeadas posturas e comportamentos que devem ser evitados a todo custo nas negociações. Se estiverem presentes, elas terão seus resultados abaixo da expectativa, além de semearem a desconfiança e a revolta de sindicalistas e trabalhadores.

Trata-se dos equívocos e vícios que corrompem as relações entre patrões e empregados e que, portanto, não são nem desejáveis, nem aceitáveis.

EQUÍVOCOS E VÍCIOS NAS NEGOCIAÇÕES

1. **É necessário sempre levar vantagem**: essa afirmação é completamente equivocada e parte de pessoas que fazem o que for necessário para que prevaleçam seus desejos, incluindo comportamentos antiéticos.
2. **Para um ganhar, o outro tem que perder**: essa é uma falsa premissa. É perfeitamente possível buscar, por meio da negociação, pontos comuns entre patrões e empregados.
3. **Os fortes não cedem jamais**: nas verdadeiras negociações, ceder faz parte do processo. Para que o resultado seja o melhor para os dois lados, ambos têm de ceder.
4. **Eu não aceito ideias diferentes das minhas**: as pessoas que se propõem a negociar a partir dessa perspectiva não chegarão muito longe. Tal postura denota mais que despreparo para a negociação, mostra uma clara recusa do ato de negociar.
5. **Trabalhador é carente de proteção**: afirmação com ares de 1920. Os trabalhadores não são incapazes.
6. **Há sempre alguém pronto para enganá-lo**: que tal trocar a frase por "há um inimigo em cada esquina"? Mania de perseguição.
7. **A técnica prevalece a política**: a negociação pode ter aspectos técnicos, mas a sua essência é manifestamente política. Sem essa abordagem, a negociação não chega a nenhum lugar.
8. **Ideologia de confronto nas relações de trabalho**: essa visão extremada contribui para radicalizar as relações entre patrões e empregados. É algo que poderia ser visto como caminho no começo da Revolução Industrial. Nos dias de hoje, é completamente anacrônico.
9. **Negociações fora das empresas**: é o que mais se vê no Brasil. A maioria das empresas terceiriza as negociações, deixando que elas fiquem nas mãos dos sindicatos patronais.

A FORMALIZAÇÃO DA NEGOCIAÇÃO

Quando os negociadores patronais e sindicalistas chegam a um acordo final, é necessário formalizar a negociação.

Essa etapa pressupõe que a proposta da empresa, ou empresas, seja submetida à votação de assembleias dos trabalhadores, representados pelos respectivos sindicatos. Uma vez aprovada a proposta, é feita a redação final do acordo ou convenção coletiva. A redação é cheia de marchas e contramarchas provocadas pelos advogados das partes, que discutem cada ponto e cada vírgula colocada no texto final. Com a redação aprovada por todos, é feita a assinatura pelos representantes formais das empresas e dos trabalhadores. Vencida essa etapa, a convenção ou acordo é registrada no "Sistema Mediador" do Ministério do Trabalho. Tal sistema continua funcionando apesar da extinção do ministério.

CONSOLIDAÇÃO

A última etapa do processo de negociação é a sua consolidação. Esta etapa é dedicada a promover a aplicação do acordo ou convenção coletiva. Aborda a forma como as regras estabelecidas serão cumpridas por empresas e sindicatos. Ela se inicia com a divulgação do texto final do decidido. A divulgação é feita simultaneamente pelos sindicatos patronais e laborais. Em seguida, as empresas podem fazer uma propagação interna para que seus empregados conheçam os novos direitos e obrigações.

Os sindicatos patronais e laborais continuam em contato permanente para acompanhar esta etapa. Em algumas convenções e acordos coletivos, existe uma cláusula que cria um sistema conjunto de conciliação para extinguir dúvidas e solucionar impasses que podem ocorrer na aplicação da norma coletiva.

O NEGOCIADOR TEM VIDA DURA

Para encerrar este capítulo, não poderiam faltar alguns comentários sobre os negociadores. Eles exercem um papel fundamental nas relações de trabalho e para fazê-lo, não levam vida fácil.

São inúmeras as pressões sobre o negociador. Uma delas é a que acontece no processo, fruto da própria negociação. É a intimidação para alcançar um bom resultado, comandando sua equipe para que ninguém saia da linha e preservando boas relações com os interlocutores. Assim, o negociador não pode perder a concentração por um minuto sequer. Deve manter tudo sob controle, intervindo sempre que algo sair do planejado. Além disso, tem de fazer constantemente o papel de interlocutor padrão, mantendo uma boa aproximação com os sindicalistas.

Outro ponto são seus limites, previamente estabelecidos, que não podem ser extrapolados e as demandas que são constantes para que ele o faça. Em muitos momentos, o negociador pensa que a pedida dos sindicatos é razoável, mas nada pode fazer fora do script. Pois, necessita manter um alinhamento constante com os seus clientes, dado que só eles podem mudar os limites. Precisa explicar tudo o que ocorre na mesa, as conversas que manteve em off, mas não pode sugerir mudanças. Os clientes precisam ficar convencidos por conta própria a mudar. Se ele sugerir as modificações, os clientes podem pensar que está querendo mais margem somente para facilitar a própria vida.

Uns pensam que as coisas estão caminhando muito rápido, outros sugerem mais pressa. Cabe a ele encontrar um ritmo que atenda a todos. A questão do andamento é algo que foge ao seu controle. Ele pode até tentar acelerar ou brecar, mas os sindicalistas podem ter outros interesses e vão procurar manter o compasso da negociação da forma que mais lhes favoreça.

Quando a negociação termina, sempre aparecerão aqueles que acham que se cedeu mais do que devia, os que pensam que não se deveria ceder nada e os que acham que seria melhor ceder um pouco mais. Em resumo, ninguém fica completamente satisfeito e o negociador deve deixar os comentários de lado e se preparar para o próximo desafio.

O profissional que foi meu tutor no início de carreira em relações de trabalho, José de Freitas Picardi, me ensinou muito a respeito dos limites do negociador. Uma frase que ele dizia resume o assunto: "Numa negociação de verdade, você sempre cede mais do que planejou".

Retratos da Realidade

Certa vez, minha mãe estava com dificuldade para negociar o valor de um aluguel e me pediu ajuda. Num fim de semana viajei até Ouro Preto. Logo que cheguei, inteirei-me da situação e saí para tentar um acordo.

Quando voltei, minha mãe ansiosa perguntou qual tinha sido o resultado da conversa. Respondi que eu pensava ter feito uma boa conciliação. E ela, muito aborrecida, disparou: "Acordou, Zé Emídio?! Você saiu de São Paulo. Pega um avião. Aluga um carro em Belo Horizonte e dirige até aqui para fazer um acordo. Francamente! Para isso não precisava de você. Não sei como você consegue negociar com os sindicatos".

Receita de Negociação

Ingredientes

Uma empresa industrial

2 fábricas

5.500 trabalhadores

1 sindicato da **CUT**

1 sindicato da **CONLUTAS**

Uma pauta dos sindicatos solicitando: 15% de correção salarial; Plano Médico igual para todos os trabalhadores (hoje os gerentes têm um plano especial); 1 salário de auxílio férias; restaurante gratuito; hora extra em dobro.

Uma proposta da empresa definindo: 7% de correção salarial; Melhoria do Plano Médico dos Trabalhadores: 15 dias de auxílio de férias; Redução de 50% no custo do restaurante; hora extra 120%

Proposta rejeitada pelo sindicato

Uma greve com 10 dias de duração

Reclamações dos clientes que estão com estoques baixos dos produtos da empresa

Como fazer

1. Realizar uma **reunião em off** com os dois dirigentes sindicais que lideram a greve e as negociações. Ouvi-los a respeito dos limites que eles acham que encerra a greve. Construir com eles um roteiro crítico para a sequência das negociações. Fazer um entendimento para que na próxima reunião de negociação os dois lados avancem na busca de um acordo.

2. Realizar reuniões (conversas) das chefias com suas equipes para ouvir os trabalhadores a respeito da greve, pesquisando expectativas, sentimentos, o que é mais importante para eles. Como os trabalhadores estão em greve as chefias devem trazer para a conversa o maior número de pessoas que conseguirem. Estas reuniões devem ser realizadas fora da empresa em um ambiente discreto e acolhedor.

3. Realizar uma reunião com a Direção da empresa para estabelecer um caminho crítico a partir das informações obtidas com os sindicalistas e trabalhadores. A proposta a ser feita deve ser a que atenda uma boa parte das expectativas dos trabalhadores.

4. Realizar a próxima reunião de negociação. Caso não haja um acordo, marcar uma próxima reunião para três dias depois. Nesta reunião os sindicalistas apresentaram três novas demandas: 1 que a empresa disponha uma sala para os sindicatos na área industrial; 2 que a empresa libere duas datas por ano para os sindicatos realizarem seminários com os trabalhadores; que a empresa deixe a comunicação com os trabalhadores como uma exclusividade dos sindicatos.

5. Realizar uma nova conversa dos chefes como os trabalhadores de suas equipes. Apresentar a proposta que foi feita ao sindicato e pedir a opinião deles a respeito dela.

6. Realizar a próxima reunião de negociação apresentando uma nova proposta que melhora um ou mais pontos da proposta anterior no sentido de atender melhor os trabalhadores. A empresa atende o 2º pedido dos sindicatos referente à realização de seminários com os trabalhadores. Dizer que é a última proposta da empresa. Se o sindicato continuar resistindo, sugerir um intervalo na reunião para que os dois lados reflitam sobre o ponto onde se chegou.

7. Retomar a reunião. Se o sindicato fizer algum pedido razoável e que esteja dentro dos limites da empresa, aceitar para concluir a negociação. Se eles pedirem algo impraticável ou disserem que não aceitam a proposta da empresa, dizer que as negociações estão encerradas, pois a empresa chegou no seu limite.

8. Na falta de acordo realizar uma nova reunião dos chefes com suas equipes. Apresentar a última proposta feita ao sindicato e dizer que as negociações estão encerradas por que a empresa chegou no seu limite.

9. Aguardar os novos acontecimentos...

Gestão de Conflitos nas Relações de Trabalho

As empresas devem investir muito nas negociações com sindicatos e empregados para solucionar conflitos, evitando que eles assumam proporções mais graves. No entanto, nem sempre, a despeito dos esforços das empresas, há sucesso nessa empreitada.

Agora, a empresa pode estar diante de uma encrenca, pois uma coisa é negociar com tempo e tranquilidade, sem a pressão dos movimentos dos sindicatos e a insatisfação dos trabalhadores. Outra coisa, é quando todos estão em pé de guerra, sindicatos e trabalhadores.

A complicação pode ser muito maior se sindicato e trabalhadores estiverem fortemente alinhados. A empresa precisa estar pronta para enfrentar essa situação, senão pode ficar a reboque das iniciativas dos interlocutores. O risco maior é entrar em uma espiral de reações adotadas sem a necessária reflexão.

Dessa forma, alguns pontos devem ser considerados. O primeiro deles é se a empresa tem uma política de relações de trabalho e se nela está previsto como agir em caso de impasses nas negociações. Nisso, ela terá um guia de medidas a tomar, incluindo as posturas requeridas dos envolvidos. Uma política de relações de trabalho deve incluir:

- A aceitação ou não, por parte da empresa, do uso desses mecanismos de pressão como legítimos, desde que usados de forma pacífica;

- Quais regras a empresa espera ver obedecidas pelos empregados;
- A questão do desconto dos dias ou horas paradas;
- Se a empresa, em algum momento, vai recorrer à Justiça do Trabalho ou à polícia para intervir no assunto – e em quais circunstâncias o fará;
- Se as negociações prosseguem normalmente ou se serão interrompidas em caso de greves e outras formas de pressão;
- A postura requerida dos gerentes e negociadores nas relações do trabalho.

Se a política não existe, a direção da empresa, ouvindo a opinião do especialista na área, deve definir como a questão será abordada. Os tópicos a serem determinados são, rigorosamente, os mesmos estabelecidos na política acima.

Caso a empresa seja colocada sob pressão sindical, é arriscado reagir de forma impulsiva, tomando decisões sem ter um padrão de referência para fazer a escolha do caminho a ser adotado. Essas decisões, normalmente, impactam as situações. Do outro lado, o sindicato pode perfeitamente estar preparado para seguir um roteiro planejado com cuidado. E, nesse caso, ter uma resposta que surpreenda a empresa, deixando-a sem ação.

Outro ponto que pode deixar a empresa "em maus lençóis" é quando a sua cúpula tem posições diferentes a respeito das relações de trabalho e, na ausência de um acerto prévio no início da crise, cada diretor "puxa a sardinha" para o seu lado. Tal situação pode provocar severos danos aos resultados das negociações e à moral dos gerentes, que passam a receber ordens contraditórias de representantes da mesma e ficam sem saber o que fazer. A brecha é ocupada pelo sindicato, que amplifica as contradições da empresa para angariar mais apoio dos trabalhadores.

Retratos da Realidade

Logo que foi comunicado o fechamento de uma fábrica em Pernambuco, os empregados, comandados pelo sindicato, ocuparam a unidade e lá permaneceram até o fim das negociações.

No quinto dia após o fechamento, foi realizada dentro da fábrica a segunda rodada de negociações. A reunião começou às 20h e terminou por volta das 22h.

Os sindicalistas e membros da comissão de empregados saíram da reunião furiosos, porque a empresa não fez mudanças substanciais na primeira proposta do pacote de demissão. Eles se reuniram rapidamente com os outros trabalhadores que estavam acampados na fábrica e passaram a promover uma verdadeira desordem, desligando a iluminação em setores inteiros, ligando equipamentos da fabricação, passeando com empilhadeiras pela fábrica. Tudo isso aos berros.

Reportamos a situação aos diretores em São Paulo. Cada um na sua diretoria.

Recebemos orientações contraditórias. O diretor de RH disse que nós deveríamos sair imediatamente da fábrica, pois corríamos o risco de sermos feitos reféns. O diretor industrial determinou, na conversa com o gerente da fábrica, que nós deveríamos exercer nosso poder, proteger as instalações, colocar ordem nas coisas e não sair de lá de maneira alguma.

O gerente de RH conversou com os sindicalistas, mostrando para eles que não era bom para o processo de negociação aquele comportamento. Não foi difícil parar com aquela "exibição de poder" desnecessária. Uma hora depois reinava a mais completa calma.

Decidimos que sempre deveria ter alguém da gerência na fábrica. Mantivemos o sistema de revezamento de turnos de supervisão. Durante o dia, todos os gerentes deveriam estar presentes e nós passaríamos a vir na fábrica todas as noites. Naquela noite, saímos da fábrica às 3h da manhã.

Retomando a questão de se recorrer à Justiça e à polícia, é importante fazer uma análise mais profunda a respeito dessas possibilidades. Para configurar a questão, cabe lembrar que a empresa deve sempre buscar relações sustentáveis com os seus trabalhadores e que sempre que há um mecanismo de pressão sendo usado pelos sindicatos, é inevitável que trabalhadores estejam na linha de frente das ações perpetradas.

Assim, ações decididas pela Justiça e pela polícia poderão atingir os trabalhadores não só do ponto de vista moral, como do físico. Nunca é demais lembrar uma greve na CSN em 1988, quando a Polícia Militar, apoiada por tropas do Exército, tentava forçar a desocupação da fábrica por 5.000 empregados. O fato resultou na morte de três operários.

Tanto a partir da Justiça ser acionada quanto no momento no qual a polícia é chamada, a empresa perde o controle dos acontecimentos. Ela entrega as decisões e ações nas mãos de terceiros e vai responder pelas consequências dos atos praticados por outros.

É claro que existem situações em que é necessária uma intervenção externa, tais como ocupações de fábrica realizadas com violência, agressões a trabalhadores pelos participantes de piquetes ou ações agressivas de destruição do patrimônio da empresa. Mas mesmo nessas situações, as empresas devem seguir uma ordem de abordagem do problema: realizar uma última tentativa de diálogo, solicitar a intervenção da Justiça e, só em último caso, chamar a polícia.

As empresas, antes de adotarem uma ação que na prática possa parecer retaliação a uma manifestação dos trabalhadores, deve refletir se deseja continuar com o conflito ou se quer avançar para um confronto.

Uma greve civilizada ainda está no campo do conflito. Caso ela se encaminhe para uma pancadaria, há uma mudança para o confronto. Da mesma forma, quando a empresa chama a polícia e ela reprime os trabalhadores que estão no piquete, usando violência, também está instaurado o confronto.

A empresa deve estar preparada para lidar com as diversas formas de pressão utilizadas pelos sindicatos nos momentos de impasse nas negociações. Elas são muitas e dentro de cada uma há variações. A empresa precisa estar pronta para dar "respostas corretas" e sob medida quando a pressão ocorrer.

Vamos começar pelas greves, que são as mais comuns. A greve é uma paralisação total ou parcial das atividades da empresa pelos trabalhadores. Significa uma perda de poder para os patrões ou executivos, pois os trabalhadores estão se negando a trabalhar, portanto, a obedecer as ordens. Quem já viveu uma situação de greve sabe como é angustiante para os gerentes verem a fábrica parada e os trabalhadores reunidos na portaria.

Retratos da Realidade

Em uma das greves que acompanhei, no meio da manhã do primeiro dia, o gerente de manutenção da fábrica estava furioso. Durante a reunião que fizemos para avaliar a situação, ele disse que a culpa de tudo era da equipe de RH que não teve competência para impedir a greve.

Ao sair da reunião, ele informou que iria até o local do piquete para buscar os empregados da sua área, que certamente estavam loucos para entrar e trabalhar e só não o faziam porque o pessoal do sindicato não deixava.

Atravessou a ponte que levava até a estrada onde estava o piquete de peito estufado e olhar altaneiro. Houve quem acreditasse que ele voltaria em triunfo seguido pelos fiéis empregados da manutenção.

Não foi o que ocorreu. Vinte minutos mais tarde, ele, cabisbaixo, atravessou a ponte de volta sem sequer um mísero trabalhador a acompanhá-lo. Mais tarde, ficamos sabendo que a turma da manutenção liderava o piquete.

Herman Melville[1], no seu livro *Bartleby, o escriturário*, mostra com precisão e detalhes o sentimento de um patrão quando não vê suas ordens atendidas. O escriturário, no início, era um funcionário exemplar. Mas a partir de determinado tempo de casa, começa a responder a todos os pedidos do seu chefe com a frase “prefiro não fazer”.

---

1 Herman Melville (1819–1891) foi um escritor, poeta e ensaísta estadunidense. Seu livro mais famoso é *Moby Dick*.

Aderir à greve não é algo fácil para os trabalhadores, pois são educados pelas empresas a cumprir ordens, seguir os padrões, respeitar os horários e serem assíduos. Além disso, há o desconforto de confrontar os gerentes, expondo-se diante da empresa. Logo, só aderem à greve quando estão muito contrariados.

As condições para a ocorrência da greve não são estabelecidas da noite para o dia. Elas são resultado de um longo processo, que pode durar meses ou anos. Trata-se da construção de um clima organizacional adverso que abrange decisões erradas das empresas no campo de Recursos Humanos, problemas decorrentes da ação dos gerentes, mudanças culturais, processo de demissão coletiva ou queda dos padrões de serviços e benefícios.

É possível pensar em uma balança na qual em um dos pratos são colocadas as boas iniciativas da empresa e no outro as ações erradas citadas acima. Quando esta se inclina para o lado das falhas da empresa no tratamento dos empregados, as condições para a greve estão prontas. Resta ocorrer um fato catalisador.

Assim, sem nenhum risco de errar, é possível dizer que a maioria das greves é decorrente de falhas das empresas na gestão de pessoas. Um boom da economia, com muita demanda de trabalhadores pelas empresas, pode contribuir para a ocorrência de greves, mas só como coadjuvante.

Os sindicatos de trabalhadores não têm o poder de, só por vontade própria, determinar a hora em que os trabalhadores entrarão em greve. Há casos em que um sindicato, por força de um piquete, impede os trabalhadores de entrarem na empresa, mas isso tecnicamente não é uma greve. Há situações em que os trabalhadores são impedidos de chegar as empresas por uma greve no setor de transportes, o que também não se configura como greve. As empresas podem ter várias queixas da atuação dos sindicatos. Elas só não podem atribuir a eles seus próprios erros.

DE QUE CONDIÇÕES O SINDICATO DEPENDE PARA REALIZAR UMA GREVE?

- Algumas reivindicações dos trabalhadores com, pelo menos, uma mais forte;
- Produção da empresa muito elevada;
- Muitas vagas disponíveis e poucos trabalhadores à procura de emprego;
- Um cenário facilitador (muitas greves ocorrendo, uma nova política econômica);
- Um fator catalisador: algo que ameace ou contrarie muito o trabalhador.

No Brasil, as greves são reguladas pela Lei nº 7.783, de 28 de junho de 1989. Isso não acontece na maioria dos países de Primeiro Mundo, onde a greve é livre. Contudo, é somente na Alemanha que existe uma restrição: elas só podem ser feitas no intervalo entre o fim do Contrato Coletivo de Trabalho e o início da vigência de um novo.

As greves podem ser de dois tipos: propositivas e defensivas. As greves propositivas são aquelas feitas para a conquista de aumentos salariais e novos benefícios ou melhoria das condições de trabalho. As greves defensivas são aquelas destinadas a manter serviços, benefícios e condições de trabalho já existentes. Podemos incluir nesse nicho as greves feitas para tentar dissuadir a empresa de um processo de demissão coletiva.

O número de greves no setor privado tem caído nos últimos anos, em função da situação econômica. Quando as greves ocorrem, elas são, predominantemente, defensivas. Por outro lado, o número de greves no setor público tem se mantido num nível elevado.

O Brasil já viveu algumas temporadas de greve, majoritariamente, propositivas. Podem ser destacados os seguintes períodos: entre 1915 e 1918; os anos de 1963 e 1964; os anos que vão de 1978 a 1981; entre 1985 e 1989; os anos de 1994 e 2003. Em alguns desses períodos, o país esteve muitas vezes perto da greve geral, mas nunca tivemos uma de verdade. Esta se caracteriza por ter uma motivação política e não um caráter reivindicatório. Elas ocorrem com mais frequência em alguns países da Europa.

Em função das suas características especiais, algumas greves merecem ser destacadas. A primeira delas é a greve selvagem. Ela é feita por iniciativa dos próprios trabalhadores, sem a participação dos sindicatos. Em função disso, requer um tratamento diferente, já que a empresa não dispõe de um interlocutor oficial. Muitas vezes, os trabalhadores nem querem indicar uma comissão para representá-los com receio de que sejam punidos pela empresa.

Além de ser surpreendente para a empresa, a greve selvagem é conduzida por pessoas inexperientes em lidar com as situações inerentes ao movimento. Se a empresa consegue que algum tipo de representação assuma o movimento e passe a negociar, ou se o sindicato assumir o controle, as negociações começam a evoluir. Caso essas duas possibilidades não ocorram, restam só as manifestações dos trabalhadores e a empresa não pode atender às demandas, pura e simplesmente porque não há como legalizá-las.

Há um segundo tipo de greve selvagem que é a induzida. Nesse caso, por trás dos trabalhadores, existe a ação de um sindicato rival, ou da oposição sindical que deseja assumir a base. Tal modalidade pode ter muitos complicadores, pois a empresa, mesmo que as lideranças ocultas se manifestem, a princípio não deve negociar com elas.

Existem greves selvagens em que as empresas, apesar de não terem um interlocutor, conseguem resolver a situação de forma pacífica. Geralmente são aquelas em que o sindicato chega rapidamente para assumir o controle. Há casos em que, na ausência de um sindicato que cubra aquela base territorial, a empresa procura uma federação da categoria para atuar no conflito. Outras, porém, podem durar muito e se encerrar, às vezes, de forma quase dramática.

Retratos da Realidade

Na mesma cidade, com uma diferença de 2 km, a empresa tinha duas fábricas. Em uma delas, o sindicato, filiado à CUT, era muito combativo e tinha no seu DNA a especialidade e o gosto pelas greves. Na outra fábrica, o sindicato poderia facilmente ser classificado como pelego. O presidente pouco se movia e negociava apoiado nas greves das outras fábricas, cantando a ladainha: "Vocês não querem que alguém da CUT vença as eleições e venha a assumir o controle deste sindicato".

No primeiro semestre de 1990, praticamente todas as fábricas da empresa entraram em greve. A área de relações de trabalho teve que se desdobrar para atender às demandas dos gerentes de fábrica. Naquela cidade não foi diferente. Eram duas greves: uma nos padrões tradicionais e outra selvagem. O presidente do sindicato da fábrica, onde ocorreu a greve selvagem, não tinha controle da situação.

Na outra, o sindicato da CUT, que exercia uma efetiva liderança, fazia assembleias diárias para discutir o movimento com os trabalhadores. Não satisfeitos, os sindicalistas levavam um carro de som para a portaria da outra fábrica e faziam assembleias com os trabalhadores em greve. Nas suas falas, eles atacavam e ironizavam o presidente do sindicato local. Pelego era o menor dos insultos. Desafiavam os trabalhadores a expulsar o presidente. A empresa só acompanhava. Não havia o que fazer.

Lá pelo 15º dia de greve, o sindicato da CUT nos procurou e se ofereceu para negociar em nome dos trabalhadores da fábrica vizinha. A empresa não aceitou. No 18º dia, o sindicato da CUT fazia sua assembleia pirata no território do presidente rival, quando ele chegou, de carro, acompanhado de várias vans cheias de bate-paus: militantes contratados e armados com cabos de enxada. Ele desceu do carro, caminhou para o carro de som, sacou um revólver e atirou várias vezes na direção do sindicalista que ocupava o microfone. Por sorte, não acertou nenhum tiro. Nesse momento, os bate-paus desceram das vans e começou a pancadaria. A polícia, que há dias acompanhava as movimentações, prendeu todos os bate-paus e também o presidente.

Daí para a frente, o sindicato da CUT interrompeu as assembleias no território alheio e cada greve seguiu seu próprio rumo, mas a empresa ainda demorou para resolver tudo.

Outra modalidade de mecanismo de pressão são as greves de ocupação. Acontecem quando os operários saem da portaria da fábrica, a invadem e lá permanecem até que suas reivindicações sejam totalmente, ou parcialmente, atendidas.

Nessa situação, existe uma convivência entre os gerentes, os empregados que não aderiram à greve e os grevistas, com potencial bastante razoável de atritos entre os dois primeiros grupos e o terceiro. Em 1985, numa greve dessa modalidade na GM em São José dos Campos, os grevistas fizeram um cercadinho onde os gerentes foram confinados. Além disso, dependendo do tipo de produto que a empresa fabrica e das características das instalações, há riscos da ocorrência de acidentes.

Em alguns casos, os grevistas podem ameaçar usar produtos como "armas" de defesa ou ataque. Pouquíssimas vezes, tais ameaças se concretizam, mas não deixa de ser estressante conviver com a possibilidade por alguns dias. Já vivi situações em que os gerentes queriam abandonar a fábrica diante das ameaças que os grevistas faziam. Anos atrás, houve um caso na Coreia do Sul em que os empregados de uma fábrica de tubos chegaram a construir um canhão para usar contra a polícia que tentava desalojá-los.

Não é incomum, nesse tipo de greve, os sindicalistas incluírem as famílias dos empregados da unidade entre os invasores, o que é muito mais delicado para a empresa.

Tive uma experiência bem diferente com essa modalidade. Foi em um dia em que entravam duas turmas às 6h da manhã, sendo uma para atividades de treinamento, previstas no acordo de turnos. A turma que estava encerrando suas atividades não saiu da fábrica. Ficaram três turmas dentro. Não houve quem conseguisse convencê-los a sair. A situação piorou às 14h. A turma que encerrava o turno e a que entrou pela manhã para treinamento continuaram dentro da fábrica, perfazendo um total de quatro grupos.

Estávamos diante de uma situação crítica, pois às 22h, se todos ficassem na empresa, não teríamos equipe para fazer a substituição da que entraria às 6h da manhã do dia seguinte. Ligamos para o subdelegado regional do trabalho, solicitando que ele fosse até a fábrica para constatar a situação. Ele, que era um tradicional aliado dos sindicatos, se negou. Disse que só iria se fosse para reconhecer que a empresa estava retendo os trabalhadores contra a sua vontade, mantendo-os, tecnicamente, em cárcere privado. Diante disso, informamos a ele que sairíamos imediatamente para ir à delegacia de polícia registrar um boletim de ocorrência. Antes de chegarmos à delegacia, fomos informados que os trabalhadores finalmente tinham deixado a fábrica.

Para um melhor entendimento do que são essas greves, é bom que se diga que, na maioria das vezes, elas são apenas uma das etapas do uso da pressão sobre a empresa. As que já começam com a ocupação são em menor quantidade.

Já que estamos abordando movimentos dos trabalhadores dentro das empresas, não podemos deixar de lado a operação tartaruga, ou operação padrão. Nesse caso, os trabalhadores chegam à empresa, marcam o ponto e começam a trabalhar, só que o fazem em ritmo menor do que é praticado normalmente. Trabalhando lentamente, eles conseguem reduzir a produção em porcentagens que chegam, às vezes, a 50% da alcançada no dia a dia.

Em locais onde o sindicato exerce uma forte liderança, tudo é feito mantendo a disciplina e respeitando todas as normas da empresa, as chefias, as regras de segurança e a manutenção dos horários de refeição e os intervalos regulamentares. Essa abordagem é feita para evitar que a empresa tenha margens para realizar punições, com base na lei e nos preceitos internos.

Quando o sindicato não tem líderes competentes e a empresa não orienta as chefias para, apesar da operação, manter o comando, há o risco de os trabalhadores passarem a fazer uma espécie de farra interna, que inclui várias formas de indisciplina e até vandalismo. Nesses episódios, a empresa necessariamente deve punir todos os que cometam atos de indisciplina, assim que eles ocorrerem.

Existe uma diferença entre a operação tartaruga e a operação padrão. Na primeira, utilizada principalmente na indústria, configura-se uma quebra da produção.

Na segunda, o que se faz é praticar todas as regras exigidas no trabalho para dispender mais tempo nas várias tarefas. Ela ocorre normalmente no setor de serviços, afetando diretamente os clientes da empresa ou instituição. Dois bons exemplos vêm da área de transportes. Um é a checagem que deve ser feita pelos pilotos de aviões antes de iniciar o voo. Quando estão em operação padrão, seguem minuciosamente os manuais, com o agravante de que a empresa não pode fazer nada. Sem sair do aeroporto, podemos pegar o exemplo dos agentes da Polícia Federal na fiscalização de passageiros antes do embarque.

Em ambas as operações, se a disciplina é mantida, a empresa ou instituição tem perdas e, a rigor, não tem muito o que fazer. Quando se apela para a lei de greve, para uma intervenção da Justiça do Trabalho, esta não acolhe o pedido da empresa, pois não há cobertura legal para tais casos.

AÇÕES DE SUPORTE À GREVE

A seguir, vamos abordar algumas ações de suporte da greve que ocorrem no início ou durante sua realização e, em algumas situações, são feitas sem haver necessariamente uma paralisação.

Inicialmente, os piquetes estão previstos na lei de greve, desde que realizados dentro dos limites nela estabelecidos. Trata-se de um grupo de trabalhadores que, na portaria, abordam de forma educada os colegas que não aderiram espontaneamente à greve para demovê-los da intenção de trabalhar normalmente.

Aqueles que têm experiência em relações de trabalho, ou mesmo os gerentes de outras áreas que trabalham em empresas que estão na base dos sindicatos mais ostensivos, sabem que os piquetes podem descambar facilmente para a selvageria, o que inclui agressões verbais ou físicas. Os sindicatos utilizam com frequência os expedientes para impedir a entrada do pessoal. Fechar o portão da empresa com corrente e cadeado, atravessar o carro de som na frente da portaria e usar militantes "profissionais" ou membros de entidades, como do MTST e do MST, para aumentar a agressividade do piquete, atemorizando os chamados fura-greves.

Nesse quesito, as empresas devem ir à Justiça para garantir o direito de ir e vir que está previsto na Constituição. Tudo isso, entretanto, leva tempo e nem sempre surte todos os efeitos necessários, o que faz muitas empresas buscarem a ajuda da polícia, o que provoca outros riscos. Ao passo que a empresa não pode controlar a ação policial, mantêm-se o ímpeto e a dedicação da tropa para coibir os participantes do movimento. Não se pode esquecer que dentre eles há sempre empregados da empresa. Muitas vezes, uma boa conversa com os sindicalistas pode surtir efeito mais rápido e duradouro.

Voltando para o interior da empresa, temos o arrastão. Ele é utilizado para arrebanhar os trabalhadores que estão fazendo suas tarefas e levá-los para fora da empresa, dando início à greve. O arrastão começa pelo fundo da fábrica, liderado por sindicalistas e militantes, e à medida que avança, vai ganhando corpo. O que se vê é uma multidão caminhando para a portaria, a qual não é silenciosa, já que o arrastão é animado por gritos de palavras de ordem e até por algumas canções. Um dos pontos mais vibrantes é quando ele passa diante do escritório administrativo, onde estão os empregados que normalmente não aderem à greve. Nesse momento, os cantos e as palavras de ordem são substituídos por vários tipos de xingamentos, logo depois de ser entoado o inevitável "não fique aí parado, você também é explorado".

Por último, existem as paralisações nas portarias das empresas feitas durante as campanhas salariais, quando algum fato relevante para os trabalhadores ocorre ou em momentos da vida política do país. Geralmente, essas paralisações são realizadas nos horários de troca de turnos ou da entrada dos empregados administrativos. Os empregados são mantidos pelo piquete por até duas horas quando são liberados para entrar na empresa.

Retratos da Realidade

Em 1978, quando explodiram as greves no ABC, houve um arrastão em uma montadora. Ele envolveu milhares de trabalhadores e foi bastante animado. É bom lembrar que o país ainda vivia uma ditadura e as pessoas estavam com o grito preso na garganta. Os trabalhadores cantavam canções de protestos e gritavam lemas como "trabalhador unido jamais será vencido".

Quando o arrastão chegou diante do prédio administrativo, a gritaria aumentou e a palavra de ordem era "não fique aí parado, você também é explorado". As janelas ficaram repletas de empregados, dentre eles estava Sandra, chamada pelos empregados de Sandrinha, que era a chefe do Serviço Social da empresa.

Conforme os trabalhadores que estavam no arrastão a viram, começaram a gritar como se estivessem em um campo de futebol: "Sandrinha! Sandrinha! Sandrinha!". Ela não resistiu. Empolgada, tomou o elevador, desceu para o pátio e caiu nos braços da massa trabalhadora, seguindo com ela para fora da empresa. No dia seguinte, foi informada pelo chefe de que não precisava voltar mais ao trabalho.

Na Itália existe uma modalidade de mecanismo de pressão que é denominada greve colorida. As empresas a temem muito pelos efeitos que causa na produção. Ela funciona desta forma: os sindicalistas levam para a portaria da fábrica potes com fichas como as usadas nos cassinos. Cada pote tem fichas de uma cor. Os trabalhadores, ao entrar, retiram uma ficha de um dos potes.

A partir de um dado momento em que a produção está a pleno vapor, o coordenador do movimento dá uma ordem, definindo uma cor, por exemplo, vermelho. A ordem se espalha pela fábrica e todos que têm a ficha vermelha param instantaneamente de trabalhar. Passados uns 40 minutos, ele muda a cor para azul e assim o processo se repete. É claro que esse tipo de greve funciona bem em linhas de montagem, e não em siderúrgicas e refinarias de petróleo.

Em 1985, o Sindicato dos Metalúrgicos de São Bernardo do Campo usou uma forma parecida para conduzir a greve da categoria. Ela foi denominada de Operação Vaca Brava e seu funcionamento era o seguinte: a cada dia, o sindicato escolhia as empresas ou unidades que iriam parar. O conceito é que "quando a vaca brava está solta, ninguém sabe para onde ela vai correr". O sindicato fez o planejamento da greve a partir de uma pesquisa realizada com os trabalhadores para saber o que eles queriam obter e como a greve deveria ser conduzida.

Outro levantamento mostrou as conexões entre os produtos das diferentes empresas, pois elas eram fornecedoras umas das outras. A escolha feita com precisão permitia que a paralisação de uma empresa tivesse repercussão em outra. Os empresários não sabiam quais empresas iriam parar e não estavam preparados para lidar com essa realidade. Foram pegos no contrapé.

ENCERRAMENTO DE UNIDADES

Decidi incluir neste campo o fechamento de fábricas. Essa é uma iniciativa que, pelo forte impacto sobre os trabalhadores e o sindicato, pode ser entendida como uma situação de confronto provocada pela empresa.

Fechar uma fábrica não é algo fácil de se fazer. Todos temem as greves. Elas, porém, não chegam nem perto da tensão de um fechamento de fábrica. A greve é ruptura temporária das relações entre patrão e empregados. O fechamento de uma fábrica significa a extinção dessas relações. Nas greves, os trabalhadores têm muitas coisas a perder. No fechamento da fábrica, não resta mais nada. É o fundo do poço.

Alguns motivos podem levar a empresa a fechar uma unidade: a transferência para uma nova fábrica em outro estado ou cidade, recebendo benefícios fiscais; o fato de a fábrica ter se tornado economicamente inviável; a transferência da produção para outro local que, por ter maior porte, permite melhor custo-benefício; a tecnologia utilizada ter se tornado ultrapassada e a empresa deixar de fabricar o produto feito naquela unidade.

Quando a empresa decide fechar uma fábrica, necessita em primeiro lugar estar certa de que essa é a única alternativa. Uma vez convicta, a empresa tem de fazer uma preparação para executar o fechamento da unidade. Ela deve ter consciência de que as tensões serão enormes.

A primeira decisão a tomar é quando os trabalhadores e o sindicato serão comunicados. Existem duas abordagens adotadas para estabelecer o dia da comunicação: fazer com antecipação de alguns meses ou um ano, ou comunicar no dia em que a fábrica será fechada.

Em ambos os casos, há vantagens e desvantagens. No entanto, sempre que for possível, é melhor fazer a comunicação prévia. Ela permite que os trabalhadores possam se preparar para a perda inevitável do emprego e a busca de um novo, dispondo ainda de ocupação e renda. Além disso, deixa os trabalhadores conscientes de que nesse período devem controlar suas finanças, evitando gastos desnecessários e mantendo uma reserva para ser usada na eventualidade de ficarem desempregados por mais tempo.

A opção pela comunicação de última hora é defendida por empresas que têm um processo de fabricação com alta periculosidade. Elas argumentam que manter os trabalhadores por meses, numa situação de estresse, pode trazer riscos da ocorrência de acidentes graves. Outro tipo de argumento, menos sustentável, é o receio da reação sindical nos casos em que a fábrica está diante de um sindicato muito agressivo. Há ainda a posição adotada pela empresa que deseja manter a unidade com produção plena e com qualidade, até ter outro local fabricando o produto.

O fato é que, independente do argumento defendido, seria melhor fazer uma comunicação antecipada, ainda que com menos antecedência. Lembro de um diretor de uma empresa que assessorei no fechamento muito complicado de uma fábrica me dizendo: "Esta foi a última vez que fiz um fechamento de fábrica sem avisar previamente os sindicatos e trabalhadores".

Quem são os atores sociais afetados pelo fechamento da fábrica? Qual o impacto do fato para cada um deles? Podemos começar com os acionistas. Para eles, a não ser em raros casos, a situação é sempre vantajosa. No mínimo, vão deixar de perder dinheiro ou vão ganhar mais. É claro que eles têm de lidar com o custo político e social da decisão, mas isso pode ser minimizado à medida que a empresa fizer um processo de fechamento de forma a dar a melhor cobertura para os trabalhadores que serão demitidos. Além de administrar bem o encerramento dos contratos com fornecedores e cuidar das relações com autoridades e da opinião pública.

Passemos para aqueles que estão do lado oposto da questão, os trabalhadores. Eles são os maiores perdedores. Vão deixar de ter os empregos, o que pode implicar em possibilidade de ficar desempregado por muito tempo, não obter emprego com a mesma qualidade, não completar de forma segura o prazo para aposentadoria, mudar o padrão de vida, perder o contato com o grupo de amigos, não achar uma ocupação ligada à sua profissão e ter de mudar de cidade. Eles terão de fazer uma readaptação forçada, o que é sempre desgastante. Na maioria dos casos, a readaptação envolve também a família.

Quanto ao sindicato, ele também terá perdas importantes. Poderá ficar sem um número significativo de associados. Se estiver numa cidade em que só exista aquela empresa em sua base, deixará de ter. Caso a sua base seja regional, a sobrevivência dependerá de sua força nas outras cidades. Os sindicalistas, que são empregados da empresa, perderão sua estabilidade e também serão demitidos.

Da mesma forma, os efeitos na comunidade são importantes. Dependerá de qual é o segmento da comunidade do qual faz parte o ator, como governo (Executivo e Legislativo), associações de classe, ONGs, imprensa e igrejas. A prefeitura certamente perderá a renda dos impostos, o que incomodará também os vereadores. Os membros das associações que representam o comércio e serviços perderão clientes e consequentemente faturamento. ONGs e igrejas perderão o auxílio social. E a imprensa local terá a obrigação de defender a todos. Há também um destaque para os fornecedores. Muitos deles têm o seu faturamento fortemente influenciado pelo que recebem da empresa que vai fechar.

Por fim, os gerentes da empresa que administram o processo de fechamento da unidade também serão afetados. Alguns serão diretamente atingidos, pois terão de mudar de cidade ou se aposentar. Todos sofrerão as pressões da comunidade, do sindicato e dos trabalhadores. Alguns poderão até ser hostilizados. A pressão será muito grande. Ficarão em situação de estresse até que termine o seguimento. Um exemplo disso foi um fechamento de fábrica que acompanhei em que um gerente sofreu um infarte. Além da importância da empresa para a comunidade, a intensidade da pressão depende do tamanho da cidade. Em cidades menores, ela é muito maior do que nas grandes metrópoles.

Vamos passar aos cuidados necessários para fazer o fechamento de uma fábrica.

O processo começa por uma análise criteriosa da realidade, seguida de um planejamento detalhado de tudo o que será feito. O resultado desse planejamento deve ser apresentado para a diretoria, que aprovará o processo a ser utilizado e os recursos humanos, materiais e financeiros que serão utilizados. Esse planejamento deve ser feito com bastante antecedência, logo após a definição de fechar a unidade. Todas as pessoas do grupo de trabalho escolhido para tocar o processo devem assinar um termo de confidencialidade.

O pacote que será oferecido aos empregados desligados deve estar pronto antes do anúncio do fechamento. Em linhas gerais, ele conterá: uma porcentagem do salário por anos de serviço; a mesma porcentagem para cada dependente; manutenção por um certo prazo dos planos médico e odontológico; e a contratação de uma empresa para apoiar os trabalhadores na recolocação.

A comunicação deve abranger os trabalhadores da unidade, os outros trabalhadores da empresa, o sindicato, a comunidade e os clientes e fornecedores. Cada público pede uma abordagem. A empresa deve preparar um material que sirva de roteiro para os diversos comunicadores.

No que se refere à imprensa, a empresa deverá nomear um porta-voz. Normalmente será o gerente de comunicação, ou alguém da sua equipe. A empresa poderá emitir um comunicado sobre o tema, mas não deverá fazer nenhuma transmissão antes de falar com os trabalhadores e o sindicato.

A comunicação com os funcionários deverá ser feita pelo gerente da unidade com suporte da área de relações de trabalho e deverá abranger o motivo do fechamento, a data em que ocorrerá, o pacote que será oferecido e o suporte a ser dado pela empresa. Deve ser mencionado que a empresa tratará, à parte, os casos especiais como os empregados estáveis, os que estão de licença médica e as mulheres em licença-maternidade. É possível entregar informação escrita, contendo todos os itens mencionados na reunião.

Retratos da Realidade

Anos atrás assessorei uma empresa no fechamento de uma fábrica. A comunicação aos empregados foi feita em uma quinta-feira. Ao término da reunião, o sindicato entregou uma pesada pauta de reivindicações. No dia seguinte, fizemos a primeira reunião de negociações com o sindicato, que foi acompanhado de uma comissão de trabalhadores. Nessa reunião, que começou de forma relativamente tranquila, apresentamos a primeira proposta de pacote da empresa.

Após ouvir nossa proposta, o líder dos sindicalistas perguntou se nós queríamos um intervalo para refazer o que não foi aceito por nós. O sindicalista ficou furioso, deu um tapa na mesa e iniciou um discurso raivoso. Encerrado o discurso, fez uma pausa e, logo em seguida, dirigindo-se a mim, arrematou: "E você, pegue o primeiro avião, vá para São Paulo e diga ao presidente da empresa para pegar esta proposta e oferecer para a mãe dele".

Respirei com alívio. Aquele recado eu poderia dar ao presidente, ao contrário do que imaginei quando ele iniciou a sua frase final.

A comunicação com o sindicato pode ser feita de maneira simultânea, ou até anterior, a que será feita com os trabalhadores. Já participei de um processo em que foi necessário falar antes com o sindicato. A reunião tratará de todos os temas abordados com os trabalhadores, além de outros, específicos do sindicato. O mais importante deles diz respeito à negociação, que é inevitável.

A partir da comunicação, o sindicato seguirá dois caminhos. Em um primeiro momento, fará esforços para tentar reverter a decisão da empresa. Só após esgotados esses empenhos, abordará o pacote. A questão da estabilidade dos sindicalistas não ficará de fora.

No caso da comunidade, depois dos fornecedores, a empresa dará prioridade às autoridades. O prefeito e o presidente da Câmara Municipal deverão ser abordados em reuniões individuais. Os demais vereadores podem ser informados numa única reunião. O Poder Judiciário também deve receber atenção, notadamente a Justiça do Trabalho. A empresa certamente informará outras pessoas importantes da comunidade, como o vigário, o presidente da associação comercial, os clubes de serviço, entre outros.

Retratos da Realidade

Fui assessorar o fechamento de uma fábrica no interior de Minas Gerais. A empresa pôs um motorista à minha disposição. Ele era jovem e muito atencioso. No quarto dia de trabalho, anunciamos o fechamento da fábrica para dali a seis meses. Foi um dia muito desgastante.

A notícia caiu na cidade como uma bomba. Meia hora após o anúncio, uma rádio local já entrevistava um dirigente sindical sobre o fato. Algumas autoridades locais foram até a fábrica no período da tarde. O presidente do sindicato também apareceu para uma visita surpresa, já que não pôde participar da reunião feita pela manhã com outros dirigentes. O telefone do diretor da fábrica não parava de tocar. Os gerentes estavam abalados com a notícia, que só receberam meia hora antes dos trabalhadores.

No final do dia, entrei no carro para ir para o hotel. Estava fatigado. Além do boa noite, não abri a boca. O silêncio durou pouco. O motorista me perguntou se era verdade que a fábrica iria fechar. Confirmei de pronto. Ele perguntou se outra empresa iria comprar a fábrica. Eu disse que não. Ele falou: "Então, é grave! A empresa de transportes é da minha mãe. Quarenta por cento do nosso faturamento vem da fábrica que vai fechar". Eu não tinha mais o que falar. Estava vivendo mais uma situação de estresse decorrente do fechamento de uma fábrica. Por essa, eu não esperava.

No processo de negociação com o sindicato devem ser adotados os cuidados habituais. Nenhuma empresa apresenta um pacote que esteja no limite superior estabelecido pela direção. Mas como em qualquer negociação, poderá atender às demandas não previstas inicialmente.

A empresa deve saber que enfrentará uma série de situações imprevistas. Será um processo a ser conduzido em paralelo com a negociação e decerto a influenciará e será por ela influenciado.

PLANO DE CONTINGÊNCIA

Para encerrar este capítulo vamos abordar o plano de contingência. Ele é destinado a definir como lidar com as greves. É indispensável para toda empresa estruturada.

Quando o processo de greve se instaura, a empresa perde todo o controle do processo produtivo. Ela tem duas alternativas. Uma é submeter-se e somente tentar retomar a produção por meio de uma negociação com o sindicato. Outra é tentar manter a fábrica em atividade, ainda que de forma parcial e, em paralelo, manter uma negociação com o sindicato para trazer a situação de volta à normalidade.

É bom atentar que a greve só se justifica como sendo o último recurso a ser usado pelo sindicato para obter uma ou mais concessões da empresa. Logo, para o próprio sindicato, não há interesse em esticar a duração da greve. Quanto mais rápido as concessões, ainda que parciais, forem obtidas, melhor para ele.

Não é fácil manter uma greve por muito tempo. A cada dia que passa a situação tende a ficar mais tensa. Os trabalhadores, muitas vezes, perdem o entusiasmo e ficam na expectativa de que tudo se resolva logo. Só é diferente quando se trata de um conflito que seja para eles uma questão sagrada.

Assim, o plano de contingência pode ter três utilidades:

- Manter a parte mais importante da fábrica operando, ainda que de forma precária, contando somente com um grupo reduzido de trabalhadores;

- Fazer uma parada organizada da produção para evitar que o desligamento das máquinas cause a perda ou estragos significativos dos equipamentos. Na indústria siderúrgica, por exemplo, existem áreas que só param de funcionar de oito em oito anos. Assim, é recorrente que, por decisão própria, os trabalhadores que neles atuam não façam parte da greve. Em outros segmentos industriais, a paralisação completa da produção necessita de horas para evitar danos ao patrimônio. Isso também é respeitado durante as greves;
- Criar um *modus operandi* para que, durante a greve, seja mantido um mínimo da ordem necessária dentro e no entorno da fábrica.

Um plano de contingência envolve uma série de questões das mais variadas naturezas, a saber: a entrada de matérias-primas na fábrica; a saída de produtos; a manutenção dos serviços de segurança, alimentação e saúde; a manutenção de um canal de comunicação com a direção do sindicato; a livre entrada na fábrica dos trabalhadores que tocam serviços essenciais; a livre entrada dos gerentes, técnicos e assessores da empresa; ter um canal de comunicação com a Justiça; e ter um canal de comunicação com as autoridades. Se a empresa está localizada dentro de um distrito industrial, é necessário garantir que as outras empresas não sejam prejudicadas pela greve.

Um plano de contingência, em resumo, deve abranger questões logísticas, de segurança, produção, comerciais, públicas, legais e sociais.

O profissional de relações de trabalho

O profissional de relações de trabalho tem, necessariamente, uma atuação multifuncional. Isso decorre da abrangência de suas responsabilidades e desafios. Ele tem um campo de atuação que, além de cobrir todas as áreas da organização, transborda para o meio externo. As bases para o seu trabalho derivam nos aspectos econômicos, financeiros e sociais.

É um profissional totalmente conectado com o capitalismo em todas suas nuances. A sua existência no quadro de empregados deriva da necessidade da empresa equilibrar resultados com a gestão correta das pessoas. Mais que isso, garantir que a boa gestão de recursos humanos alavanque os resultados.

A estrutura da profissão tem uma vertente que comporta vários aspectos técnicos e outra que se sustenta profundamente na política vista como necessidade essencial para que os seres humanos convivam em sociedade.

É necessário salientar que, quando se fala do profissional de relações de trabalho não se trata de fazer uma abordagem exclusivamente dedicada aos especialistas da área. A análise, obrigatoriamente, deve incluir os gerentes que, em função das suas responsabilidades, se ocupam da gestão dessas vinculações, seja no campo das operações, seja no domínio estratégico.

Algumas das funções que se enquadram nessa leitura são gerente de fábrica, gerente jurídico-trabalhista, diretores, gerente de comunicação e gerente de negócio. Uns estão mais próximos dos especialistas e outros mais distantes. Esse posicionamento é que define o quanto necessitam dominar responsabilidades e papéis essenciais nas atividades exercidas pelos profissionais desse campo.

Sob esse aspecto, este capítulo pode ser considerado leitura obrigatória para patrões e presidentes de empresas, pois vai permitir que entendam por que precisam manter em seus quadros um gerente de relações de trabalho. Vamos apresentar a seguir os principais papéis e responsabilidades do profissional desse âmbito.

LEITOR DE CENÁRIOS

A sua primeira responsabilidade é como leitor de cenários. Ele tem de estar permanentemente informado a respeito dos cenários econômicos, políticos e sociais para avaliar o impacto que eles têm nas relações de trabalho mantidas pela empresa. A leitura deve abranger, tanto os cenários internos quanto os externos.

A leitura de cenários apoia-se na análise de: fatos; tendências; mudanças econômicas, políticas, tecnológicas, sociais e culturais; decisões das empresas; decisões e medidas governamentais; avaliação do clima organizacional; avaliação do pensamento do cidadão sobre política, economia e costumes; inventário das informações dos gerentes sobre o ambiente de trabalho e informações dos profissionais de RH que atendem os trabalhadores (área de pessoal, assistentes sociais, T&D, etc.).

Olhando para esses fatores, os profissionais dispõem de um leque enorme de informações para serem processadas, com maior ou menor capacidade de influir nas relações de trabalho.

Outro aspecto a ser examinado é a maneira como esses dados são processados. Quando se olha para a quantidade e a variedade deles, as pessoas poderiam imaginar que é necessário um processo muito complexo para realizar essa tarefa, o que não é verdade. Temos de levar em conta que não estamos numa universidade, preparando uma tese de mestrado, mas sim buscando informações que orientem as decisões.

O processo de análise pode ser feito de acordo com a necessidade da informação. Para o dia a dia, o profissional lida com os dados à medida que os conhece (ou recebe) e tira as próprias conclusões. Em momentos especiais, como os períodos de negociação ou quando há ameaças de paralisações, a equipe pode se reunir para fazer uma análise mais detalhada, o que vai requerer mais tempo e envolvimento.

Existem casos em que as empresas contam com um profissional ou equipe exclusivamente para fazer esse tipo de análise. Quando ocupei em uma empresa a gerência de relações sociais, utilizei várias abordagens para fazer a leitura de cenários. Tinha um assessor responsável por estudos nos campos político, econômico e social. Ele fazia a análise de cenários e contava com dois estagiários, um de economia e outro de ciências sociais, para ajudá-lo. Mantinha nas fábricas maiores profissionais que faziam a leitura dos cenários internos em tempo real.

Criei com colegas de grandes empresas um grupo que se reunia com frequência para analisar o que acontecia pelo mundo e pelo Brasil na área das relações de trabalho. Essa equipe também promovia eventos sobre o tema, que tinham como público os diretores e gerentes das empresas participantes.

AVALIADOR E GESTOR DO CLIMA

Outra função do profissional de relações de trabalho é fazer a avaliação do clima organizacional e tomar ou recomendar decisões para que ele melhore e se mantenha estável. O profissional, quase o tempo inteiro, age como se fosse o maestro de uma orquestra, já que a responsabilidade direta da gestão do clima é dos gerentes.

A avaliação tem várias abordagens e públicos envolvidos. A preocupação do profissional transcende as avaliações regulares feitas pela empresa a cada um ou dois anos. Essas avaliações permitem que a empresa tome muitas decisões sobre a gestão de pessoas, mas a maioria delas sem pressão de tempo.

O profissional de relações trabalhistas tem demandas específicas e, na maior parte das vezes, trabalha com as informações em tempo real.

Ele pode precisar da avaliação do clima em: uma fábrica que está em pé de guerra com a empresa; uma região em que há uma negociação em curso; uma nova empresa adquirida pelo grupo na qual se quer saber como anda adaptação dos empregados à cultura empresarial; um setor importante que acaba de passar por mudanças organizacionais e não se sabe como isso foi recebido.

Uma parte considerável do trabalho do profissional nesse campo é feito para se obter informações o mais rápido possível. Ele não pode se dar ao luxo de aguardar as informações decorrentes das avaliações do clima feita em intervalos de um a três anos. A demora em perceber que o "trem está fora dos trilhos" pode ser fatal. Greves, desmotivação e falta de comprometimento fazem grandes estragos.

O profissional de relações de trabalho, diante de manifestações claras da má qualidade do clima, tem de agir rapidamente para consertar as coisas. Existem duas abordagens: as decisões sob sua autonomia e aquelas que ele tem de recomendar para os gerentes ou à direção da empresa.

Ele é responsável pelas relações com os sindicatos e esse é um dos campos em que tem autonomia para tomar decisões. Ao contrário do que pensam muitos patrões e executivos, os sindicatos não são culpados pela má qualidade do clima organizacional, mas podem aumentar o estrago por meio da comunicação com os trabalhadores a respeito do assunto. As empresas não devem subestimar o poder dos sindicatos, nem os contrariar de forma desnecessária.

Elas devem ouvir as recomendações do profissional de relações de trabalho e tomar decisões que corrijam a qualidade do clima organizacional. Na maioria das vezes, essas decisões não vão custar nada para as empresas, e em outras vão custar pouco. O cuidado com as pessoas no dia a dia pode ser feito sem "meter a mão no bolso". Basta definir a questão como relevante e cobrar da hierarquia que cuide do assunto. Os gerentes precisam de sensibilidade e atenção para agradar os trabalhadores.

COMUNICADOR

Outro tema primordial para esses profissionais é a comunicação. Esse é o instrumento para garantir que os empregados dialoguem com a empresa, de forma direta ou representados pelos sindicatos.

A cada dia, quando os empregados atravessam a portaria rumo ao seu local de trabalho, é importante que a empresa garanta que eles tenham as informações necessárias para realizar suas tarefas. Precisam estar com o nível de comprometimento requerido para fazê-lo com a qualidade exigida, a tempo e hora.

Em paralelo, os sindicatos têm de sentir que a empresa está sendo transparente e verdadeira na manifestação das suas posições e disposta a dar aos trabalhadores um tratamento justo e respeitoso.

Da mesma forma que na gestão do clima, os profissionais de relações de trabalho precisam exercer o papel de animadores das comunicações entre a empresa, por meio dos gerentes, e os empregados. Nesse papel, eles apoiam os gerentes na definição dos objetivos, na formatação e na execução da comunicação.

NEGOCIADOR

Essa parte do papel dos especialistas em relações de trabalho é tão marcante que é a mais reconhecida pela empresa. Eles se ocupam da negociação com os sindicatos no cotidiano, assim como realizadas em períodos pré-definidos. Esse é um território demarcado para eles, que consagra uma reserva de mercado. A empresa entrega para eles essa responsabilidade exclusiva.

Por outro lado, eles dão suporte aos gerentes nas negociações que fazem diretamente com os empregados, que são efetuadas em número e frequência muito grandes. Ocasionalmente, há reuniões em que os profissionais de relações de trabalho dão o seu apoio aos gerentes de forma presencial.

ASSESSOR DAS LIDERANÇAS

Como já foi mencionado mais de uma vez, os gerentes recebem o suporte dos profissionais de relações de trabalho na gestão do clima organizacional e no processo de comunicação com os empregados. Além disso, eles assessoram os gerentes em todos os temas que concernem às relações de trabalho, envolvendo, por exemplo, a forma como atuam no processo de liderança, como lidam como os empregados que são sindicalistas, como conduzem as mudanças no ambiente de trabalho e como equilibram a defesa dos interesses da empresa com as necessidades e expectativas dos trabalhadores.

ESTRATEGISTA SOCIAL

Diante de tudo que já foi exposto a respeito das responsabilidades dos profissionais de relações de trabalho, não é difícil entender que, na prática, ele atua como um estrategista social. Nessa área de ação, interfere direta e indiretamente na dinâmica das ligações entre: os gerentes e os subordinados; os trabalhadores e os sindicatos: a empresa e os sindicatos; os gerentes e os sindicalistas. Tudo é efeito em função da perspectiva das mudanças sociais que afetam os comportamentos de todas as pessoas envolvidas nessas relações.

Alguns temas são essenciais na atuação de tais profissionais. Isso significa que nenhuma pessoa pode desempenhar essa função sem dominá-los com profundidade. Se isso não ocorrer, a empresa não pode ter expectativa de que o desempenho deles fique à altura das suas necessidades. Muitos desses temas já foram tratados como responsabilidades, agora serão abordados como competências.

TEMAS ESSENCIAIS NA ATUAÇÃO DOS PROFISSIONAIS DE RELAÇÕES DE TRABALHO

1. **Gestão da comunicação interna e externa**: a necessidade do domínio dessa competência exige do profissional a demanda

de conhecimentos próximos aos dos responsáveis pela comunicação na empresa. Além disso, ele deve manter grande proximidade com essa área.

2. **Gestão do clima organizacional**: o domínio dessa competência deve ser amplo, para que ele possa desenvolver e conduzir pesquisas de clima curtas e de fácil aplicação, adaptadas para as várias áreas da empresa. Ele deve ser capaz de avaliar as pesquisas mais amplas ofertadas por fornecedores, distinguindo as que oferecem melhores abordagens.
3. **Demografia**: conhecer a demografia, seus conceitos e aplicações. Ser capaz de acompanhar os resultados de uma pesquisa demográfica, analisar os impactos das mudanças demográficas nas relações de trabalho, ser capaz de sugerir o reposicionamento de políticas e práticas de RH da empresa, para fazer frente a essas mudanças.
4. **Poder e relações de trabalho**: compreender a dinâmica do poder na empresa, considerando as relações: entre gerentes e suas equipes; existentes na hierarquia; entre a empresa e os sindicatos; e entre os sindicatos e os trabalhadores.
5. **Gestão das relações de trabalho vs. Gestão de pessoas**: ter o preparo necessário para dominar a gestão das relações de trabalho de forma a atender as demandas da empresa, obtendo os melhores resultados. Ter clara compreensão da gestão de pessoas, considerando todos os seus desdobramentos técnicos e dominando as interfaces com a gestão de relações de trabalho.

LEITURA DE CENÁRIOS SOCIAIS

A leitura dos cenários constitui-se num recurso fundamental para gestão das relações de trabalho, exigindo dos profissionais da área um completo domínio dessa competência.

O QUE OLHAR LÁ FORA

1. **Economia**: a economia é sempre uma das prioridades. O que acontece na economia afeta os resultados das empresas e, consequentemente, tem impacto nas relações de trabalho. Se a economia está estagnada, se as empresas têm de abaixar os seus preços, se as vendas caem, a tendência é que sejam mais conservadoras ao fazer concessões aos trabalhadores. Se as coisas vão "de vento em popa" no mundo dos negócios, as perspectivas mudam, há mais investimentos, empregos novos e, certamente, mais concessões.
2. **Tecnologia**: de uns tempos para cá, a evolução tecnológica tem afetado, significativamente, as empresas. Tem sido crescente a automação industrial e, mais do que isso, a troca de postos de trabalho por máquinas avançou em todos os setores. Isso pode ser percebido, no dia a dia, pelo número crescente de vezes que temos que conversar com máquinas, quando buscamos os serviços de atendimento a clientes. Nada é sagrado ou impossível nesse campo, que tem reflexos diretos sobre o desemprego. Mesmo quando as empresas estão em processo de expansão, a geração de empregos é sempre menor do que nas décadas anteriores.
3. **Política**: o Estado interfere nas relações de trabalho criando leis: com políticas econômicas; com programas de geração de emprego e renda; estabelecendo cotas de emprego para algumas categorias sociais, estimulando as empresas a investir em determinadas regiões por meio de incentivos fiscais e assim por diante. Isso tem repercussões para patrões e empregados. O poder do Estado diminuiu nos últimos tempos, mas não acabou.
4. **Cultura**: os atores culturais produzem ideias, sonhos, beleza. Fazem novas leituras do mundo, olham para as coisas com outras perspectivas. Além disso, a cultura é uma indústria que gera emprego e renda. Para dar um exemplo, avalia-se

que, na Bahia, o axé gere muito mais empregos que o Polo Petroquímico de Camaçari. O profissional de relações de trabalho tem de ser criativo. As artes podem ser utilizadas para trabalhar temas de relações trabalhistas com os gerentes. Nesse campo, um romance, um filme, uma peça de teatro podem ensinar mais que muita literatura técnica. Recentemente vivi uma experiência inédita. Uma reunião entre sindicatos patronais e liberais foi aberta com a apresentação de um coral de trabalhadores de uma empresa.

5. **Sociedade**: a sociedade está passando por profundas mudanças. Esse é um fenômeno mundial. Essas mudanças, se por um lado reforçam o individualismo, por outro ajudam a liberdade individual elevando-a um grau máximo. Nesse ponto, chega-se a afirmar que pais, professores, clérigos e outras autoridades devem conter seus arroubos de excelência educacional. Na prática, eles deveriam dar mais liberdade aos pimpolhos e adolescentes. O resultado disso é que as pessoas chegam à idade adulta sem disponibilidade para a convivência social, para entender a importância de respeitar e atuar coletivamente e, por último, sem aceitar qualquer tipo de autoridade.
6. **Mundo sindical**: em função do exposto acima, as instituições sindicais têm perdido parte do seu apelo e do charme exibidos em outras épocas. De qualquer forma, os sindicatos exercem importante papel na representação dos trabalhadores e não podem acabar. É importante acompanhar e entender as suas iniciativas, buscando fortalecimento junto aos trabalhadores e à sociedade.
7. **Mundo corporativo**: o mundo corporativo é bastante complexo e diversificado. As empresas de todos os setores querem a sustentabilidade de seus negócios. Para isso, buscam por meio de iniciativas de marketing e comunicação sensibilizar clientes, empregados e representantes do Estado, a fim de obter mais resultados e simpatia. Essas iniciativas geralmente não

são articuladas com outras empresas, mas acabam exercendo influência no meio empresarial. Há, portanto, a necessidade de acompanhar o que acontece no mundo corporativo. As revistas de negócios e os congressos de Recursos Humanos mostram sempre as novidades na gestão de pessoas.

8. **Legislação Trabalhista**: no Brasil, os legisladores tentam, permanentemente, superar a realidade ou, no mínimo, tentar enquadrá-la. O Congresso Nacional, nas suas duas casas, é o palco onde isso ocorre. Várias instituições mantêm sistemas de acompanhamento das iniciativas do Congresso Nacional, dentre elas a ABRH-SP que tem o CORHALE. Criado em 2009 pela ABRH-SP, o CORHALE (Comitê de RH de Apoio Legislativo), hoje braço legislativo da ABRH em todo o país, tem como propósito acompanhar e influenciar a formação das leis que afetam as relações trabalhistas.
9. **O que vai pelo mundo**: o acompanhamento não deve se restringir ao que acontece no Brasil. Em um mundo sem fronteiras, com as empresas atuando em escala global, o que é fato no exterior leva pouco tempo para chegar aqui. O profissional de relações de trabalho deve ampliar o olhar para o lado de fora da empresa e saber tudo o que está ocorrendo lá que possa afetar o seu dia a dia.

A seguir, estão descritos os principais fatores externos que afetam as relações de trabalho nas empresas. É feito também um resumo dos principais impactos que eles geram.

FATORES EXTERNOS QUE AFETAM AS RELAÇÕES DE TRABALHO

1. **Economia**: a economia sempre será o fator externo que mais interfere na vida das empresas, incluindo as relações de trabalho. Algumas interferências são: define os índices de inflação usados para a correção anual de salários; facilita ou

desestimula as vendas, afetando os resultados das empresas; pode impor medidas no campo da gestão de custos; exigência do uso de novas tecnologias, o que afeta a composição, qualificação e tamanho do quadro de pessoal.

2. **Ações do Estado**: todos os poderes do Estado tomam decisões que afetam, direta ou indiretamente, as relações de trabalho. O Executivo propõe leis, emite portarias que estabelecem regras para administração das relações trabalhistas, fiscaliza as empresas e recolhe impostos e taxas específicos dessa área. O Legislativo estabelece novas leis e reformula as antigas no campo das relações de trabalho, criando mais obrigações para as empresas e direitos para os trabalhadores. O Judiciário, ao fazer julgamentos e usar o poder normativo, reformula leis e cria jurisprudências que interferem diretamente nas relações trabalhistas.
3. **Iniciativas de empresas formadoras de opinião**: existem muitas empresas que, por sua qualidade, tamanho ou posicionamento no mercado, servem de referência para as outras. O mundo corporativo acompanha as "façanhas" dessas empresas em todas as áreas, incluindo a gestão de pessoas. Suas inovações, nesse campo, geram notícias que criam expectativas entre os trabalhadores das outras empresas. Se uma empresa as imita, será seguida por muitas outras.
4. **Iniciativas dos sindicatos de trabalhadores**: os sindicatos de trabalhadores preservam antenas voltadas para captar o que vai na alma dos trabalhadores e, principalmente, suas expectativas com relação a benefícios e serviços que as empresas poderiam adotar. O passo seguinte é incluir essas expectativas nas pautas de reivindicação. Segue o mais difícil, que é convencer os negociadores patronais a aceitar os pedidos, transformando-os em cláusulas do acordo ou convenção coletiva. Se isso é obtido, ocorre, na maioria das vezes, a transmissão da cláusula para outros acordos e convenções.

5. **Iniciativas dos sindicatos patronais:** dificilmente os sindicatos patronais tomam iniciativas próprias no campo das relações de trabalho. Assim, a sua influência decorre do fato de aceitarem a inclusão de novas cláusulas nas convenções coletivas.

Agora, vamos analisar o que o profissional de relações de trabalho deve observar dentro da empresa. Esse conjunto de fatores tem a capacidade de influenciar, direta ou indiretamente, a qualidade das relações da empresa com os empregados e os sindicatos.

O QUE OLHAR DENTRO DA EMPRESA

1. **Clima organizacional:** esse é um cuidado permanente. Avaliar o clima nas suas variadas vertentes deve ser uma preocupação dos gestores de relações de trabalho. O clima tem de ser visto como algo em permanente mudança. Vários fatores interferem para que melhore ou piore. Diante disso, toda atenção deve ser mantida para que se possa intervir quando necessário.
2. **Comunicação interna:** a comunicação interna, que é feita em múltiplas formas, é outro assunto de muita relevância. Algumas atingem todos os empregados, como revista da empresa, intranet, TV e rádio internos, comunicados e quadros de avisos. Existem aquelas feitas nas diversas divisões pelos gerentes, algumas delas em formato "cascata". Há também as informais e comportamentais, que são as falas ou as posturas dos gerentes. Nada pode escapar do olhar e da escuta dos profissionais de relações de trabalho. Um gesto descuidado, ou uma fala impensada, pode gerar muita confusão.
3. **Pensamento e ação operária:** outra questão que requer atenção é o pensamento e a ação dos trabalhadores. Eles têm seu próprio código de ética e, baseados nele, pensam e agem coletivamente, independentemente da ação de um líder. Eles reagem às comunicações, decisões e ações da empresa de

forma instantânea. Basta estar atento para perceber se algo os agradou, ou incomodou. Em alguns casos é necessária uma intervenção para esclarecer ou corrigir.

4. **Pensamento e ação gerencial**: os gerentes são uma categoria à parte nas organizações. Eles, como os operários, têm sua própria ideologia, que nem sempre "bate" com a da empresa. Como eles são seus representantes, é necessário que haja ações para garantir que comportamentos e discursos deles expressem a visão, a filosofia e as políticas de cada organização.
5. **Decisões da empresa**: as empresas têm de tomar muito cuidado com as decisões que afetam os empregados. Tais decisões podem provocar reações coletivas que conduzam os trabalhadores a fazer uma greve, uma manifestação ou, o que é pior, a diminuir seu nível de comprometimento. A direção da empresa tem de estar atenta para o momento em que vai pôr em prática algo que desagradará aos trabalhadores e como será feita a comunicação sobre o fato. Ela não pode esperar que o sindicato permaneça quieto, mas dependendo das relações que mantém com ele, é possível fazer uma abordagem para tentar pacificar o assunto.
6. **Regime de turnos**: esse é um tema que tem provocado muitas dificuldades para as empresas nos últimos anos. Os trabalhadores mais jovens ficam arrepiados por ter de fazer certos tipos de jornadas. As empresas, em função de suas necessidades e tecnologias de produção, podem necessitar operar de forma contínua e, nesse caso, não há muito o que fazer. Porém, cada vez que a empresa necessitar fazer mudanças no regime de turnos, é bom tomar todas as cautelas e exibir todo o repertório de habilidades políticas.
7. **Organização do trabalho**: a organização do trabalho é um assunto correlato com o regime de turnos. No passado, quando decidiam definir um modelo de organização nesse campo, os gerentes não se preocupavam muito com os trabalhadores. Era suposto que eles tinham que concordar, sem pestanejar,

com as decisões técnicas da empresa. Hoje muita coisa mudou, o que recomenda que qualquer mudança seja, no mínimo, bem explicada para os trabalhadores. O ideal é que eles participem ativamente da construção dos novos processos de produção.

8. **Serviços de RH e benefícios:** os serviços de RH, tais como restaurante e transporte, são considerados pelos trabalhadores direitos inalienáveis. Os benefícios são vistos da mesma forma. Os trabalhadores esperam que uns e outros não sejam retirados e não apreciam que as empresas mudem fornecedores ou diminuam, ainda que involuntariamente, a qualidade deles.

ALGUNS FATORES INTERNOS AFETAM DE FORMA SIGNIFICATIVA AS RELAÇÕES DE TRABALHO

Situação econômico-financeira: a situação econômico-financeira da empresa estabelece os limites em que ela pode navegar. Se a empresa vai bem, tem mais disponibilidade para fazer concessões, mas trabalhadores e sindicatos vão querer sempre mais. No caso contrário, ela fica sem margem para muitos gastos, tendo de controlar os custos com mais vigor. No entanto, as expectativas dos trabalhadores são menores.

1. **Mudanças organizacionais:** as mudanças organizacionais afetam fortemente as relações de trabalho. Elas podem ter diversas origens. Qualquer que seja seu começo, toda mudança impacta as relações trabalhistas.
2. **Fusões e incorporações:** as fusões e incorporações podem ser traumáticas. Da noite para o dia as pessoas se dão contam de que tudo mudou: o ritmo de trabalho; as normas; as novas posturas adotadas pelas chefias; as maiores cobranças. Tudo é resultado de uma fusão ou incorporação. Os trabalhadores mudaram de emprego sem sair do lugar. As relações de trabalho certamente não serão mais as mesmas.

3. **Mudança da direção sindical ou comissão de fábrica:** a pressão vem de um novo grupo de militantes no poder, seja no sindicato ou na comissão de fábrica. Vindo da oposição, eles tendem a agir de forma mais agressiva em relação à empresa e podem conseguir a adesão dos demais trabalhadores para uma sequência de greves e movimentações.
4. **Mudança no custo ou fornecedor de benefícios:** as mudanças nos benefícios causam forte impacto nos trabalhadores. Elas podem estar relacionadas com o aumento do custo da participação dos empregados, a mudança do fornecedor, a extinção de benefícios e a restrição do benefício aos empregados, excluindo a sua família, dentre outros.
5. **Acidentes e incidentes:** acidentes na empresa, especialmente os de natureza grave, provocam instabilidades nas relações de trabalho. Mesmo as empresas que estejam em momentos de bom clima organizacional podem ser afetadas quando ocorre um acidente. A situação é mais grave quando a culpa do acidente é da empresa. Outro fator que afeta as relações trabalhistas são os incidentes ocorridos na empresa: um quase acidente; um acontecimento inesperado; a falha de um equipamento; um atrito entre grupos de pessoas.

FATORES INTERNOS QUE AFETAM AS RELAÇÕES DE TRABALHO – ANÁLISE ESPECÍFICA DAS MUDANÇAS

1. **Cultura:** as mudanças culturais são as que mais impactam o ambiente. Elas podem ter origem em decisão da diretoria ou decorrerem de fusões e incorporações, das quais falaremos mais à frente. O fato é que as pessoas se adaptam a uma cultura e dependem dela para realizar o seu trabalho. Muitos trabalhadores deixam as empresas quando sua filosofia pessoal "não bate" com a cultura da organização. O pior é quando as pessoas rejeitam a nova cultura, mas permanecem na organização. É como um casamento que já acabou, mas as pessoas continuam juntas.

2. **Políticas**: quando as empresas decidem fazer mudanças nas suas políticas, é necessária uma boa reflexão antes de realizá-las. Se os trabalhadores já se encontram familiarizados com elas e as respeitam, as empresas precisam ter certeza de que as alterações são efetivamente necessárias e, uma vez implantadas, funcionarão bem.
3. **Direção**: a troca da direção de uma empresa é sempre delicada. A nova equipe pode implantar mudanças que são necessárias e que tenham sucesso. Mas também pode escolher caminhos errados e cair em desgraça com os trabalhadores e sindicatos.
4. **Organização do trabalho**: quando se decide mudar a organização do trabalho, sempre se objetiva reduzir custos ou aumentar a produtividade. Logo, como a mudança vai afetar diretamente os trabalhadores, é oportuno envolvê-los na definição dos novos processos. Se isso não for feito, eles podem, mais facilmente, reagir às mudanças, gerando embaraços para as empresas.
5. **Modelo gerencial**: é certo que após algum tempo, os trabalhadores se adaptem ao modelo gerencial adotado pela empresa. Nas empresas tocadas pelo próprio dono, é usual os gerentes imitarem o patrão. Nas empresas com o capital diluído, geralmente existem regras a serem seguidas. Em qualquer uma delas, quando se decide trocar o modelo gerencial, é necessário um período de ajuste até que os trabalhadores assimilem a mudança.

POSTURA

A postura do profissional de relações de trabalho é um elemento fundamental. Ela não deve merecer críticas por nenhum dos diversos interlocutores com os quais ele lida no dia a dia. Esse profissional tem de exibir sempre comportamentos exemplares. Tal condição é exigida para que obtenha bons resultados. Caso contrário, mais cedo ou mais tarde vai "dar com os burros n'água". A seguir, são abordadas as mais relevantes posturas requeridas:

1. **Ouvir (I)**: uma primeira recomendação é que o profissional ouça mais do que fale. Em seguida, deve ser avaliado se já se ouviu tudo que era necessário para se inteirar das questões que estão em discussão. "Antes de falar, ouça". Isso é muito difícil para os profissionais de relações de trabalho que são falantes por natureza. Mais uma questão a ser posta: Será que os nossos interlocutores de plantão já falaram tudo o que queriam? Durante o processo de negociação, e mesmo no cotidiano, é sempre possível arranjar "auxiliares de audição". Há pessoas que são ótimas para tal tarefa. Elas conseguem "tirar leite das pedras". Todos falam tudo para elas. Em Ouro Preto, na minha juventude, pessoas com esses dotes eram escolhidas para perguntar a uma moça se queria namorar com determinado rapaz. Sempre voltavam com as respostas, fossem alegres ou tristes. Um último lembrete: não se ponha a fazer nada sem ter ouvido o suficiente.
2. **Ouvir (II)**: ouvir é preciso. Não ouvir é condenável. Ouça todas as pessoas. Ouça os sábios, os ímpios e os infiéis. Ouça as pessoas independente do lado em que estejam. Ouça o que gosta e o que não gosta. Preste atenção: sempre há alguém disposto a oferecer ideias que podem ser muito aproveitáveis. Não hesite. Vá buscar palpites no boteco. Ali, na calada da noite, muitas verdades afloram. Quem ouve, conhece muito mais do que os que mantêm os ouvidos fechados.
3. **Respeitar os interlocutores**: a primeira regra é respeitar para ser respeitado. A segunda, respeitar todos, sem exceções. Tudo o que as pessoas falam é importante, mesmo que existam discursos que não pareçam tão inteligentes como os que os profissionais de relações de trabalho gostariam que fossem. Os sindicalistas têm de ser respeitados pela função que exercem, como representantes dos trabalhadores, mas antes disso, principalmente, por serem pessoas.

4. **Entender os interlocutores:** é absolutamente necessário se colocar no lugar dos interlocutores. A empatia é exigida dos especialistas em relações trabalhistas. É importante reconhecer que para um profissional, que transita o tempo inteiro com o contraditório, tal exigência é dura. Mas não há como abrir mão. Quem não é verdadeiramente empático estará sempre livre para abandonar a profissão e ir "cantar em outra freguesia". A lógica dos interlocutores nem sempre está de acordo com as dos profissionais, mas não se deve medir as coisas somente pelos próprios parâmetros.
5. **Ler nas entrelinhas:** nem tudo que parece é ou, como o título da peça teatral de Luigi Pirandello[1], *Assim é (lhe se parece)*. Tenha certeza de que há algo importante que não foi dito de forma clara. Preste atenção, o que ele quis dizer mesmo? Um gesto pode dizer mais do que a fala. Olhe para os objetos, para os acessórios, para as indumentárias. Alguém distraído, alguém conversando em paralelo, alguém ao telefone pode estar mostrando algo. O quê?
6. **Construir relações:** não é possível manter distância o tempo inteiro, nem fazer aproximações excessivas. Para tratar dos interesses de pessoas com os seus representantes por muito tempo, é necessário estabelecer algum tipo de relacionamento mais próximo com esses interlocutores. A questão é estabelecer limites nas relações para deixá-las em uma faixa de controle. Tudo depende muito de cada interlocutor. Existem pessoas maduras e outras nem tanto. Cumprir o que promete: se prometer, cumpra. Não faça promessas em nome de outros, sem estar autorizado. Tanto na mesa de negociações quanto nas negociações fora da mesa, atue com responsabilidade. Não adianta resolver uma questão se, para isso, é preciso enganar alguém. As relações de trabalho só funcionam

[1] Luigi Pirandello (1867–1936) foi um escritor italiano que ganhou o Prêmio Nobel de Literatura em 1934.

bem quando são sustentáveis. Mantenha essa atitude e exija que os interlocutores façam o mesmo.

7. **Fazer o que prega**: as pessoas estão sempre atentas para avaliar se seus interlocutores são consistentes e coerentes. Não pode haver prática diferente do discurso. Os profissionais de relações de trabalho não podem pregar sonhos e delírios. Eles têm de avaliar constantemente o que é realista, o que é possível e, então, modular o seu discurso, refreando ideias irrealizáveis. Desdobrar as promessas e seu cumprimento, dentro de margens seguras para a empresa poder honrar sua palavra. Construir uma escada de realização das promessas, degrau por degrau. Entregar todas no tempo prometido. Lembrar de que há uma hora em que é necessário dizer que atender a demanda está fora de questão, que não há como fazer aquela concessão.
8. **A arte do silêncio**: há momentos para falar e outros para se calar. Se a pessoa se cala, ela abre espaço para que os outros falem e possam surgir boas ideias. Nas relações de trabalho se fala demais. Parece que as pessoas gostam de ouvir a própria voz. Isso provoca ruídos desnecessários e, muitas vezes, prejudiciais. O silêncio abre espaço para se pensar melhor.
9. **Nem amor, nem ódio**: cuidado com as emoções. Quem atua nas relações de trabalho não pode tratar as pessoas de modo emocional. Não é uma questão de gostar ou não de um interlocutor. Essa opção está fora das possibilidades. Só há uma forma de considerar os interlocutores: todos são merecedores de respeito e atenção. Siga essa regra.

Retratos da Realidade

No ano 2000, participei de um programa de Gestão Estratégica de Pessoas, realizado em parceria entre a Fundação Dom Cabral e o INSEAD, instituição internacional altamente reconhecida na formação de executivos. O programa teve quarenta horas em Belo Horizonte e oitenta horas em Fontainebleau, França, onde está o campus europeu do instituto. Participaram do programa quarenta alunos, a maioria acima dos cinquenta anos e seis que tinham menos de trinta anos.

Na parte realizada na França, durante as aulas conceituais, todas dadas em inglês, a juventude brilhava. Eles tinham lido toda a obra dos professores e debatiam com eles usando um inglês que só a elite americana fala. Os veteranos assistiam às exibições "de queixo caído".

No entanto, no INSEAD, em todos os cursos, há uma prática pedagógica na qual os estudos de casos ocupam a maior parte da carga horária. Nesses, os veteranos se destacavam e a moçada não repetia nem de longe seu desempenho nas aulas teóricas. Como isso foi se repetindo, era motivo de debate entre os mais velhos.

Um dia, depois das aulas, estava em um bar um grupo de veteranos. Quando o assunto foi posto na roda, um dos nossos disse que tinha a explicação. Ele afirmou, categoricamente, que o problema daqueles rapazes é que eles não tinham frequentado a zona boêmia. Como não houve discordância, mudamos de tema.

Eu não me esqueci daquela explicação e achei que ela podia render mais reflexões sobre a formação e a competência dos executivos. Como se diz em Minas Gerais, eu "garrei pensá" e na semana seguinte, em uma das aulas, eu lancei o CPA – Coeficiente de Putaria Agregada, explicando com rigor seus fundamentos, aplicações e vantagens.

Um CPA alto é de extrema utilidade na solução de problemas humanos de natureza complexa. Essa é uma qualificação não adquirida nas salas de aula, mas, desde cedo, em atividades extracurriculares, a começar pela hora do recreio.

Uma infância rica em molecagens, travessuras e realizações de coisas proibidas pelos pais e professores fornece a base inicial para a construção do CPA. Faz parte integrante a descoberta de fórmulas para manter os adultos ignorantes a respeito dos feitos e defeitos da criançada.

Na juventude transviada e tresloucada se obtém o mestrado e o doutorado em CPA. O profissional de relações de trabalho com CPA baixo está fadado ao fracasso.

10. **Ser hábil e não esperto:** na área de relações de trabalho não há vantagem em obter resultados enganando os interlocutores. Isso não se sustenta, além de provocar sentimentos ruins. O que se espera é que o profissional realize o seu trabalho apoiado na sua habilidade para lidar com pessoas. A esperteza tem vida curta nesse meio.
11. **Aprender na prática:** considerando que a área de relações de trabalho utiliza várias vertentes do conhecimento e da ciência nos seus processos, mas não tem base conceitual muito grande, a aprendizagem deve se basear fortemente na vida prática, já que a maioria das habilidades requeridas são aprendidas no dia a dia. Pouco a pouco, os profissionais da área têm registrado suas experiências e concepções a respeito das relações de trabalho, mas não se pode dizer que já exista um grande repertório traduzido em conceitos de base.
12. **Observar os experientes:** as relações de trabalho fazem parte de um domínio, essencialmente, prático. Há muita coisa escrita, apoiada nas leis e nas ideologias, mas a maioria das soluções estão circunscritas ao campo da política. As pessoas podem fazer os cursos existentes sobre o tema, que não são muitos, mas uma boa parte da aprendizagem se realiza observando ou sendo orientado pelos mais experientes. Há 30 anos, as relações de trabalho no Brasil estão sendo reconstruídas na prática. Há muitas pessoas que participaram ou estão participando disso. Elas merecem ser vistas e ouvidas. Essa é a chance de aprender assistindo.
13. **Arranjar um preceptor:** quando o diretor de RH me nomeou Gerente de Relações Sociais da Rhodia, eu disse: "Você é maluco. Eu não entendo nada disso". Ele, com muita tranquilidade, disse que eu aprenderia rápido e que, além disso,

iria arranjar um preceptor para mim. Fiz cara de paisagem, pensando que eu estava sendo empurrado para dentro de um romance inglês. Preceptor é uma coisa do século XIX. Pouco tempo depois, conheci José de Freitas Picardi, diretor de RH da J&J, que parecia mesmo um personagem de romance. Em pouco tempo, colocou-me no caminho, abriu portas e ensinou os primeiros passos nas relações de trabalho. Sempre que estava com ele me sentia privilegiado por ter alguém tão sábio para cuidar da minha aprendizagem. Hoje, passados 33 anos, posso dizer que Nelson Savioli não era louco. Ele sabia muito bem o que estava fazendo. Nesse momento, posso recomendar com segurança, para os jovens profissionais da área, que tentem achar um preceptor. Em bases atuais, o preceptor poderia ser tratado hoje como um consultor. Uma pessoa experiente e com habilidade para fazer coaching ou mentoring.

14. **Arriscar**: é sempre possível descobrir novos caminhos. Pensar fora da caixa. Repensar. Se ainda não foi feito, pode ser uma boa ideia que não se usou. É preciso coragem de inovar, de fazer, de refazer. Não é bom caminho aceitar recomendações que pregam excessiva cautela, que só indicam perigos. O inferno está repleto dos que não tentaram. Vá em frente.
15. **Buscar sabedoria em áreas semelhantes**: aqui se trata de olhar para o quintal do vizinho, sem nenhum constrangimento. Procure saber o que é feito em outras áreas da empresa que tem semelhanças de conteúdo ou forma com as relações de trabalho. As áreas de Comunicação e Relações Institucionais são dois bons exemplos. Perguntar como saíram de algumas crises. Como se lançaram em novos desafios. Manter um sistema de escambo com esses âmbitos. Eu dou ideias, você me devolve outras. Faça comparações. Por exemplo: O que há de semelhança entre o casamento e as relações de trabalho? Será que direitos do consumidor têm algo a ver com direitos dos trabalhadores?

16. **Fontes do saber**: a cultura fornece excelentes meios de aprendizagem. Os livros, as revistas, os jornais muito nos ensinam e nos desafiam a pensar diferente. O cinema, o teatro e a TV nos iluminam com imagens poderosas e pensamentos instigantes. Não devemos hesitar. Vamos mergulhar no mundo cultural. Quem sabe um museu, ou uma *vernissage*. Reflita: um romance pode ser um instrumento de aprendizagem muito mais poderoso do que um manual de instruções.
17. **Formas mais convencionais de aprendizagem**: existem ainda as formas mais convencionais que podem ser utilizadas. A primeira delas é frequentar os programas de especialização, oferecidos por algumas entidades. Existem quatro instituições que mantêm programas na área. São elas: Fundação Dom Cabral; DIEESE; CESIT-Unicamp e PUC-SP. As três últimas recebem alunos oriundos, principalmente, das entidades sindicais dos trabalhadores. Existem também empresas de consultoria que realizam seminários abertos sobre temas específicos da área. A que tem mais especialidade em relações de trabalho é a DIALOGIA. Outra forma de aprendizagem nesse campo é a literatura técnica, ou quase técnica.
18. **Arremate**: aprender ilumina e faz crescer intelectualmente as pessoas. Além disso, o aprendizado pode ser encarado como uma diversão, na dependência da maneira como é realizado. A boa notícia é que não se registram contraindicações para a aprendizagem. Logo, é um medicamento que pode ser utilizado sem riscos. Normalmente não se exige receita, não sendo, portanto, proibida a automedicação. Vamos aprender, que não dói.

Conclusão

A gestão das relações de trabalho exige permanente atenção das empresas. Elas devem dar prioridade aos elos que mantêm com os empregados, sem deixar de lado as vinculações com os sindicatos. Não é possível ter o comprometimento dos empregados e consequentemente manter um alto desempenho de forma sustentável sem que as empresas tratem todos com respeito, consideração e retribuição pelas suas realizações.

Toda empresa deve definir, com clareza, o padrão de relacionamento que deseja manter com os empregados e sindicatos. Não existe definição de certo ou errado, pois trata-se de uma posição ideológica. Algumas empresas podem querer manter um relacionamento mais flexível e transparente, outras preferem ser mais conservadoras. É possível também que existam aquelas que entendem ser melhor adotar condutas mais rígidas. O mais importante é ter um posicionamento, sendo ele liberal ou conservador.

Esse posicionamento deve ser adotado por toda a hierarquia como balizador das suas ações na gestão de pessoas. Ele é indispensável nos momentos de crises nas relações de trabalho, evitando que decisões desencontradas sejam tomadas pelos gerentes.

As empresas precisam ter em mente que elas dependem dos empregados para alcançar seus resultados. Sendo assim, devem retribuir o comprometimento dos trabalhadores com salários e benefícios adequados, além de dispor de sistemas de reconhecimento, a exemplo da participação nos lucros e resultados que garantam a satisfação dos funcionários.

Quando denominei como “adequados” os salários e benefícios não foi por acaso. É preciso levar em conta que cada empresa tem seus limites financeiros e eles definem o valor dos salários e a qualidade dos benefícios que pode oferecer aos seus empregados. Os trabalhadores saberão reconhecer o que a empresa faz, pois sabem distinguir as diferenças entre as suas aspirações e o que é possível ser atendido pela empresa.

Para melhor esclarecer esse ponto, lembro que no primeiro mandato do presidente Fernando Henrique Cardoso, o Ministério do Trabalho criou um prêmio para distinguir as empresas que melhor tratavam os empregados. Ele seria atribuído a três empresas, sem definir uma classificação entre elas. Participei do grupo que fez a avaliação das concorrentes. Foram escolhidas a Volkswagen, a Usiminas e a Biguaçu, empresa de transporte urbano de Florianópolis. Três organizações com capacidades econômicas distintas, mas que, dentro dos seus limites, mantinham políticas e práticas de Recursos Humanos que, nitidamente, reconheciam e retribuíam o comprometimento dos trabalhadores.

Outra questão que as empresas devem resolver é como elas, na prática, qualificam os trabalhadores. Eles são vistos apenas como custos, ou são considerados agregadores de valor aos negócios? É a partir dessa visão que as empresas constroem suas relações. Outro aspecto a ser observado é que os trabalhadores têm uma vida fora do horário de expediente. Têm famílias, amizades, são cidadãos que pagam impostos, votam, além de serem consumidores. Nessa condição, não diferem em nada dos patrões e gerentes, exceção feita à renda, ao poder de compra e aos hábitos sociais.

Para ter sucesso nas relações de trabalho, as empresas têm, obrigatoriamente, de manter canais de comunicação abertos com os trabalhadores, gerenciar o clima organizacional e, acima de tudo, garantir que os gerentes exerçam a liderança das equipes de forma a garantir justiça, respeito e confiança no ambiente de trabalho.

A QUE PONTO CHEGAMOS

No Brasil, estamos vivendo um momento particularmente delicado na área das relações no trabalho. Isso ocorre em função dos impactos da reforma trabalhista implantada em 11 de novembro de 2017. Os impactos decorrem não só do conteúdo da reforma, mas também do ambiente e da dinâmica da sua condução no Congresso Nacional. Esses efeitos afetam as empresas, os trabalhadores, os representantes de ambos e a Justiça do Trabalho.

Muitos empresários e executivos pensam que agora podem fazer o que quiserem nas relações com os empregados, o que não é verdade. Houve muitas mudanças que favoreceram as empresas, mas as leis trabalhistas continuam existindo e definindo limites a serem obedecidos que, se forem ultrapassados, geram passivos trabalhistas.

Os trabalhadores acham que foram prejudicados com a reforma trabalhista, o que não corresponde totalmente à verdade. Houve algumas mudanças que afetaram os trabalhadores, mas a maioria dos direitos foi mantida. Grande parte dos trabalhadores gostou das feitas no imposto sindical. Por sua vez, os sindicatos não acharam a mínima graça nas modificações que mexeram fortemente com suas formas de sustentação financeira. Além disso, em função da grande divulgação feita nas diversas mídias, uma nova percepção sobre os sindicatos patronais e laborais se propagou pela sociedade brasileira como um todo.

Os sindicatos ficaram com a imagem de instituições inúteis, que dispunham de muitos recursos oriundos da contribuição obrigatória dos trabalhadores e empresas sem nada fazer de proveitoso pelos seus representados. Nessa toada, o Congresso Nacional fez uma pequena reforma sindical dentro da trabalhista. Tornou o imposto sindical facultativo, dependendo da autorização de trabalhadores e empresas para ser descontado em favor de sindicatos laborais ou patronais. Ademais, foram postas em xeque as outras contribuições em benefício dos sindicatos, como a contribuição assistencial cobrada no período das negociações.

O fato é que os sindicatos se viram, de repente, sem recursos financeiros para sustentar suas atividades. Assim, a grande mudança introduzida na reforma que sobrepôs a negociação às leis, em muitos temas das relações de trabalho, ficará abalada se os sindicatos não sobreviverem. E nenhuma pessoa ou instituição sobrevive sem recursos.

A Justiça do Trabalho, em suas várias instâncias, considerando tanto os juízes quanto os procuradores, também não gostou da reforma trabalhista e resiste como pode aos efeitos que ela trouxe para suas atividades. Ela reage, principalmente, à perda de poder.

Merece ser feita a ressalva de que nenhuma das percepções citadas sobre os atores sociais pode ser totalmente generalizada. É certo que o tempo de acomodação será relativamente longo e, quando ocorrer, mais mudanças já terão acontecido.

Conforme foi anunciado que a reforma trabalhista tinha um artigo determinando que o negociado prevalecesse sobre o legislado, criou-se a expectativa de que o país assistiria a um verdadeiro surto de negociações trabalhistas, o que não ocorreu. Por que isso não aconteceu?

Para responder de forma adequada essa pergunta, alguns pontos têm de ser considerados. O primeiro é que existem poucas empresas preparadas para negociar. Isso se passa porque a maioria das empresas sempre terceirizou a negociação, deixando-a entregue aos sindicatos patronais.

Um segundo aspecto está relacionado com a cultura brasileira no campo das relações de trabalho, que não vê vantagens nas negociações. As empresas preferem seguir as leis que existem em abundância, cobrindo todos os aspectos das relações entre patrões e empregados. Agora contam com mais 132 artigos, com a vantagem de favorecerem majoritariamente as empresas.

Um terceiro ponto a ser destacado é que a imensa maioria dos estabelecimentos é composta por micro e pequenas empresas que não têm estrutura, capacidade econômica e competência para negociar com os sindicatos, por mais que estejam interessadas em fazê-lo.

Por último, é bom lembrar que os sindicatos de trabalhadores não se apressaram em bater nas portas das empresas, interessados em trocar o legislado pelo negociado. Se forem procurados, poderão até negociar, mas a transação pressupõe a busca por caminhos que interessem aos dois lados. As empresas, por sua vez, querem receber tudo "de bandeja" e, de preferência, completamente de graça.

Para haver a intensidade de negociação esperada após a reforma, algumas ações precisam ser efetivadas. A primeira é solucionar a questão da segurança jurídica, pois existem muitos artigos sobre os quais restam dúvidas, ainda não solucionadas nas diversas instâncias da justiça. Em seguida, é necessário que os sindicatos laborais se reorganizem e estabeleçam um novo referencial de relacionamento com trabalhadores, de forma a melhor representá-los diante dos patrões, tanto no dia a dia quanto nas negociações reguladas em lei.

A partir disso, os sindicatos patronais devem seguir o mesmo caminho, no que tange ao relacionamento com as empresas. Ambos têm que levar em consideração a grande dispersão dos trabalhadores pelas pequenas e microempresas que, por sua vez, constituem-se na maioria absoluta de estabelecimentos empresariais (99%). Já as médias e grandes empresas compreendem o 1% restante. Portanto, o número de empresas que dispõem de condições de negociar diretamente com os sindicatos de trabalhadores é ínfimo.

Essa realidade, obrigatoriamente, será considerada quando ocorrer a reforma sindical. A opção de se ter sindicatos por empresa e a extinção dos sindicatos patronais, defendidas por alguns, são absolutamente irreais e impraticáveis.

Nesse caso, milhões de empresas e trabalhadores ficariam sem as convenções coletivas que hoje regulam as relações de trabalho nos diversos setores econômicos. Hoje, mesmo entre as grandes e médias empresas que constituem apenas 1% do número de estabelecimentos do país, são muito poucas as que dispõem de habilitação para negociar como os sindicatos, ou de recursos para contratar quem o faça.

É importante que uma reforma sindical e uma revisão da reforma trabalhista deveriam ser feitos por meio de um grande debate entre os atores sociais que subsidiaria uma legislação a ser feitas pelo congresso.

É necessário fazer alguns comentários sobre a abordagem adotada pelo Governo Bolsonaro no campo das relações de trabalho. As ações e as falas do presidente, do vice-presidente e de alguns ministros denotavam falta de conhecimento, preconceito e até desprezo aos direitos dos trabalhadores, além de uma hostilidade, não disfarçada, aos sindicatos laborais.

Vamos recordar a campanha eleitoral de 2018. No primeiro debate Jair Bolsonaro afirmou categoricamente que os trabalhadores deveriam optar entre ter emprego ou ter direitos. Mais tarde, o General Hamilton Mourão defendeu a extinção do 13º salário, segundo ele uma "jaboticaba brasileira".

Na organização do governo, o presidente Jair Bolsonaro decidiu extinguir o Ministério do Trabalho, distribuindo o espólio entre diversos ministérios. No segundo mês de mandato, enviou ao Congresso a medida provisória 873/19, que não escondia o objetivo de atrapalhar a vida dos sindicatos dos trabalhadores.

O lançamento da MP 905/2019, que tem o objetivo de gerar empregos para os jovens, propõe inúmeras alterações na legislação trabalhista, muitas delas retirando vantagens e direitos preservados na reforma trabalhista. Essa, como todas as outras medidas provisórias anteriores é um verdadeiro balaio de temas variados ligados às relações de trabalho. Quanto ao tema central da MP, o chamado Emprego Verde e Amarelo é o cumprimento de uma promessa de campanha. Se fosse aprovada, finalmente os trabalhadores teriam o prometido emprego sem direitos. Trata-se da regulamentação do subemprego. No entanto, é bom que se diga que as duas medidas provisórias caducaram sem serem votadas pelo Congresso, perdendo portanto a validade.

Decididamente, o ex-presidente Bolsonaro desejava levar as relações de trabalho para o passado. Resta uma dúvida: Qual é o passado que ele tinha em vista? Até o fim de seu mandato chegaríamos a 1920, ou 1830? Uma coisa é certa: se Getúlio Vargas ficou conhecido como "o pai dos pobres", Jair Bolsonaro se notabilizou como um verdadeiro "pai dos ricos".

COMO SERÃO AS RELAÇÕES DE TRABALHO NO FUTURO?

Para abordar essa questão é preciso estabelecer como inevitável que as relações serão muito diferentes das mantidas atualmente por empresas e empregados. Essa certeza vem de uma nítida percepção de que as relações entre esses atores já se transformaram muito nas três últimas décadas e não devem parar no estágio atual. As mudanças decorrem de campos distintos, mas que são complementares. Trata-se da economia, da tecnologia e da sociedade.

A partir de 1990, a economia mundial passou por uma mudança drástica em sua concepção e operação. Essa transformação pode ser expressa com duas palavras: globalização e competitividade. De uma só vez, as economias locais foram passadas para trás e os agentes econômicos, leia-se organizações empresariais, passaram a controlar a economia, deixando um papel de coadjuvantes para os Estados Nacionais que antes estavam no comando. Mais que isso, muitas vezes os Estados Nacionais passaram a ser servidores das empresas. Promoveram mudanças para favorecê-las em troca de empregos para os seus cidadãos, que não chegaram a ser entregues na quantidade e qualidade esperados.

Do outro lado, a evolução tecnológica vem contribuindo para a competitividade de forma decisiva. Mas muitas vezes cobra o preço da extinção de postos de trabalho em todos os ramos em que se dividem as empresas e outras organizações, incluindo as dos Estados Nacionais. Certamente, a evolução tecnológica contribui para criar novos postos de trabalho, o que a exime de ser chamada simplesmente de "exterminadora de empregos". Só que os novos postos exigem, cada vez mais, um nível de qualificação muito mais alto dos trabalhadores, o que implica a necessidade permanente de requalificação das pessoas, sob pena de não terem condição de exercer os novos cargos.

A sociedade, impactada pelas mudanças econômicas e tecnológicas, vem se modificando e contribuindo para as transformações das pessoas que nela se inserem. Os novos formatos de comunicação, as redes sociais e a facilidade de acesso às informações levam a comportamentos fortemente centrados no individualismo e na superficialidade. Há uma resistência permanente a qualquer tipo de liderança e a ações em benefício da coletividade. É como se houvesse definido que, daqui para frente, o que prevalece é o bloco do "eu sozinho".

Esse comportamento tem efeitos na família, na escola, nas empresas e na forma de exercício da cidadania, abrindo caminho para abordagens políticas autoritárias e messiânicas. Assiste-se a um verdadeiro bate-boca das pessoas nas redes sociais, cada uma delas absolutamente convicta que tem a posse da verdade.

Os Estados Nacionais entraram num frenesi de implantação de mudanças na expectativa de que esse ente inescrutável, incansável e insaciável chamado mercado fique motivado a atuar, um pouco que seja, em benefício da sociedade, o que não acontece. Os Estados Nacionais insistem em prometer para os cidadãos o que sabem que não vão entregar. E quando o fazem, justificam as concessões às empresas, proclamando-as como necessárias para pavimentar o caminho para os tempos venturosos que virão. Virão? Virão quando? Virão para quem?

No campo das relações de trabalho, os Estados Nacionais insistem que as leis existentes estão ultrapassadas e se põem a criar outras leis que já nascem superadas pelos fatos.

Seria necessário que o próprio Criador viesse à Terra para, em seis dias, reorganizar o mundo do trabalho com uma nova CLT que respondesse automaticamente às mudanças econômicas, tecnológicas e sociais, sem necessidade de legisladores e juristas.

Em tese, essa CLT celestial garantiria que patrões e empregados pudessem mudar suas posturas cotidianamente para se posicionar de forma a atender às demandas de qualquer novidade que aparecesse. Aí sim, concluída essa impossível tarefa, ele poderia descansar merecidamente no sétimo dia. Como isso não acontecerá, melhor seria que, no futuro, o Estado deixasse que os atores sociais construíssem em paz as suas próprias relações.

Já os sindicatos patronais e laborais, como diria minha avó: "ou consertam ou desertam". Agora, eles têm uma excelente oportunidade de se reposicionar, passando a se relacionar com seus representados de forma a acatar o que esperam. Como os chefes, têm de trocar o púlpito pelo confessionário e tratar de ouvir antes de agir.

Antes de concluir, é necessário fazer um registro a respeito da pandemia e de suas implicações nas relações de trabalho. O que se passou no mundo nos anos 2020 e 2021 foi uma ruptura enorme com os padrões então vigentes, afetando a economia, a política e a sociedade. Olhar o que se enfrentou nestes campos mostra um pouco do que teremos daqui para frente. Muita coisa que era julgada irretocável foi desmontada em meses. Muita coisa que ninguém imaginava aconteceu. Muitas convicções viraram pó de uma hora para outra, muitos caminhos seguros perderam a credibilidade e foram substituídos por outros inesperados.

A economia, a produção e as relações de trabalho terão grandes mudanças. Coisas que eram esperadas para as décadas vindouras chegaram antes do tempo.

PALAVRAS FINAIS

Os países membros da OCDE[1] não chegaram ao atual estágio de desenvolvimento econômico desrespeitando os trabalhadores, reduzindo seus salários, criando classes com menos direitos e benefícios. Tampouco, cresceram perseguindo ou restringindo as ações dos sindicatos de trabalhadores. Quando se olha para a Europa, para o Japão, para os Estados Unidos e o Canadá, o que se observa são trabalhadores bem remunerados, respeitados e os sindicatos laborais atuando com toda a liberdade.

Na Rhodia, fui responsável pelas relações de trabalho por dezesseis anos. A empresa se notabilizava por ter uma avançada política de Recursos Humanos, por respeitar e dialogar com os sindicatos de trabalhadores. Isso não impedia que ela tivesse grandes lucros todos os anos. Pelo contrário, esse posicionamento nas relações de trabalho

---

[1] Organização para a Cooperação e Desenvolvimento Econômico.

é que ajudava a alavancar lucros exponenciais. O mesmo poderia ser dito de outras grandes empresas no setor químico, como a Basf, a Bayer e a Dow, ou ainda as montadoras e os grandes bancos.

Portanto, relações de trabalho avançadas fazem muito bem aos negócios e devem ser buscadas pelas organizações, apesar do porte, setor ou localização geográfica. É necessário levar em conta que cada empresa tem que fazer investimentos em pessoas de forma compatível com seu poder econômico.

O que se deve ter em vista é alcançar um patamar que garanta aos trabalhadores remuneração adequada, possibilidade de aprendizagem, crescimento profissional e, acima de tudo, serem respeitados pelos patrões. Em uma situação como essa, todos saem ganhando: patrões, empregados e o país.

Anexo

Entidades relacionadas à pesquisa, estudos e formação na área das relações de trabalho:

BRASIL:

- **ABET – Associação Brasileira de Estudos do Trabalho:** fundada em 1989, tem como objetivo principal o desenvolvimento de atividades acadêmico-científicas que difundam resultados de pesquisa e promovam o debate de questões relativas ao trabalho no Brasil. A entidade possui dez grupos temáticos, entre eles, Reconfigurações do Trabalho e Sindicalismo e Ação Coletiva dos Trabalhadores, onde, a cada dois anos, reúne os seus associados e pesquisadores brasileiros e de outros países em encontros nacionais para discutir temas relevantes sobre a realidade do trabalho, com implicações para propostas de políticas públicas. Saiba mais: http://abet-trabalho.org.br/.
- **CESIT – Centro de Estudos Sindicais e de Economia do Trabalho:** criado em 1989, reúne um corpo interdisciplinar de pesquisadores especializados no mundo do trabalho que realizam atividades de ensino, pesquisa e extensão. Desde a sua fundação, desenvolve pesquisas nas seguintes áreas: pobreza, mercado de trabalho, relações de trabalho, sindicalismo, qualificação profissional, distribuição de renda, salário mínimo, trabalho em micro e pequenas empresas, estrutura social, políticas públicas de emprego e direito do trabalho. Saiba mais: https://www.cesit.net.br/.

- **DIAP – Departamento Intersindical de Assessoria Parlamentar:** desde 1983, atua nos poderes da República, em especial no Congresso Nacional, com o objetivo de transformar em normas legais as reivindicações predominantes, majoritárias e consensuais da classe trabalhadora. É constituído por cerca de 900 entidades sindicais de trabalhadores, entre centrais, confederações, federações, sindicatos e associações distribuídas em todos os estados do país. Além da Agência DIAP de Notícias, que veicula as últimas informações sobre as atividades e acontecimentos do Congresso Nacional, publica o informativo mensal Boletim do DIAP. Saiba mais: https://www.diap.org.br/index.php.
- **DIEESE – Departamento Intersindical de Estatística e Estudos Socioeconômicos:** entidade criada e mantida pelo movimento sindical brasileiro, foi fundada em 1955 com o objetivo de desenvolver pesquisas que subsidiassem as demandas dos trabalhadores. Também realiza atividades de assessoria e educação voltadas para os dirigentes e assessores das entidades sindicais e os trabalhadores. Fornece pesquisas mensais sobre emprego e desemprego, cesta básica e salário mínimo, além de uma série de publicações – boletins, balanços, análises, relatórios técnicos, entre outras. Mantém a Escola Dieese de Ciências do Trabalho com o curso de graduação em Ciência do Trabalho, reconhecido pelo MEC (Ministério da Educação), e o curso de pós-graduação em Sindicalismo e Trabalho. Saiba mais: https://www.dieese.org.br/.
- **DIESAT – Departamento Intersindical de Estudos e Pesquisas de Saúde e dos Ambientes de Trabalho:** órgão criado em 1980 por iniciativa de uma série de entidades sindicais com foco na luta pela saúde dos trabalhadores. Na atualidade, o Diesat é um importante assessor técnico dos conteúdos relacionados a trabalho e saúde e é mantido por seus filiados – sindicatos, federações, confederações de trabalhadores – e pelos recursos provenientes de estudos, pesquisas, cursos e assessorias realizadas. Suas atividades de pesquisa são subsídios importantes para o

conhecimento dos fatores de nocividade presentes nos ambientes de trabalho. Saiba mais: http://diesat.org.br/.

- **FDC – Fundação Dom Cabral:** referência internacional, a escola de negócios há mais de 40 anos desenvolve executivos, gestores públicos, empresários e organizações de diversos segmentos. No campo do trabalho, oferece o curso de especialização Programa de Atualização em Gestão de Relações de Trabalho, que tem como objetivo preparar profissionais capazes de atuar proativa e preventivamente na gestão das relações de trabalho. O programa fomenta a dialogia a partir da prática como estratégia educacional predominante, trazendo casos reais do cotidiano empresarial em temas como negociações, greves, terceirização, gestão de conflitos, clima organizacional, entre outros. Saiba mais: https://www.fdc.org.br/pos-graduacao/especializacao/atualizacao-relacoes-trabalho.
- **FGV – Escola de Direito de São Paulo:** a tradicional instituição brasileira de ensino superior, fundada nos anos 1940, mantém desde 2005 em São Paulo a graduação em Direito, cujo diferencial é a formação de profissionais que se notabilizam pela análise científica e realização de pesquisas – preferencialmente empíricas, coletivas e de interesse público. A Direito SP apresenta-se como alternativa ao modelo tradicional de ensino do Direito ao manter a postura crítica sempre assumida em relação a esse campo do saber. Também dá bastante atenção às relações trabalhistas ao promover o estudo aprofundado do Direito do Trabalho. Saiba mais: https://direitosp.fgv.br/.
- **FUNDACENTRO – Fundação Jorge Duprat Figueiredo de Segurança e Medicina do Trabalho:** instituição voltada para o estudo e pesquisa das condições dos ambientes de trabalho, foi criada oficialmente em 1966. O ineditismo e a importância de seus estudos lhe deram a liderança na América Latina no campo da pesquisa na área de segurança e saúde no trabalho. A Fundacentro é designada como centro colaborador da Organização Mundial da Saúde (OMS), além de ser colaboradora

da Organização Internacional do Trabalho (OIT). Hoje, atua em duas frentes: desenvolvimento de pesquisas em segurança e saúde no trabalho e difusão de conhecimento, por meio de ações educativas e publicações periódicas científicas e informativas. Saiba mais: http://www.fundacentro.gov.br/.

- **IBGE – Instituto Brasileiro de Geografia e Estatística:** instituído em 1936, é o principal provedor de dados e informações do país, que atende às necessidades dos mais diversos segmentos da sociedade civil, bem como dos órgãos das esferas governamentais federal, estadual e municipal. É responsável pela realização do Censo Demográfico, pela Pesquisa Nacional por Amostra de Domicílios (PNAD), que levanta anualmente informações sobre a habitação, rendimento e mão de obra, além da Pesquisa Mensal de Emprego (PME) e de estatísticas econômicas sobre os principais setores da economia: comércio, indústria, construção civil e serviços. Saiba mais: https://www.ibge.gov.br/institucional/o-ibge.html.
- **IBRE – Instituto Brasileiro de Economia:** é uma unidade da Fundação Getúlio Vargas (FGV), criada em 1951, que tem por missão pesquisar, analisar, produzir e disseminar estatísticas macroeconômicas e pesquisas econômicas aplicadas que sejam relevantes para o aperfeiçoamento das políticas públicas ou da ação privada na economia brasileira. Mensalmente, o IBRE capta cerca de 300 mil preços de produtos e serviços e dados de natureza econômica de mais de 19 mil informantes em todo o país. Desde 1947, edita a Revista Conjuntura Econômica, publicação sobre economia. Saiba mais: https://portalibre.fgv.br/.
- **Instituto Observatório Social:** tem como objetivo a geração de conhecimento para o mundo sindical e o mundo do trabalho. Com abrangência nacional e internacional, realiza pesquisas e estudos especializados que contribuem para a ação sindical, o diálogo social e o desenvolvimento sustentável. Foi fundado em 1997 em uma iniciativa da CUT (Central Única dos Trabalhadores),

Cedec (Centro de Estudos de Cultura Contemporânea), Dieese (Departamento Intersindical de Estatística e Estudos Socioeconômicos) e Rede Unitrabalho. Atua em várias frentes de trabalho: monitoramento de multinacionais, indicadores do trabalho decente e apoio ao movimento sindical, etc. Saiba mais: http://www.observatoriosocial.org.br/.

- **IPEA – Instituto de Pesquisa Econômica Aplicada:** fundação pública federal vinculada ao Ministério da Economia, fundada em 1964, realiza atividades de pesquisa que fornecem suporte técnico e institucional às ações governamentais para a formulação e reformulação de políticas públicas. A Pesquisa Nacional por Amostra de Domicílios (PNAD), por exemplo, investiga características gerais da população, como educação, trabalho, rendimento e habitação. Os trabalhos do Ipea são disponibilizados para a sociedade por meio de eventos e inúmeras publicações eletrônicas e impressas, como o Boletim Mercado de Trabalho – Conjuntura e análise. Saiba mais: https://www.ipea.gov.br/portal/.
- **MPT – Ministério Público Do Trabalho:** tem como atribuição fiscalizar o cumprimento da legislação trabalhista quando houver interesse público, procurando regularizar e mediar as relações entre empregados e empregadores. Cabe ao MPT promover a ação civil pública no âmbito da Justiça do Trabalho para defesa de interesses coletivos, quando forem desrespeitados os direitos sociais constitucionalmente garantidos aos trabalhadores. Também pode ser árbitro ou mediador em dissídios coletivos e fiscalizar o direito de greve nas atividades essenciais. O MPT, que integra o Ministério Público da União (MPU) desde 1951, ramifica-se em 24 Procuradorias Regionais (PRTs) que se subdividem em Procuradorias do Trabalho nos Municípios (PTMs). Saiba mais: https://mpt.mp.br/.
- **Rede Unitrabalho:** desde 1998, quando foi fundado, o Núcleo/Incubadora Unitrabalho, da Universidade Estadual de Maringá,

tem realizado pesquisa, extensão e estudos sobre o mundo do trabalho e os movimentos sociais. Atua por meio de projetos que têm abrangência nacional, feitos em conjunto com diversas universidades, e outros de abrangência local e regional, envolvendo diferentes parcerias. Nos projetos participam docentes, pesquisadores, discentes de várias áreas do conhecimento, técnicos da UEM, educadores sociais e outros profissionais. Possui também uma Incubadora no Campus de Extensão de Umuarama (CAU). Saiba mais: http://www.unitrabalho.uem.br/institucional.

- **Salariômetro:** ferramenta criada pela Fipe (Fundação Instituto de Pesquisas Econômicas) no final de 2012, o Salariômetro tem como objetivo produzir e oferecer informações sobre o mercado de trabalho brasileiro, com quatro focos principais: resultados de negociação coletiva (benefícios, salários, jornadas de trabalho, etc.), perfil dos contratados (salário médio de contratação), pesquisa salarial e indicadores do mercado de trabalho. São disponibilizados resultados para o Brasil como um todo e, mediante assinatura, regionalizados e setorizados. Há ainda a publicação mensal de um boletim que consolida os resultados obtidos no período. Saiba mais: http://salariometro.fipe.org.br/home.
- **SEADE – Fundação Sistema Estadual de Análise de Dados:** Vinculada à Secretaria de Governo do Estado de São Paulo, é um centro de referência nacional na produção e disseminação de análises e estatísticas socioeconômicas e demográficas. Para isso, realiza pesquisas diretas e levantamentos de informações, compondo um amplo acervo, disponibilizado gratuitamente, que permite a caracterização de diferentes aspectos da realidade socioeconômica do estado. Entre seus produtos, o SP Trabalho apresenta uma análise de dados sobre trabalho, desocupação e rendimento. Possui mais de 40 anos de atuação. Saiba mais: https://www.seade.gov.br/.
- **Secretaria Especial de Previdência e Trabalho:** antes Ministério do Trabalho, criado em 1930, a secretaria desde 2019 integra a

estrutura do Ministério da Economia. Tem como função determinar Normas Regulamentadoras (NRs) para o melhor funcionamento das relações trabalhistas, fiscalizar o cumprimento da legislação trabalhista em todo o país e criar políticas públicas para gerar empregos. A secretaria coordena a emissão da carteira de trabalho, Previdência Social e o seguro-desemprego. Saiba mais: https://www.gov.br/trabalho/pt-br.

- **TST – Tribunal Superior do Trabalho:** sediado em Brasília (DF) e com jurisdição em todo o território nacional, é o órgão de cúpula da Justiça do Trabalho, a instância mais elevada de julgamento para temas envolvendo o direito do trabalho no Brasil. Sob o TST, que foi criado em 1946, estão organizados os Tribunais Regionais do Trabalho (TRTs), que, por sua vez, coordenam as Varas do Trabalho. Mantém uma agência de notícias própria, que, além de divulgar as atividades do TST, publica as principais decisões da corte. Saiba mais: https://www.tst.jus.br/.

EXTERIOR:

- **CNRS – Centre national de la recherche scientifique:** órgão público francês de característica multidisciplinar, criado em 1939, o Centro Nacional de Pesquisa Científica é uma das instituições de pesquisa mais importantes do mundo, referência para a comunidade científica e o público em geral. Homem e sociedade, ecologia e meio ambiente, ciência da informação, biologia, física, química, matemática, Terra e Universo são algumas das áreas pesquisadas pelo CNRS. Mantém vários institutos, a exemplo do Institut des Sciences Humanies et Sociales (INSHS), que tem como missão desenvolver pesquisas sobre o ser humano como ator econômico, social e político. Saiba mais: http://www.cnrs.fr/.
- **DGB – Deutscher Gewerkschaftsbund:** a Confederação Sindical Alemã, criada no pós-guerra, é a organização guarda-chuva de

oito sindicatos do país, que juntos representam os interesses sociais, econômicos e culturais de mais de 5,9 milhões de trabalhadores. O DGB trabalha para a maior democratização dos negócios, do estado e da sociedade; o fim da discriminação com base no sexo, estereótipos racistas, origem étnica, religião ou crença, deficiência, idade ou orientação sexual; a independência do movimento sindical, entre outras pautas relacionadas ao mundo do trabalho. Saiba mais: https://www.dgb.de/.

- **ETUC – European Trade Union Confederation:** fundada em 1973, a Confederação Europeia de Sindicatos representa 45 milhões de membros de 90 organizações sindicais de 38 países europeus, além de 10 federações sindicais europeias. A prioridade da confederação é garantir que a União Europeia não seja apenas um mercado único de bens e serviços, mas também uma Europa social, onde a melhoria do bem-estar dos trabalhadores e das suas famílias seja uma prioridade igualmente importante. Entre uma série de pautas, a ETUC luta por trabalho de alta qualidade para todos; alto nível de proteção social; igualdade de gênero e remuneração justa; boa saúde e segurança no trabalho; livre circulação dos trabalhadores europeus; e a promoção dos valores sociais europeus em outras partes do mundo. Saiba mais: https://www.etuc.org/en.
- **European Union:** criada em 1958 ainda como Comunidade Econômica Europeia, a União Europeia (UE) desenvolve políticas e propostas legislativas em matéria de emprego e assuntos sociais. Também financia organizações públicas e privadas para ajudá-las a aplicar e a melhorar as políticas sociais e de emprego, bem como projetos para apoiar as gerações atuais e futuras. Através do Pilar Europeu dos Direitos Sociais, a UE procura salvaguardar os direitos dos cidadãos, garantindo a igualdade de oportunidades e o acesso ao mercado de trabalho, condições de trabalho justas e a proteção e inclusão sociais. Saiba mais: https://europa.eu/european-union/index_pt.

- **Hans-Böckler Stiftung:** a Fundação Hans-Böckler (HBS) é a agência de pesquisa e apoio da Confederação Sindical Alemã (DGB). É uma fundação sem fins lucrativos com sede em Düsseldorf, Alemanha, criada nos anos 1970. A fundação tem como objetivo ajudar a melhorar as condições de trabalho e promover a justiça social. Possui vários institutos de pesquisa e publica uma variedade de livros, periódicos e documentos relacionados ao mundo do trabalho. Também fornece bolsas de estudo e estágios para estudantes com financiamento do governo alemão. Saiba mais: https://bockler.de.
- **ILO – International Labour Organization:** fundada em 1919 para promover a justiça social, a OIT (Organização Internacional do Trabalho) é a única agência das Nações Unidas que tem estrutura tripartite, com representantes de governos, organizações de empregadores e trabalhadores de 187 estados-membros. Atualmente, tem como missão promover oportunidades para que homens e mulheres possam ter acesso a um trabalho decente e produtivo, em condições de liberdade, equidade, segurança e dignidade. A ILO produz pesquisas e relatórios, divulga estatísticas, realiza eventos – a Conferência Internacional do Trabalho, encontros técnicos e simpósios, entre outros – e edita uma série de publicações com foco no mundo do trabalho. Saiba mais: https://www.ilo.org/global/lang--en/index.htm.
- **INRS – Institut national de recherche et de sécurité:** o Instituto Nacional de Pesquisa e Segurança para Prevenção de Acidentes e Doenças Profissionais é uma organização francesa sem fins lucrativos criada em 1947 e gerenciada por um conselho de administração conjunto, representando associações de empregadores e sindicatos de empregados. O objetivo do INRS é contribuir para a prevenção de acidentes e doenças ocupacionais por meio de um conjunto de ações complementares: realiza estudos e pesquisas em diversas áreas, oferece ampla gama de atividades de treinamento, desenvolve e divulga informações sobre segurança e saúde ocupacional e fornece conhecimentos técnicos, legais,

médicos e documentais a respeito do tema. Saiba mais: http://www.inrs.fr/.

- **ITUC – International Trade Union Confederation:** a principal missão da ITUC, confederação sindical internacional que representa mais de 200 milhões de trabalhadores de 163 países e territórios, é a promoção e defesa dos direitos e interesses dos trabalhadores, por meio da cooperação internacional. Suas principais áreas de atuação incluem: sindicato e direitos humanos; economia, sociedade e local de trabalho; igualdade e não discriminação; e solidariedade internacional. Fundada em 2006, a ITUC mantém estreitas relações com as federações sindicais, com a OIT (Organização Internacional do Trabalho) e várias outras agências especializadas da ONU. Produz relatórios, briefings e newsletters sobre seus temas de interesse. Saiba mais: https://www.ituc-csi.org/?lang=en.
- **LO – Landsorganisationen i Sverige:** a Confederação Sindical Sueca, fundada em 1898 na cidade de Estocolmo, representa atualmente catorze sindicatos que reúnem cerca de 1,5 milhão de membros. Conhecida como LO, desenvolve atividades de coordenação nas áreas de negociação salarial, atividades internacionais, educação sindical, educação de crianças e jovens, igualdade de gênero e seguridade social. Uma pauta importante para a confederação é proteger os interesses do movimento sindical em relação ao parlamento, às autoridades e outras organizações. A LO é, portanto, um órgão para o qual as medidas legislativas propostas que afetam a sociedade como um todo são encaminhadas para consideração. Saiba mais: https://www.lo.se/.
- **OECD – Organisation for Economic Co-operation and Development:** criada em 1961, a OCDE (Organização para Cooperação e Desenvolvimento Econômico) é uma instituição internacional que trabalha para moldar políticas que promovam prosperidade, igualdade, oportunidade e bem-estar para todos. Juntamente com governos, formuladores de políticas e cidadãos, propõe o estabelecimento de padrões internacionais baseados

em evidências e na busca de soluções para uma série de desafios sociais, econômicos e ambientais, como a melhoria do desempenho econômico e a criação de empregos. A atuação da OCDE é feita a partir de informações coletadas e armazenadas em sua base de dados, que são posteriormente utilizadas para direcionar os governos dos países membros. Também produz relatórios como o Employment Outlook que, na sua edição 2020, forneceu uma avaliação inicial das consequências do surto de Covid-19 no mercado de trabalho. Saiba mais: https://www.oecd.org/.

- **ONU – Global Compact:** iniciativa desenvolvida pela ONU há duas décadas, o Pacto Global tem como objetivo mobilizar a comunidade empresarial internacional para a adoção, em suas práticas de negócios, de valores fundamentais e internacionalmente aceitos nas áreas de direitos humanos, relações de trabalho, meio ambiente e combate à corrupção refletidos em dez princípios. A iniciativa conta com a participação de agências das Nações Unidas, empresas, sindicatos, organizações não governamentais e demais parceiros necessários para a construção de um mercado global mais inclusivo e igualitário. Hoje já são mais de 11 mil organizações signatárias em 156 países. O Pacto Global não é um instrumento regulatório, um código de conduta obrigatório ou um fórum para policiar as políticas e práticas gerenciais. Saiba mais: https://unglobalcompact.org/.
- **U.S. Departmente Of Labor:** instituído em 1913 pelo governo federal dos Estados Unidos, o Departamento do Trabalho desde a sua criação tem como objetivo fomentar, promover e desenvolver o bem-estar, melhorar as condições de trabalho e aumentar as oportunidades de emprego lucrativo dos trabalhadores. Responsável por padrões de segurança ocupacional, benefícios do seguro-desemprego e serviços de recolocação, o departamento mantém vários escritórios e agências, entre eles o Bureau of Labor Statistics, que realiza pesquisas sobre a atividade do mercado de trabalho, condições de trabalho, mudanças de preços e produtividade na economia dos Estados Unidos; e o Women's

Bureau, criado em 1920 para identificar e pesquisar os problemas das mulheres trabalhadoras e desenvolver políticas e programas inovadores. Saiba mais: https://www.dol.gov/.

- **WFTU – World Federation of Trade Unions:** fundada em 1945, a Federação Sindical Mundial, que atualmente representa 97 milhões de trabalhadores filiados em todo o mundo, tem, entre seus princípios básicos, analisar a realidade atual e propor ações para as demandas da classe trabalhadora, lutar pelos direitos dos trabalhadores, pela paz e pelo progresso. A entidade também defende o direito à educação e treinamento, à assistência médica gratuita a todas as crianças da classe trabalhadora, sem discriminação e barreiras de classe, e os direitos iguais para homens e mulheres. Realiza campanhas em solidariedade à luta de trabalhadores filiados de diferentes países. Saiba mais: http://www.wftucentral.org/.

RELAÇÃO DE UNIVERSIDADES:

Reino Unido:

- Imperial College Londres – https://www.imperial.ac.uk/;
- UCL – London's Global University – https://www.ucl.ac.uk/;
- Universidade de Cambridge – https://www.cam.ac.uk/;
- Universidade de Edimburgo – https://www.ed.ac.uk/;
- Universidade de Oxford – https://www.ox.ac.uk/.

Estados Unidos:

- Universidade Berkeley da California – https://www.berkeley.edu/;
- Universidade Columbia – https://www.columbia.edu/;
- Universidade Cornell – https://www.cornell.edu/;

- Universidade Harvard – https://www.harvard.edu/;
- Instituto de Tecnologia de Massachusetts – https://web.mit.edu/;
- Universidade Princeton – https://www.princeton.edu/;
- Universidade Stanford – https://www.stanford.edu/;
- Universidade de Chicago – https://www.uchicago.edu/;
- Universidade da Pensilvânia – https://www.upenn.edu/;
- Universidade Yale – https://www.yale.edu/.

Bibliografia

ALBUQUERQUE, Eduardo. **A Foice e o Robô: Inovações Tecnológicas e a Luta Operária.** 1ª edição. São Paulo: Editora, 1990.

ANTUNES, Ricardo. **O que é sindicalismo?** 14ª edição. São Paulo: Editora Brasiliense, 1988.

ANTUNES, Ricardo. **Adeus ao Trabalho.** 3ª edição. São Paulo: Editora Cortez, 1995.

BERNARDO, João. **Capital, Sindicatos, Gestores**. 1ª edição. São Paulo: Editora Revista dos Tribunais, 1987.

CARRION, Valentin. **CLT – Consolidação das Leis do Trabalho**. São Paulo: Editora Saraiva, 2002.

CÓRDOVA, Efrén. **Pactos Sociais**. 4ª edição. São Paulo: IBRART, 1985.

DE MASI, Domenico. **O Futuro do Trabalho.** 1ª edição. Rio de Janeiro: José Olimpio, 1999.

MATTOS, Cássio; XAVIER, Paulo; e consultores. **Manual de Gestão de Pessoas (ABRH)**. 1ª edição. São Paulo: Editora Gente, 2002.

Diversos autores. **Crise e Trabalho no Brasil.** 1ª edição. São Paulo: Editora Scritta, 1996.

Diversos autores. **Encíclicas e Documentos Sociais (Volumes 1 e 2).** 1ª edição. São Paulo: LTR, 1991.

Equipe Técnica Dieese. **A Situação do Trabalho no Brasil**. 1ª edição. São Paulo: Editora Dieese, 2001.

FALJONE, Ademar. **Prática das Negociações Sindicais**. 6ª edição. São Paulo: Editora Tama, 1987.

FEURY, Afonso Carlos Correia. **Aprendizagem e Inovação Empresarial.** São Paulo: Atlas, 1995.

Grupo Krisis. **Manifesto Contra o Trabalho.** 2ª edição. Lisboa: Antígona, 2017.

Grupo de Lisboa. **Limites à Competição.** 1ª edição. Lisboa: Publicações Europa-América, 1994.

HIRATA, Helena. **Sobre o Modelo Japonês.** 1ª edição. São Paulo: Edusp, 1993.

HUBER, Joseph. **Quem Deve Mudar Todas as Coisas.** 1ª edição. Rio de Janeiro: Editora Paz e Terra, 1985.

LEVERING, Robert. **Um Excelente Lugar para se Trabalhar.** 1ª edição. Rio De janeiro: Editora Qualitymark, 1997.

LOJKINE, Jean. **O Tabu da Gestão.** 1ª edição. Rio de Janeiro: Editora DP&A, 1999.

MAGGIOLINI, Piercarlo. **As Negociações Trabalhistas.** 1ª edição. Petropólis: Editora Vozes, 1988.

MARTIN, Hans-Peter. **A armadilha da Globalização.** 2ª edição. São Paulo: Editora Globo, 1998.

MELVILLE, Herman. **Bartleby, o escriturário.** 2ª edição. Editora Record, 1985.

NETO, Lira. **Getúlio 1882–1930.** 1ª edição. São Paulo: Companhia das Letras, 2012.

NICHOLS, Tom. **A Morte da Competência.** 1ª edição. Lisboa: Quetzal, 2018.

POCHMAN, Marcio. **O Emprego na Globalização.** 2ª edição. São Paulo: Boitempo Editorial, 2002.

REICH, Robert. **O Trabalho das Nações.** 1ª edição. São Paulo: Educator, 1994.

RIBEIRO, João Ubaldo. **Política.** 2ª edição. Rio de Janeiro: Editora Nova Fronteira, 1986.

SENETT, Richard. **A Corrosão do Caráter**. 1ª edição. Rio de Janeiro: Editora Record, 2000.

SIQUEIRA, José Francisco Neto. **Contrato Coletivo de Trabalho.** 1ª edição. São Paulo: Editora LTR, 1991.

SIMIONATO, Monica. **Competências Emocionais.** 1ª edição. Rio de Janeiro: Editora Qualitymark, 2006.

TEIXEIRA, José Emídio. **Gerentes, Vampiros e Ideologia**. 1ª edição. Rio de janeiro: Editora Qualitymark, 1998.

WURMAN, Richard Saul. **Ansiedade de Informação**. 3ª edição. São Paulo: Editora Cultura, 1993.

Filmografia

GERMINAL. Direção: Claude Berri. Produção de Claude Berri. França: 1993.

A CLASSE OPERÁRIA VAI PARA O PARAÍSO. Direção: Elio Petri. Itália: 1971.

ABC DA GREVE. Direção: Leon Hirszman. Produção de Leon Hirszman e Uli Bruhn. 1990.

ELES NÃO USAM BLACK-TIE. Direção: Leon Hirszman. Brasil: 1981.

A ERA VARGAS. Direção: Eduardo Escorel. Brasil.

OLGA. Direção: Jayme Monjardim. Produção de Rita Buzzar. Brasil: 2004.

IGUALDADE DE SEXOS. Direção: Nigel Cole. 2010.

O JOVEM MARX. Direção: Raoul Peck. Produção de Raoul Peck, Rémi Grellety, Benny Drechsel e mais. Brasil: 2017.

AMERICAN FACTORY. Direção: Julia Reichert e Steven Bognar. Produção de Julia Reichert, Steven Bognar, Jeff Reichert e Julie Parker Benello. 2019. Netflix.

Índice

A

Ação operária 265
Acordos coletivos 51, 187
Ambiente de trabalho 156
Aprender 274
Arrastões 244
Assessores 132, 256, 259
Autoritarismo 118

B

Benito Mussolini 23

C

Capitalismo 30
Carta del Lavoro 18, 50
CGT (Comando Geral dos Trabalhadores) 58
Clima organizacional 115, 118, 120, 138, 255
CLT 176
CNP–CONLUTAS 61
Comissões de Conciliação Prévia 52
Comissões de Fábrica 72, 181
Competência 135
  técnica 196
Comunicação 13, 92, 93, 104–114, 126, 189, 250
Concertação Social 66
Concessões 252
Confédération française démocratique du travail 67
Confédération générale du travail 67
Confederazione Generale Italiana del Lavoro 69
Confiança 154, 198
Conflitos 32, 44, 184
Constituição de 1988 51
Conteúdo 102
Convenções coletivas 51, 187
Convergência 48, 184
CSB – Central dos Sindicatos Brasileiros 59
CTB – Central dos Trabalhadores e Trabalhadoras do Brasil 61
Cultura 149
CUT 58

D

Democracia 180
Deutscher Gewerkschaftsbund 69
Diálogo 92, 235
  social 41
Dieese (Departamento Intersindical de Estatística e Estudos Socioeconômicos) 197
Diversidade 90

E

Economia 263
Empregados 11, 32, 45
Empresas 35, 53, 145
Encíclica Rerum Novarum 18
Equidade 117
Equipes de negócios 180
Esperteza 184, 274
Estado 53, 55, 78
Estratégia 209
Ética 149, 153
Expectativas 109

F

Força Sindical 60
Force Ouvrière 67
Fordismo 40, 178
Friedrich Engels 21

G

Gerentes 33, 90, 93, 101, 106, 113, 125, 134, 138–140, 152–153, 257, 258, 259
Gestão
  das relações de trabalho 12
  de conflitos 13
  de pessoas 83, 237
Getúlio Vargas 25, 57
Golpe Militar 58
Greves 42, 49, 238, 257
  coloridas 245
  defensivas 238
  propositivas 238
  selvagens 239
    induzidas 239
Grupo Krisis 79

H

Herman Melville 236

I

IBGE 83
Ideologia 33, 39, 46, 148, 266
Impacto social 124, 156
Imposto sindical 57, 74
Indústria 4.0 82
Informação 130

J

Justiça do Trabalho 243

K

Karl Marx 21

L

La Concertation Sociale 18
Legislação 191
Legislação trabalhista: 263
Lei nº 7.783 238
Leitor de cenários 255
Lei Wagner 18
Lenin 22
Liderança 110, 114, 117, 133, 177, 242, 259

M

Manifesto Comunista 16
Mesa de negociação 213–217
Mikhail Bakunin 22
Mikhail Gorbachev 23
Modelo coreano 65
Modelo japonês 65
Modelos de gestão 181
Modelos gerenciais 148
Mudanças culturais 268

N

NCST – Nova Central dos Trabalhadores do Brasil 60
Negociação 51, 55, 64, 93, 109, 183
Negociações trabalhistas 184
173
Negociadores 189
laborais 217
patronais 197, 224
Nelson Ludd 16

O

Operários 45
Organisation du Travail 22
Organização do trabalho 266
Organização Internacional do Trabalho (OIT) 20
Organizações 92
Ouvir 270

P

Patrões 11, 32, 177
Pesquisas periódicas 127
Piquetes 243, 244
Planejamento 160, 187
Planejamento das negociações 204
Plano de contingência 252
Plano Marshall 177
Poder 174
Políticas corporativas 94
Políticas econômicas 78
Porta-voz 151, 154
Primeira Internacional Socialista 16
Primeiro Congresso Operário Brasileiro 24
Processo de comunicação 97
Processo negocial 210–213
Profissional de relações de trabalho 254, 256

Q

Qualidade de vida 118

R

Recursos Humanos 57, 80, 94, 119, 132, 155
Reforma da Previdência 79
Reforma Trabalhista 27, 51, 78
Reivindicações 238, 250, 264
Relação de confiança 131
Relações com a comunidade 38
Relações com os empregados 36
Relações com sindicatos 37
Relações de trabalho 13, 83, 93
Relações humanas 106
Relações sustentáveis 185, 235
Respeito 138, 153, 188, 258, 272
Responsabilidade 100
Resultados 123
Reuniões 159–173
Reuniões individuais 167
Revolução Industrial 15, 175
Robert Ferdinand Wagner I 23
Robert Owen 16, 22
Rosa Luxemburgo 23

S

Salário 263
Segunda Guerra Mundial 18, 177
Sindicalistas 46, 192, 196
Sindicatos 81, 103, 173, 181, 191, 257
Sindicatos de trabalhadores 192
Sindicatos laborais 53, 55, 181

Sindicatos patronais 53, 75, 192
Sistema Mediador 227
Sociedade 262
Suporte 159
Sustentabilidade
  dos negócios 109

T

Taylorismo 40, 178
Tecnologia 35
Trabalhadores 15, 53
Transparência 100

U

UGT – União Geral dos
  Trabalhadores 60
União Soviética 19
Unión General de Trabajadores 70

V

Valores 123
Vínculos 96

Este livro foi impresso nas oficinas gráficas da Editora Vozes Ltda.,
Rua Frei Luís, 100 – Petrópolis, RJ.